Nietzsche et les techniques

Sous la direction
de David Simonin

Nietzsche et les techniques

puf

Ouvrage publié avec le soutien de l'Institut des textes et manuscrits modernes (ITEM, ENS-PSL, CNRS).

ISBN : 978-2-13-087472-0

Dépôt légal – 1re édition : 2025, octobre

170 bis, boulevard du Montparnasse, 75014 Paris

Les auteurs et les autrices

Marco Brusotti est maître de conférences en philosophie contemporaine à l'université du Salento (Lecce, Italie). Il a été maître de conférence (*Privatdozent*) en philosophie à l'Université technique de Berlin. Il est président de la Nietzsche-Gesellschaft et membre du comité consultatif de la Friedrich-Nietzsche-Stiftung. Il fait également partie du comité de rédaction des revues *Nietzsche-Studien* et *Nietzscheforschung*, de la collection « Monographien und Texte zur Nietzsche-Forschung » et de la base de données *Nietzsche Online* (De Gruyter). Marco Brusotti a publié de nombreux ouvrages sur Nietzsche et Wittgenstein et travaille actuellement à un livre sur Bachelard, Canguilhem et Foucault.

Paolo D'Iorio, ancien élève de l'ENS de Pise, prix Sofja Kovalevskaja de la fondation von Humboldt, est directeur de recherche au CNRS et travaille à l'École normale supérieure de Paris où il est responsable des équipes « Nietzsche et son temps » et « Humanités numériques » de l'Institut des textes et manuscrits modernes. Spécialiste de Nietzsche, il est président du groupe de recherche international HyperNietzsche et responsable éditorial de Nietzsche Source. Il a travaillé sur la cosmologie et la philosophie de l'éternel retour du même, l'image des philosophes grecs, la gnoséologie et l'ontologie, la genèse de la philosophie de l'esprit libre. Avec Anne Merker, il dirige actuellement l'édition de l'ensemble des écrits philologiques de Nietzsche en 12 tomes, publiée aux Belles Lettres. Il est l'auteur du *Voyage de Nietzsche à Sorrente. Genèse de la philosophie de l'esprit libre*, traduit en plusieurs langues.

Maria Cristina Fornari est maîtresse de conférence en histoire de la philosophie à l'université du Salento (Lecce, Italie). Ses centres d'intérêt se concentrent principalement sur les relations de Nietzsche avec l'évolutionnisme et le naturalisme moral, sur lesquels elle a publié la monographie *La morale evolutiva del gregge. Nietzsche legge Spencer e Mill* (Pise, ETS, 2006 ; traduction allemande Wiesbaden, Harrassowitz Verlag, 2009). Elle a collaboré avec Giuliano Campioni à l'édition italienne Colli-Montinari des *Œuvres* et de la *Correspondance* de Nietzsche. Elle est membre du comité scientifique des associations HyperNietzsche et Nietzsche Source, ainsi que de l'équipe « Nietzsche et son temps » de l'ITEM (CNRS/ENS) à Paris. Elle est membre du comité éditorial de plusieurs revues nationales et internationales. Elle est coautrice du catalogue de la bibliothèque de Nietzsche (*Nietzsches persönliche Bibliothek*, Berlin, New York, De Gruyter, 2003) et collabore au projet franco-allemand « La bibliothèque de Nietzsche. Édition numérique et commentaire philosophique ». Elle a notamment publié : *Uma aventura de mais de um século : A história das edições de Nietzsche*, São Paulo, Editora Unifesp, 2019 ; *Nietzsche y el evolucionismo. Dos ensayos*, traduction et avant-propos de Sergio Sánchez, Córdoba–Argentina, Editorial Brujas, 2016 ; « Becoming artists of one's own life. Perfectionist thinking in Friedrich Nietzsche », *in* D. Moggach, N. Mooren et M. Quante (dir.), *Perfektionismus der Autonomie*,

Paderborn Wilhelm Fink / Brill, 2020, p. 331-349 ; « "And so I will tell myself the story of my life". Nietzsche in his *Last Letters* (1885-1889) », *in* João Constancio (dir.), *As the Spider Spins : Essays on Nietzsche's Critique and Use of Language*, Berlin, De Gruyter, 2012.

Pietro Gori est professeur auxiliaire au département de philosophic dc l'université NOVA de Lisbonne et membre de l'Institut de philosophie de l'université NOVA de Lisbonne (IFILNOVA), où il coordonne le Lisbon Nietzsche Group. Il est membre de plusieurs associations d'études nietzschéennes, dont HyperNietzsche (École normale supérieure de Paris / CNRS), Red Iberoamericana de Estudios Nietzscheanos (UNED, Madrid), Seminario Permanente Nietzscheano (Istituto Italiano di Studi Germanici, Rome), et il collabore depuis plusieurs années avec l'Internationale Nietzscheforschungsgruppe de l'université de Stuttgart. Son activité académique se concentre principalement sur la philosophie occidentale moderne et contemporaine, touchant à des questions d'histoire et de philosophie des sciences, d'épistémologie et d'anthropologie philosophique. Dans ce contexte, il a travaillé en particulier sur les représentants d'un tournant anti-fondationnel en philosophie, avec un intérêt spécifique pour les travaux de Friedrich Nietzsche, William James et Ernst Mach. Depuis 2021, ses recherches portent également sur les travaux de la philosophe des sciences britannique Mary B. Hesse et sur son approche post-empirique des questions épistémologiques. Parmi ses nombreuses publications, qui comprennent des essais monographiques, des recueils d'essais, des chapitres de livres et des articles dans des revues internationales, figurent notamment le livre *Nietzsche's Pragmatism* (Berlin, De Gruyter, 2019), le volume collectif *Practices of Truth in Philosophy* (Londres, Routledge, 2024, codirigé avec

L. Serini), et l'édition italienne commentée du *Crépuscule des idoles* de Nietzsche (Rome, Carocci, 2012). Il travaille actuellement à la rédaction, en coauteur, d'un volume sur *Nietzsche's Good European*, pour la collection « Cambridge Elements » (Cambridge University Press).

Marc de Launay est chercheur au CNRS (Archives Husserl de Paris-ENS-Ulm) spécialiste des courants néokantiens. Il a enseigné à l'École normale supérieure dans le cadre du master de philosophie contemporaine de PSL, ainsi qu'à l'Institut catholique de Paris. Il s'est également consacré à la traduction de philosophes et de poètes allemands (Kant, Schelling, Nietzsche – dont il a dirigé l'édition en trois volumes pour la Pléiade –, Husserl, Cohen, Rosenzweig, Scholem, Cassirer, Adorno, Habermas, Blumenberg, Rilke, Peter Handke).

Nietzsche. Essais d'autocritique, Paris, Le Seuil, 1999.

Néokantismes et théorie de la connaissance, Paris, Vrin, 2000.

Nietzsche, *Œuvres philosophiques*, vol. I, II, III, Paris, Gallimard, « Bibliothèque de la Pléiade », 2000-2023.

Une reconstruction rationnelle du judaïsme, Genève, Labor et Fides, 2002.

Qu'est-ce que traduire ?, Paris, Vrin, 2006 (trad. portugais, *O que è traduzir*, 2023).

Lectures philosophiques de la Bible. Babel et logos, Paris, Hermann, 2008.

Nietzsche. Correspondance choisie, Paris, Gallimard, 2008.

Configurations du nihilisme (en collab. avec M. Crépon), Paris, Vrin, 2012.

Der Begriff der Geschichte im Marburger und Südwestdeutschen Neukantianismus (en collab. avec Ch. Krijnen), Würzburg, Königshausen & Neumann, 2013.

L'Événement du texte, Paris, Hermann, 2015.
Peinture et philosophie, Paris, Le Cerf, 2022.
Nietzsche et la race, Paris, Le Seuil, 2020 (trad. angl. *Nietzsche and Race*, Chicago, Chicago University Press, 2023).

Guillaume Métayer, directeur de recherche au CELLF (CNRS-Sorbonne Université), travaille sur les rapports entre littérature et philosophie, notamment à partir d'Anatole France et de Nietzsche au sujet duquel il a publié *Nietzsche et Voltaire. De la liberté de l'esprit et de la civilisation* (préface de Marc Fumaroli, Paris, Flammarion, 2011) et de nombreux articles. Également traducteur de l'allemand, du hongrois et du slovène, il a édité la première compilation et traduction intégrale des poèmes de Nietzsche (Paris, Les Belles Lettres, 2019) ainsi qu'une version trilingue de Nietzsche, *Six chants populaires serbes* (Sainte-Colombe-sur-Gand, La Rumeur libre, 2023).

Frédéric Porcher est chercheur associé à l'université Paris-I-Panthéon-Sorbonne (HIPHIMO). Ses travaux portent sur la philosophie de Nietzsche et son héritage dans la théorie critique allemande, la philosophie française contemporaine et les sciences sociales. Il est l'auteur de *La Question-Nietzsche. Les normes au carrefour du vital et du social* (Paris, Vrin, 2023).

David Simonin est normalien, agrégé et docteur en philosophie, rattaché à l'Institut des textes et manuscrits modernes (CNRS/ENS) et chercheur associé à l'équipe « Les Mondes allemands » (université Paris-VIII). Il est membre des groupes de recherche HyperNietzsche, de la Friedrich Nietzsche Society, ainsi que de la Société internationale des recherches sur la Fiction et la Fictionnalité, et cofondateur du Cercle d'études nietzschéennes. Il est l'auteur de nombreuses publications sur la pensée de Nietzsche, ses lectures et le contexte intellectuel de son temps, dont les monographies *Le Sentiment de puissance dans la philosophie de Friedrich Nietzsche* (Paris, Classiques Garnier, 2022) et *« Aurore » de Nietzsche. La performativité de l'illusion* (De Gruyter, 2024), et il a dirigé plusieurs numéros de revues et livres collectifs, dont *Figures de la puissance dans la philosophie de Nietzsche* (éditions Rue d'Ulm, 2023), *Nietzsche et la France* (CNRS Éditions, 2025, avec Paolo D'Iorio et Alexandre Avril) et « Nietzsche. La force de l'assimilation » (*Les Cahiers philosophiques de Strasbourg*, à paraître, avec Emmanuel Salanskis, Ondine Arnould et Nicolas Quérini).

Ses recherches actuelles portent sur la constitution d'une anthropologie philosophique de l'*Homo fabulator*, fondée sur la notion de performativité des fabulations, dont il a notamment exploré certaines préfigurations au carrefour des sciences humaines et de la philosophie du XIXe siècle. Dans ce contexte, il a publié : « Associations d'idées fausses et fausses associations d'idées : l'héritage de l'associationnisme dans la psychologie du XIXe siècle » (*Philosophica. International Journal for the History of Philosophy*, 32, 2025) ; « Vivre et mourir du bovarysme » (*in* Elizabeth Amann et Valérie Stiénon (dir.), *Vivre la fiction*, à paraître) ; « Les représentations dans la sociologie d'Alfred Espinas : genèse, statut, effets » (dans un numéro monographique de la *Revue de synthèse* dirigé par Marcos Camolezi, à paraître). Il dirige également l'ouvrage collectif *Les Fables de l'homme : pouvoirs des fabulations* (Kimé, à paraître), comprenant son article « Le bovarysme : manières de fabuler ».

Yannick Souladié est docteur de l'université de Toulouse et chercheur associé à l'Institut des textes et manuscrits modernes (UMR 8132). Membre de l'équipe « Nietzsche et son temps », il a été responsable de la coordination des commentaires français du programme ANR/DFG : « *BibNietzsche : Nietzsche's Private Library on the Web : Digital Edition and Philosophical Commentary* » (2016-2019). Il a traduit les *Dernières lettres* de Friedrich Nietzsche et édité ses *Écrits autobiographiques* (Éditions Manucius, 2011), publié deux collectifs, *Nietzsche als Leser* (De Gruyter, 2021) et *Nietzsche. L'inversion des valeurs* (Olms, 2007), ainsi qu'une trentaine d'articles scientifiques sur Nietzsche, Dostoïevski, les présocratiques, la philosophie contemporaine et l'éthique de la nature.

Yunus Tuncel a cofondé le Cercle Nietzsche et est le rédacteur en chef de son journal électronique, *The Agonist*, qui paraît deux fois par an. Il a obtenu son doctorat en philosophie à la New School for Social Research et enseigne la philosophie à la New School et à la New York University/Liberal Studies. Il est l'auteur de *Towards a Genealogy of Spectacle* (Aalborg, Eye Corner Press, 2011), *Agon in Nietzsche* (Milwaukee, Marquette University Press, 2013), *Emotion in Sports* (Londres, Routledge, 2019), *Nietzsche on Human Emotions* (Bâle, Schwabe, 2021), *Flames of Passion* (New York, Beadle Press, 2022), et *Nietzsche, Gai Saber and Modernity* (Londres, Transnational Press of London, 2024). Il a dirigé l'ouvrage collectif *Nietzsche and Transhumanism* (Newcastle upon Tyne, Cambridge Scholars Publishing, 2017) et codirigé *Nietzsche and Music* (Newcastle upon Tyne, Cambridge Scholars Publishing, 2022).

Citations et abréviations

Les références aux œuvres publiées, aux notes posthumes et à la correspondance de Nietzsche s'appuient sur la version numérique de l'édition critique allemande de référence établie par Giorgio Colli et Mazzino Montinari, *Digitale Kritische Gesamtausgabe Werke und Briefe*, sous la direction de Paolo D'Iorio, Paris, Nietzsche Source, 2009 *sq.*, www.nietzschesource.org/eKGWB.

Les références aux manuscrits de Nietzsche suivent quant à elles la *Digitale Faksimile-Gesamtausgabe*, sous la direction de Paolo D'Iorio, Paris, Nietzsche Source, 2009, www.nietzschesource.org/DFGA.

Pour les autres éditions et traductions utilisées, consulter la bibliographie.

En combinant l'adresse appropriée avec l'abréviation du texte ou du manuscrit cité, le lecteur pourra le consulter en ligne. Par exemple, pour consulter le paragraphe 9 du troisième traité d'*Éléments pour la généalogie de la morale*, il suffira d'écrire www.nietzschesource.org/eKGWB/GM-III-9.

Pour consulter la note posthume 10[11] de l'année 1887, il faudra écrire www.nietzschesource.org/eKGWB/NF-1887,10[11].

Pour consulter le facsimile de la page 1 du manuscrit U II 8, il faudra écrire www.nietzschesource.org/DFGA/U-II-8,1.

Pour éviter les répétitions, la première partie des URL est constamment omise, de même que les éléments déjà mentionnés au sein d'une note de bas de page (indication d'année ou de numéro de groupe de notes posthumes).

Soit l'énumération : NF-1884,27[40 et 59], 1885,34[74, 146 et 176] et 37[8]. Les URL correspondantes sont :

- www.nietzschesource.org/eKGWB/NF-1884,27[40]
- www.nietzschesource.org/eKGWB/NF-1884,27[59]
- www.nietzschesource.org/eKGWB/NF-1885,34[74]
- www.nietzschesource.org/eKGWB/NF-1885,34[146]
- www.nietzschesource.org/eKGWB/NF-1885,34[176]
- www.nietzschesource.org/eKGWB/NF-1885,37[8]

Abréviations utilisées

AC	*L'Antichrist*
AT	Édition Adam-Tannery des œuvres de Descartes
BA	*Sur l'avenir de nos établissements d'enseignement*
BAN	Lettres à Nietzsche
BN	Bibliothèque de Nietzsche
BVN	Lettres de Nietzsche
CV	*Cinq préfaces à cinq livres qui n'ont pas été écrits*
CV3	*L'État chez les Grecs*

DD-Armut	*Dithyrambes de Dionysos*, « De la pauvreté du plus riche »
DS	*David Strauss, l'apôtre et l'écrivain*
DW	*La Vision dionysiaque du monde*
EH	*Ecce Homo*
EH-Bücher	Pourquoi j'écris de si bons livres
EH-Inhalt	Table des matières
EH-Klug	Pourquoi je suis si avisé
EH-MA	Choses humaines, trop humaines
EH-Schicksal	Pourquoi je suis un destin
EH-WA	Le Cas Wagner
FW	*Le Gai Savoir*
FW-Vorrede	Préface à la deuxième édition
GD	*Crépuscule des idoles*
GD-Alten	Ce que je dois aux Anciens
GD-Sprueche	Maximes et traits
GD-Sokrates	Le problème de Socrate
GD-Streifzuege	Divagations d'un « inactuel »
GD-Vernunft	La « raison » dans la philosophie
GM	*Éléments pour la généalogie de la morale*
GM-Vorrede	Avant-propos
GT	*La Naissance de la tragédie*
HAAB	Herzogin Anna Amalia Bibliothek
HL	*De l'utilité et des inconvénients de l'histoire pour la vie*
JGB	*Par-delà bien et mal*
JGB-Vorrede	Préface
KGB	Nietzsche, *Kritische Gesamtausgabe Briefe*. Édition allemande de référence de la correspondance
KGW	Nietzsche, *Kritische Gesamtausgabe Werke*. Édition allemande de référence des œuvres et des notes posthumes

KSA	*Kritische Studienausgabe Werke.* Édition allemande de poche des œuvres et des notes posthumes
M	*Aurore*
M-Vorrede	Avant-propos
MA	*Choses humaines, trop humaines*
MA-1878-Vorrede	En guise de préface (1878)
MA-I-Vorrede	Préface (1886)
MA-II-Vorrede	Préface de *Choses humaines, trop humaines* 2 (1886)
NF	Notes posthumes
NW	*Nietzsche contre Wagner. Dossier d'un psychologue*
NW-Bewundern	Là où j'admire
NW-Intermezzo	Intermezzo
NW-Wohin	Où Wagner est à sa place
OPC	Nietzsche, *Œuvres philosophiques complètes.* Traduction française de l'édition allemande de référence
PHG	*La Philosophie à l'époque tragique des Grecs*
SE	*Schopenhauer éducateur*
SGT	*Socrate et la tragédie grecque*
VM	*Opinions et sentences mêlées*
WA	*Le Cas Wagner*
WB	*Richard Wagner à Bayreuth*
WS	*Le Voyageur et son ombre*
Za	*Ainsi parla Zarathoustra*
Za-I	*Ainsi parla Zarathoustra*, première partie
Za-I-Baum	De l'arbre dans la montagne
Za-I-Goetzen	De la nouvelle idole
Za-I-Hinterweltler	De ceux qui prêchent les arrière-mondes

Citations et abréviations

Za-I-Leidenschaften	Des joies et des passions
Za-I-Tugend	De la vertu qui donne
Za-I-Veraechter	De ceux qui méprisent le corps
Za-I-Vorrede	Prologue
Za-II	*Ainsi parla Zarathoustra*, deuxième partie
Za-II-Erhabene	Des hommes sublimes
Za-II-Erloesung	De la rédemption
Za-II-Tugendhafte	Des vertueux
Za-III	*Ainsi parla Zarathoustra*, troisième partie
Za-III-Tafeln	Des anciennes tables et des nouvelles
Za-IV	*Ainsi parla Zarathoustra*, quatrième partie
Za-IV-Begruessung	La salutation
Za-IV-Menschen	De l'homme supérieur

INTRODUCTION

David Simonin

Je suis de ces machines qui peuvent exploser[1] *!*

Lorsque Nietzsche écrit ces mots depuis Sils-Maria à son ami Peter Gast, le 14 août 1881, c'est le moment précis où, selon son propre témoignage, il reçoit telle une épiphanie la pensée des pensées : l'éternel retour. C'est cette expérience de pensée, intime et philosophique, qui le met dans cet état de tension exaltée, qu'il choisit d'exprimer en termes machinistes.

Une telle déclaration a de quoi surprendre, dans la mesure où les rapports de Nietzsche avec la technique ont été presque totalement passés sous silence[2]. Il ne passe pas ordinairement

1. Lettre à Heinrich Köselitz du 14 août 1881, BVN-1881,136. Nos traductions suivent, en les modifiant le cas échéant, celles des *Œuvres philosophiques complètes* (OPC) et de la *Correspondance*, publiées chez Gallimard.

2. Notons toutefois l'article de Robert E. McGinn, « Nietzsche on Technology », *in Journal of the History of Ideas*, 1980, 41 (4), p. 679-691, qui, à partir d'une confrontation avec Marx, réfléchit surtout sur le machinisme, et l'entretien (dont l'enregistrement, de manière ironique, rencontra des problèmes techniques) de Jacques Derrida et Richard Beardsworth, « Nietzsche and the Machine », *Journal of Nietzsche Studies*, 1994, 7, p. 7-66, qui réfléchit surtout sur les liens entre technicisation et politique. Mentionnons également Wolfgang Müller-Lauter, « La volonté de puissance comme organisation, mise en forme, machinalisation », *in Nietzsche.*

pour un philosophe de la technique et, de fait, l'usage du mot et de ses dérivés reste plutôt sporadique sous sa plume. Il semblerait alors que la philosophie de Nietzsche n'ait rien à voir avec la modernité technique dont il est pourtant le contemporain, mais à côté de laquelle il serait passé sans l'apercevoir. Heidegger est l'une des exceptions notables, de ce point de vue, qui tend au contraire à faire de Nietzsche, après Descartes, le penseur majeur d'un technicisme outré, au prix toutefois d'importantes torsions. Nietzsche est-il alors aveugle à la technique, ou bien succombe-t-il à un technicisme intempérant ?

Pour nous confronter à cette question en évitant les réponses unilatérales, il peut être bon de repartir de l'ancrage empirique, de la confrontation concrète de Nietzsche au développement technique important de son époque. La première partie de ce livre est ainsi consacrée aux *objets* techniques, dont un certain nombre apparaissent ou se perfectionnent alors. La seconde est consacrée aux techniques entendues au sens de *stratégies*, comme les techniques médicales ou les techniques philologiques, d'écriture ou de lecture, auxquelles nous pourrions ajouter notamment l'ensemble des anthropotechniques, des techniques de dressage à la mnémotechnique dont il est question dans *Éléments pour la généalogie de la morale*, ou encore les stratégies éditoriales et de communication de Nietzsche.

Ces deux approches sont liées comme la théorie et la pratique dans la mesure où le développement d'un nouvel objet est bien souvent le fruit de questions ou de besoins

---

Physiologie de la Volonté de puissance, trad. J. Champeaux, Paris, éditions Allia, 1998, p. 165-181, sur lequel le chapitre de Frédéric Porcher reviendra. Plus récemment, Edgar Landgraf, *Nietzsche's Posthumanism*, Minneapolis, University of Minnesota Press, 2023, consacre notamment son chapitre 5 à l'anthropotechnique.

qu'il est appelé à satisfaire, tandis que ses applications influencent en retour la compréhension et les gestes de ceux qui l'emploient. Dans les termes d'Émile Littré, l'un des grands représentants du positivisme en France à la fin du XIXe siècle et dont l'ouvrage *La Science au point de vue philosophique* est conservé dans la bibliothèque personnelle de Nietzsche : « Le savoir donne des outils, les outils donnent du savoir. Que n'ont pas produit les microscopes et les télescopes[1] ! » De fait, nous percevons spontanément de quelle manière l'invention du stéthoscope, progressivement élaboré à partir de 1816 par le médecin René Laennec, puis dans toute la première moitié du XIXe siècle, a pu modifier la pratique de l'auscultation et du diagnostic médical, tout comme la découverte du rayon X par Wilhelm Röntgen en 1895 donna immédiatement lieu à la réalisation d'une radiographie (de la main de sa femme). De même, c'est au cours du XIXe siècle que de multiples modèles de machines à écrire ont été perfectionnés (même si les premiers prototypes remontent au XVIIIe siècle), et progressivement brevetés et commercialisés, dont la fameuse « Remington », du nom de son fabricant industriel, à partir de 1873. Cela devait modifier fortement la manière de réfléchir et de prendre des notes, d'écrire et de composer des textes, notamment philosophiques ou littéraires, et enfin de mener à son terme tout le processus de révision, de correction et d'édition des manuscrits, qui seront par la suite baptisés tapuscrits.

1. Émile Littré, *La Science au point de vue philosophique*, Paris, Didier et Cie, 1876 (BN), p. 178. La première occurrence des livres conservés dans la bibliothèque personnelle de Nietzsche porte la mention « (BN) » ; voir Giuliano Campioni, Paolo D'Iorio, Maria Cristina Fornari, Francesco Fronterotta et Andrea Orsucci, *Nietzsches persönliche Bibliothek*, Berlin, New York, De Gruyter, 2003.

Or, Nietzsche est le fils de son temps, celui de la révolution industrielle et de ce que l'on a pu appeler « l'âge du télégraphe[1] ». On connaît en général ses formules provocatrices plus tardives, selon lesquelles il se proposerait de philosopher « avec un marteau », lui qui serait littéralement à l'en croire « de la dynamite » ! Dès la citation dont nous sommes partis en exergue, nous tenons toutefois *in nucleo* toute l'ambivalence et la spécificité du philosophe à l'égard de la modernité technique.

(1) Par ce recours explicite au vocabulaire de la mécanisation, il est tout d'abord manifeste qu'il n'y est pas indifférent. (2) Plus précisément, son intérêt se manifeste par un déplacement métaphorique qui sort la « machine » de son contexte concret et techniciste. Nietzsche lui fait servir un propos qui ne concerne aucunement l'activité ou le produit des travailleurs d'usine, ni la révolution industrielle, mais la problématique philosophique et personnelle de l'élaboration de sa pensée. Ce déplacement est double : du domaine principalement pratique, ou « appliqué », à la sphère de la spéculation, d'une part ; du phénomène socio-économique, avec ses répercussions politiques, à une expérience existentielle et, dans un premier temps du moins, privée, d'autre part, puisqu'il s'agit là de sa correspondance. C'est ici son activité intellectuelle intense qui menace de faire exploser la machine-Nietzsche[2]. (3) Par ailleurs, la déclaration de 1881

1. Voir l'introduction du livre de Barbara Stiegler, *Nietzsche et la vie : une nouvelle histoire de la philosophie*, Paris, Gallimard, 2021 : « La vie et les vivants à l'âge du télégraphe ».

2. Notons, par ailleurs, que « machine » désigne aussi l'organisme humain dans le langage philosophique, notamment hérité de Descartes. Blaise Pascal, que Nietzsche a lu un an auparavant, recourt fréquemment à ce terme en ce sens, *cf.* notamment Pascal, *Pensées*, Paris, Flammarion, 1993, § 308, p. 139 / *Gedanken, Fragmente und Briefe*, Leipzig, Wiegand, 1865, I (BN), p. 176 (avec un trait de Nietzsche en marge).

dont nous sommes partis montre également que Nietzsche n'est pas hostile à la technique, à la manière des technophobes bornés et autres Amish supposés que les technophiles naïfs ont toujours eu beau jeu de moquer, puisqu'il *revendique* ici l'identification de sa personne à une machine. Il pousse d'ailleurs ce processus à l'extrême, réalisant les rêves les plus fous des posthumanistes les plus invétérés d'aujourd'hui, en déclarant *être* une machine ; Nietzsche se fait ici cyborg. (4) L'ambivalence demeure cependant, dès lors que l'identification, dont l'ironie ne saurait être sous-estimée du reste, sert ici à véhiculer l'idée de l'*explosion*, symbole à la fois de la force accumulée prête à se décharger de manière créatrice ou du moins dynamique (tel un moteur à explosion), tout en courant le risque, si elle n'est pas suffisamment maîtrisée, d'être destructrice et autodestructrice. En somme, Nietzsche pratique ici cet « art de la nuance[1] » dont il fera l'éloge et qu'il préconisera par la suite.

Ces premiers constats doivent donc permettre de corriger plusieurs fausses conceptions du rapport de Nietzsche à la modernité technique. Première fausse conception : il y serait tout simplement aveugle ; là-contre, nous avons déjà suggéré que c'est surtout la réception de Nietzsche qui s'est jusqu'ici montrée aveugle à cette dimension de sa pensée.

Deuxième fausse conception : pis encore, en tant que philologue tourné vers le passé, penseur solitaire dans sa tour d'ivoire et aristocrate un brin réactionnaire, il n'aurait que mépris pour la modernité technique et l'impact terrible de la révolution industrielle sur le monde des travailleurs, symbole de décadence qui concernerait avant tout le *vulgus*. Non content d'ignorer la technique autour de lui, il aurait même été enclin à la bannir de la langue. En effet, l'écrivain

1. JGB-31, notamment.

et philologue Nietzsche s'est montré réticent à l'égard des métaphores empruntant au domaine de la technique, en déplorant dans sa critique acerbe de l'historien, théologien et jeune hégélien David Strauss « ces cerveaux poussifs, qui se torturent à tirer leurs métaphores du chemin de fer, du télégraphe, de la machine à vapeur, de la Bourse[1] [...] » Il suivait sans doute en cela l'avertissement de Schopenhauer, qui faisait montre d'un certain scepticisme à l'égard du progrès technique en notant, lui aussi dans le contexte de réflexions sur le style, que si le grec et le latin se perdent, « la barbarie revient, en dépit des chemins de fer, des fils électriques et des aérostats[2] ». Cela n'empêchera pourtant pas Nietzsche d'y recourir abondamment lui-même, ainsi que nous l'avons souligné en commentant la citation dont nous sommes partis, et ainsi que nous aurons l'occasion de le voir à nouveau.

Troisième fausse conception : au contraire de ce rejet passéiste, il y aurait vu l'instrument quelque peu dégradant, mais somme toute redoutablement efficace d'une surhumanité à venir, tout à son projet de domination de la nature et sous l'influence du positivisme et du scientisme de son temps.

Quatrième fausse conception : la technique se réduirait sous sa plume à n'être qu'un ensemble de métaphores, auquel il aurait succombé malgré ses réserves, un vaste fonds de motifs imagés et détournés de leur contexte réel, dont il aurait délaissé l'analyse. Pourtant, il s'est tenu très au courant de la modernité technique de son temps, tout comme il le faisait pour l'actualité politique, pour celle des débats

1. DS-11.

2. Arthur Schopenhauer, *Parerga et paralipomena*, Paris, Robert Laffont, 2020, p. 134.

intellectuels et des découvertes scientifiques, ou encore pour ce qui commençait alors à s'appeler « les actualités », avec le développement de la presse. Il est par conséquent peu probable que le sens premier soit absent de l'usage qu'en fait Nietzsche, qu'il soit selon les cas métaphorique ou bien à prendre au pied de la lettre. Les déplacements métaphoriques eux-mêmes n'ont certainement pas empêché Nietzsche d'acquérir un ensemble de connaissances précises, à la fois empiriques et théoriques, sur les innovations techniques de son temps et sur leur impact socio-économique, politique et humain ; ils les présupposent au contraire. Avançons donc ici une hypothèse sur le devenir fréquent des références nietzschéennes à la technique : d'une confrontation à tel ou tel objet technique, par l'usage ou par la lecture (première étape), il en tire ensuite une réflexion personnelle littérale sur la société moderne (deuxième étape), avant de se l'approprier d'une manière plus personnelle en lui conférant une portée plus intellectuelle (troisième étape). Nous verrons ce schéma reparaître dans les pages suivantes.

Dans le premier chapitre, intitulé « Nietzsche et la modernité technique », nous nous attacherons à retracer l'évolution de la confrontation de Nietzsche à la question de la technique, depuis ses premières réflexions sur le mythe de Prométhée jusqu'à celles qu'il consacre à l'ingénieur dans *Éléments pour la généalogie de la morale*. Nous nuancerons à partir de là l'interprétation heideggérienne du rôle de la technique dans la pensée de Nietzsche, qui se justifie en partie si l'on s'en tient à une certaine lecture de ces textes, avant d'offrir un panorama de différents objets techniques ayant marqué, de manière empirique et concrète, la vie de Nietzsche, pour se retrouver ensuite transposés dans sa philosophie. Ce chapitre introductif permettra au lecteur de se forger une vue d'ensemble sur la question, dans le droit-fil des enjeux qui viennent d'être brièvement exposés.

Nous entrerons ensuite dans la première partie de l'ouvrage, consacrée spécifiquement à quelques objets techniques. Deux chapitres seront consacrés à la dynamite, abordée de deux manières bien distinctes. Notre voyage débutera avec le chapitre de Pietro Gori intitulé « Dispositifs pour une pensée itinérante », qui reviendra sur l'apport de la dynamite pour les infrastructures (en particulier le percement de tunnels et l'ouverture de voies ferrées) et, par suite, pour la pensée itinérante et explosive du voyageur apatride qu'était Nietzsche. Des thèmes aussi centraux pour sa philosophie que le rapprochement du Nord et du Sud, les figures du bon Européen et de l'esprit libre, ou encore le type humain et la culture de l'avenir, sont ainsi redevables de cette avancée technique dont Nietzsche bénéficia immédiatement.

C'est sur la charge explosive du motif de la dynamite que se concentrera quant à lui Yannick Souladié, dans le chapitre « *"If you cannonade us, we shall dynamite you !"* Technique, vie, politique et dynamite, chez Nietzsche ». Exhibant certaines caractéristiques communes à la dynamite et à l'œuvre de Nietzsche, l'auteur souligne notamment sa connotation anarchiste et montre l'usage parodique qu'en fait Nietzsche. Il se confronte ensuite à la pensée de Heidegger en rappelant, contre la conception de ce dernier, que pour Nietzsche la technique est moins synonyme d'arraisonnement et de contrôle de la nature que ce qui révèle en elle des potentialités nouvelles insoupçonnées, infinies et parfois dangereuses lorsque non maîtrisées. Rapprochée de la volonté de puissance, la technique s'avère non pas un pouvoir illimité *sur* la nature, mais un pouvoir *de* la nature.

Poursuivant cette enquête sur la confrontation humaine avec les puissances naturelles dans un chapitre consacré à l'électricité, l'analyse offerte par Guillaume Métayer montre que l'intérêt scientifique et technique de Nietzsche pour l'électricité est le résultat de considérations poétiques, philosophiques et personnelles, lesquelles sont en retour nourries par cet intérêt. Outre les phénomènes naturels, souvent empreints de romantisme, tels que les nuages, la tension et la violence de la décharge, ou encore la lumière de l'éclair, le chapitre met en évidence un réseau de significations faisant apparaître l'électricité comme un opérateur de liaison entre puissances célestes et terrestres, mais aussi entre l'humain et le surhumain. Il tient compte également du rôle de l'électricité (cause invisible d'effets colossaux) dans l'élaboration de l'épistémologie nietzschéenne et dans ses réflexions sur la nature énergétique des objets et de la matière, ainsi que de la subjectivité. À cet égard, l'orientation climatique, atmosphérique et météorologique de l'attention de Nietzsche pour l'électricité prend tout son sens au regard de ses nombreux problèmes de santé.

C'est des rapprochements entre la technique et le questionnement socio-politique que traitera ensuite le chapitre de Frédéric Porcher, « Machine et exploitation chez Nietzsche ». L'auteur se concentre sur la machine, en tant que phénomène lié à la culture et à la civilisation, pour souligner toute l'ambivalence du rapport de Nietzsche à son endroit, entre tentation prométhéenne et charge critique. Proposant un triple modèle d'analyse de la machine, technologique d'abord, analogique ensuite, anthropomorphique enfin, l'auteur commence par montrer comment la critique nietzschéenne constante de l'uniformisation dont la machine est vectrice se fonde sur une compréhension fine de la machinerie sociale et de l'exploitation, dont le résultat est le nivellement du type humain. Il se penche ensuite sur l'usage tardif de la machine pour penser l'incorporation mécanique des valeurs et le dressage ascétique qui, dans *Éléments pour la généalogie de la morale*, se nomme mnémotechnique. Dans le contexte de la critique du nihilisme et de la domestication de l'homme, le modèle de la machine est donc réinvesti par Nietzsche pour prolonger la critique du gaspillage de forces, le chapitre s'achevant sur quelques pistes permettant d'esquisser un meilleur usage de la domination technique en évitant les travers de la machinalisation.

Dans un chapitre consacré à la machine à écrire de Nietzsche, Paolo D'Iorio retrace l'histoire de l'invention et de la fabrication de l'objet, ainsi que les pérégrinations de cette machine célèbre, pour laquelle Nietzsche nourrit un vif intérêt et d'intenses espoirs au cours d'une période relativement brève, mais décisive, de son cheminement philosophique. Il s'attache en particulier à restituer l'apport réel constitué par cet outil alors à la pointe de l'innovation technique sur les pratiques d'écriture, la pensée et la production philosophique et poétique de Nietzsche, avant que ses dysfonctionnements répétés ne le fassent définitivement revenir à l'écriture manuelle.

La seconde partie, consacrée aux techniques entendues comme ensemble de pratiques et de stratégies, s'ouvrira sur le chapitre de Maria Cristina Fornari, intitulé « "Le flair du livre", stratégies et pratiques de lecture chez Nietzsche ». Ce chapitre vise à mettre en avant le Nietzsche-lecteur qui se tient derrière le Nietzsche-écrivain, grâce à une réflexion nourrie par une grande connaissance de la bibliothèque et des lectures de Nietzsche, mais aussi par les déclarations explicites du philosophe au sujet de la lecture en général et de ses propres choix et préférences en particulier. Le penseur apparaît alors dans son érudition comme dans son idiosyncrasie, ses goûts choisis et son souci constant de n'être jamais confondu avec quiconque – autrement dit, dans sa culture, dans tous les sens du terme. Car c'est bien d'un travail sur soi, d'une technique de soi, qu'il est question dans toute pratique de lecture, la confrontation aux pensées des autres étant avant tout le moyen de façonner authentiquement les siennes propres, en dépit du risque toujours encouru de s'y perdre. Tel est l'enseignement transmis par Nietzsche, et dont nous fait part l'autrice de ce chapitre, en tenant compte à la fois de la grande diversité des lectures de Nietzsche – tour à tour philologue plongé dans la lecture des anciens, touriste fasciné par les descriptions de quelque guide de voyage ou tout simplement curieux d'un fait divers rapporté dans telle gazette – ainsi que des méthodes mises en œuvre ou critiquées par Nietzsche : le *lento* et le *prestissimo*, la rumination, la lecture prudente et précautionneuse, à l'air libre et en cheminant, ou dans l'atmosphère oppressante d'un intérieur sombre et mal aéré, jamais sans un crayon à la main et toujours annotant les marges de ses livres de remarques lapidaires et efficaces. La lecture, enfin, est pour Nietzsche le moyen de connaître et d'évaluer non seulement l'auteur mais, à travers lui, la culture dont il est dépositaire ou dont il est le héraut, et en regard de laquelle il lui devient possible de se positionner.

Mais la lecture n'est jamais qu'un moyen par lequel Nietzsche alimente sa propre pratique d'écriture, par le truchement de techniques stylistiques et communicationnelles ciselées, tout en s'efforçant du reste de ne jamais se laisser emprisonner dans quelque pensée étrangère. C'est à cet autre aspect du philosophe que se consacre le chapitre de Marc de Launay, intitulé « La “vertu” sigétique. Une technique d'exposition », dans lequel l'auteur se concentre sur les techniques et stratégies d'exposition, et notamment de non-communication, de communication sélective ou partielle de la pensée de Nietzsche. Il le fait en convoquant une vertu sigétique, un art du silence qui, jouant avec l'articulation ésotérique/exotérique et évitant la définition de concepts, implique également une technique de transposition des principaux motifs de sa philosophie. Une telle technique stylistique de la transposition, de la dissimulation, du masquage, est partie prenante du contenu communiqué, ou tu, et varie en fonction des contextes dans lesquels celui-ci s'exprime et au gré de ceux à qui il s'adresse, Nietzsche n'hésitant pas à recourir à la ruse, au masque, à l'énigme, et marquant parfois une certaine distance vis-à-vis de ce qu'il écrit. L'auteur s'attache non seulement à rendre certaines de ces variations par l'analyse de quelques exemples, répondant ainsi aux techniques de transposition nietzschéennes par un art du décryptage qui tient de la lecture lente que Nietzsche appelait de ses vœux, mais montre encore comment le philosophe allemand s'efforce de déjouer par de telles stratégies certains pièges inhérents au langage lui-même.

Dans son chapitre intitulé « Embellir les Alpes ? Nietzsche sur l'art, la nature et le pouvoir de la technique », Marco Brusotti part de la tension entre réconciliation avec la nature et soumission techno-scientifique de la nature chez le jeune Nietzsche pour montrer que la revalorisation ultérieure de la science inclut celle de la technique, désormais conçue comme un moyen d'intensification de la puissance humaine. Si la proximité de la technique avec l'exploitation ne saurait être minimisée, l'auteur montre cependant qu'elle se double d'une dimension esthétique dont le projet fou d'embellir les Alpes est symptomatique ; cette ambivalence incite en outre à repenser l'opposition initiale entre quête d'harmonie avec la nature et ambitions de maîtrise de celle-ci, ainsi que son dépassement unilatéral au profit du deuxième pôle exclusivement.

Introduction

Dans le dernier chapitre de ce volume, intitulé « L'imagerie et les techniques et stratégies picturales dans les œuvres de Nietzsche », Yunus Tuncel se penche sur l'assimilation nietzschéenne de techniques et de stratégies picturales et visuelles empruntées aux arts plastiques et visuels. Cette approche originale d'un intérêt de Nietzsche qui a souvent été minimisé permet à l'auteur de repenser d'une manière inédite divers aspects de l'existence individuelle et du devenir des cultures, tels que la transfiguration des apparences et de l'existence, la formation et la transformation plastique de soi, ou encore le perspectivisme.

Chapitre premier

Nietzsche et la modernité technique

David Simonin

Dans le prolongement des enjeux esquissés dans l'introduction, nous voulons montrer qu'il y a chez Nietzsche une réelle confrontation à la modernité technique de son époque, une confrontation ambivalente qui ne se réduit ni à son oblitération pure et simple, ou à son rejet hostile, ni à l'affirmation sans nuance et béate de son triomphe, ni non plus à un simple usage métaphorique nourri d'allusions vagues et peu informées ; une confrontation, enfin, qui évite également le double écueil de l'inactualité passéiste (« c'était mieux avant la technique ») et messianique (« ce sera mieux après, grâce à la technique »).

Pour ce faire, (I) nous montrerons tout d'abord que, de Prométhée à l'ingénieur, Nietzsche n'est pas aveugle à la réflexion philosophique sur la technique, pas plus qu'au développement technique de son temps. (II) S'il est vrai qu'il semble alors légitimer partiellement l'interprétation heideggérienne qui en fait un techniciste invétéré, nous nuancerons toutefois cette lecture dans un second temps, (III) ouvrant ainsi la voie à une autre approche de la technique chez Nietzsche, à la fois plus empirique et plus fine, à l'aide d'un panorama des objets techniques qui jalonnent son œuvre.

I. De Prométhée à l'ingénieur

La première confrontation de Nietzsche à la question technique se fait par l'intermédiaire d'une référence traditionnelle au mythe de Prométhée. Alors qu'il n'a pas encore 15 ans, il s'efforce déjà de rédiger une pièce sur Prométhée, qu'il juge ratée, et déclare à son ami Wilhelm Pinder son intérêt marqué pour Prométhée, Épiméthée et Pandore. Ce qui l'intéresse tout particulièrement, c'est le fait que « sagesse et sottise » soient « mises en relation avec le mal du monde », et « la fin de Zeus, prévue par Prométhée », qui doit lui servir à comparer la chute des divinités allemandes « par les forces de la nature » avec celle des dieux grecs du fait des Titans[1]. De cette confrontation séminale, retenons donc en premier lieu l'approche nuancée des bienfaits et des méfaits du progrès civilisationnel, dont la modernité technique est une manifestation représentative, en lien avec la question existentielle, métaphysique, théologique et morale de l'existence du mal, que la technique est à la fois susceptible d'endiguer et de décupler ; ensuite, l'effort pour s'approprier et actualiser le mythe grec par une confrontation, sinon avec l'actualité du XIXe siècle, du moins avec la mythologie allemande ; enfin, l'enjeu de la chute des dieux, de ce que Wagner nommera *Le Crépuscule des dieux* au milieu des années 1870, dans un contexte germanique précisément, et que Nietzsche prolongera à sa manière avec le motif de la mort de Dieu, de manière sporadique au cours de cette même décennie, puis centrale dans la première moitié des années 1880.

1. Lettre à Wilhelm Pinder de la fin avril-début mai 1859, BVN-1859,70 (voir également la lettre 69).

Nietzsche s'intéresse à nouveau de près à Prométhée au début des années 1870, dans le contexte de ses travaux autour de *La Naissance de la tragédie*. Au frontispice de cet ouvrage figure en effet une gravure tirée d'une vignette de Leopold Rau, un ami de Carl von Gersdorff, lui-même ami de Nietzsche, et qui s'intitule *Prométhée déchaîné*.

Vignette de Leopold Rau, *Prométhée déchaîné*, sur le frontispice de la première édition de *La Naissance de la tragédie* (1872) (*Klassik Stiftung Weimar*).

Nietzsche se déclare à plusieurs reprises enchanté par cette vignette[1], dont la portée émancipatrice répond au Prométhée *enchaîné* d'Eschyle, et qui atteste l'importance de la présence de Prométhée dans *La Naissance de la tragédie*. Mais à quoi tient cette importance et de quoi Prométhée est-il alors le nom ? Nietzsche réélabore à ce moment les thèmes qu'il avait aperçus plus d'une décennie auparavant. La figure de Prométhée, à travers laquelle

1. Voir notamment la lettre à son éditeur Ernst Wilhelm Fritzsch du 27 novembre 1871, BVN-1871,171.

nous pouvons lire en filigrane les enjeux de la modernité technique, illustre à la fois (1) la confrontation entre l'humanité et le divin, et en particulier la question de l'immortalité humaine rendue possible en droit, sinon en fait, grâce à la technique, et de son corrélat : la mortalité des dieux devenus obsolètes de ce point de vue ; (2) la question du mal et de la souffrance, qui prend désormais les accents du pessimisme schopenhauerien et qui permet de comprendre l'insertion du mythe prométhéen dans une réflexion sur la tragédie et le tragique ; (3) l'idée que l'aide apportée par Prométhée à l'humanité au détriment des dieux et qui doit permettre de répondre aux principaux maux de l'existence, et peut-être jusqu'à la mort elle-même, n'est pas sans danger et qu'il faut en payer le prix. Reprenons ces trois aspects saillants du mythe prométhéen.

(1) Par le progrès de la civilisation, par la connaissance scientifique et technique symbolisée par le feu prométhéen, l'homme serait à même d'acquérir une toute-puissance sur la nature et sur sa destinée, supplantant les dieux. En ce sens, Nietzsche souligne que Prométhée est « le grand ami de l'homme[1] », c'est-à-dire prend le parti des hommes *contre* les dieux, puisque c'est à ceux-ci qu'il dérobe le feu pour le donner à ceux-là. Plus loin dans *La Naissance de la tragédie*, il consacre un paragraphe à la symbolique du mythe de Prométhée, qui consiste à exhiber la nécessaire souffrance de l'individu humain face au divin, et il le reconduit aux deux figures centrales et indissociables de *La Naissance de la tragédie* : Dionysos et Apollon, représentant respectivement l'*hybris* et la mesure, la souffrance et l'apaisement, le sacrilège et la justification. Il vaut la peine de s'arrêter

1. GT-3 ; voir également GT-4.

un moment sur ce paragraphe pour en souligner quelques points importants.

Tout d'abord, le mythe de Prométhée, d'un Prométhée *déchaîné*, expose l'histoire de l'humanité qui s'affranchit de la tutelle du divin. On peut en effet lire tout d'abord que « l'homme, s'élevant jusqu'au titanesque, conquiert lui-même la civilisation et force les dieux à faire alliance avec lui », où l'on retrouve la révolte de l'ordre naturel des Titans et de l'humanité contre le domaine surnaturel des dieux. Notons également l'importance de l'initiative d'une humanité conquérante, Prométhée n'étant au fond qu'un prétexte et Nietzsche s'intéressant surtout au contenu symbolique de cette réalité *humaine* qu'est le mythe. Un peu plus loin et dans le même sens, il met encore en avant le fait que « l'homme pût être libre de maîtriser le feu et ne le reçût pas comme un présent du ciel[1] ». Le mythe de Prométhée, et à travers lui le progrès technique, c'est donc l'avènement d'une humanité maîtresse de son destin et qui n'a plus ni besoin, ni peur des dieux.

Nietzsche souligne ensuite la dimension antireligieuse et impie de cet affrontement des hommes et des dieux. Il met sur un pied d'égalité la souffrance de l'humanité et celle des dieux, la première s'estompant quand la seconde débute du fait du vol du feu par Prométhée, qui dote l'humanité de ce dont les dieux se trouvent dès lors privés. Certes, il souligne l'exigence de réconciliation apollinienne entre ces deux pôles en tension, l'humanité et le divin, l'individu et le tout (nous parlerions aujourd'hui, dans le contexte de l'anthropocène, de la tension entre les aspirations prométhéennes de l'humanité, exacerbées par le recours à la technique, et la nature, l'environnement ou l'écosystème). Mais il souligne

1. GT-9.

également, et surtout, l'*hybris* propre au dionysiaque en évoquant un « hymne par excellence de l'impiété » dans le fait même de traiter à égalité l'humain et le divin, tout comme il y a un « sacrilège » dans cette « spoliation de la nature divine »[1]. Notons que *Prométhée délivré*, titre similaire à la vignette présente sur la page de garde de *La Naissance de la tragédie*, était non seulement l'une des pièces perdues d'Eschyle, mais encore le titre d'une pièce de Percy Shelley qui s'opposait explicitement, au tout début de sa préface, à toute réconciliation entre « le Champion et l'Oppresseur de l'humanité[2] », Prométhée et Jupiter.

En prolongeant quelque peu ces réflexions, nous pouvons sans difficulté pousser l'impiété jusqu'à cette mort de Dieu qui sera explicitement annoncée dans *Le Gai Savoir* et *Zarathoustra*, Nietzsche insistant sur le fait que *nous* l'avons tué, qu'il s'agit d'un assassinat[3]. En effet, dès 1874, il envisageait dans une note posthume que « Prométhée a détourné de la mort le regard des humains, chacun se tient pour un individu immortel[4] ». Il en va donc bien avec les aspirations prométhéennes de l'humanité, aussi bien qu'avec sa religiosité, de quelque chose d'aussi fondamental que son immortalité, laquelle aurait pour corrélat nécessaire, dès les textes du début des années 1870, la mortalité des dieux.

1. *Ibid.* Voir également SGT-1.

2. Percy Shelley, « Prometheus unbound », préface, *in Shelley's Poetry and Prose*, édité par Donald H. Reiman et Sharon B. Powers, New York, Londres, Norton & Compagny, 1977, p. 133. Cette pièce n'est pas dans les ouvrages de Shelley conservés dans la bibliothèque de Nietzsche, mais celui-ci avait demandé un volume de Shelley, contenant la pièce, pour la Noël 1861. Il fait par ailleurs référence à Shelley en quelques occasions jusqu'en 1887, et l'on peut supposer qu'il connaissait au moins l'existence, sinon le contenu précis de cette pièce.

3. Voir notamment FW-125.

4. NF-1874,38[1].

Nous pouvons dès lors avancer l'hypothèse d'après laquelle c'est *par la technique* que nous aurions tué Dieu : celle-ci nous ayant rendus, jusqu'à un certain point, maîtres de la vie et de la mort, elle nous aurait dotés d'une puissance comparable à celle de Dieu, dont l'existence n'aurait dès lors plus lieu d'être. Il est significatif en ce sens qu'avant même les déclarations explicites sur l'assassinat de Dieu, Nietzsche ait envisagé la mort de Dieu sous la forme d'une euthanasie[1]. Certes, le terme doit avant tout s'entendre sous sa plume en son sens étymologique, désignant simplement une bonne mort, une mort douce. Pourtant, les débats actuels sur la fin de vie résonnent d'une manière toute particulière avec cette idée d'une mort assistée de Dieu, assistée par l'homme grâce au recours à des techniques médicales toujours plus modernes qui, en nous rendant capables de décider de la vie et de la mort d'êtres humains, signent *ipso facto* l'arrêt de mort de Dieu, dont c'était jusque-là la prérogative.

Si nous revenons au § 9 de *La Naissance de la tragédie*, nous constatons enfin qu'il s'achève sur une tonalité plus dionysiaque qu'apollinienne, faisant ainsi ressortir l'*hybris* caractéristique des aspirations prométhéennes de l'humanité : « Qui a compris le sens profond de la légende de Prométhée – à savoir la nécessité du sacrilège imposée à l'individu qui s'efforce d'atteindre au titanesque – devra sentir aussi tout ce que cette représentation pessimiste comporte de non apollinien » ; et plus loin : « L'élan titanesque, ce besoin de se faire en quelque sorte l'Atlas de tous les individus et de les porter toujours plus haut et plus loin sur ses vastes épaules, c'est là le trait commun entre prométhéisme et dionysiaque[2]. »

1. Voir M-92.
2. GT-9 ; voir également SGT-1.

Mentionnant le Titan Atlas, frère de Prométhée, Nietzsche n'en fait pas simplement celui qui porte l'humanité, mais une personnification de la Terre (qu'il se contente traditionnellement de porter sur ses épaules). Cela revient à souligner une fois de plus le pôle naturel, terrestre et humain, contre le pôle surnaturel et céleste des dieux, ce dont Nietzsche se souviendra également dix ans plus tard, Zarathoustra préconisant en effet la fidélité à la terre[1] contre les sirènes des arrière-mondes.

(2) Les deux autres enjeux du mythe de Prométhée découlent de ce qui précède. Concernant la souffrance, dont il était question dans plusieurs des citations précédentes, elle est désormais comprise à partir de la tension entre les hommes et les dieux, ou plus généralement les aspirations de l'humanité et des individus humains déchirés face au grand tout. Les premières mentions de la mort de Dieu par Nietzsche, dès 1870 et encore dans le § 11 de *La Naissance de la tragédie*, se référaient d'ailleurs à la mort du « grand Pan[2] », que l'une des interprétations traditionnelles considérait comme le Dieu universel de la nature. Mais surtout, nous reconnaissons en filigrane la philosophie pessimiste de Schopenhauer, avec sa souffrance universelle et son déchirement individuel à l'égard de l'absolu. C'est à cette philosophie schopenhauerienne, qui innerve son interprétation de la tragédie grecque et de la polarisation Dionysos/Apollon, que Nietzsche semble reconduire également la figure de Prométhée dans une note

1. Voir notamment Za-Vorrede-3 et Za-I-Tugend-2.

2. GT-11. Voir également NF-1870,5[116], 7[8 ; 15], 8[37] et SGT-1. Sur ce motif de la mort du grand Pan, souvent considéré comme une préfiguration de la mort de Dieu, voir Eugen Biser, *„Gott ist tot". Nietzsches Destruktion des christlichen Bewußtseins*, Munich, Kösel, 1962, p. 23 et Alois Haas, « „Der grosse Pan ist tot." Nietzsches Verkündigung des Todes Gottes als aktuelle Provokation », *in* Peter Villwock (dir.), *Nietzsches „Also sprach Zarathustra"*, Bâle, Schwabe, 2001, p. 207-225.

posthume de 1870, en faisant de celui-ci un des « masques tragiques[1] ».

(3) Enfin, conséquence de ces deux points – la rivalité entre l'humanité et le divin et les résonances pessimistes de la souffrance qui en résulte –, la figure de Prométhée implique également que le développement de la civilisation et de la technique, symbolisé par le vol du feu sacré, implique un prix à payer. C'est ce qui ressort de textes préparatoires à *La Naissance* qui remontent à 1870. Ainsi, dans *La Vision dionysiaque du monde*, nous lisons que « Prométhée est un exemple qui montre au monde grec à quel point l'exigence excessive de connaissance humaine est préjudiciable à celui qui la formule comme à ce qui en est l'objet[2] », c'est-à-dire Prométhée et l'humanité. En 1871, Nietzsche approfondit le prix à payer et la souffrance endurée par les êtres humains, en déclarant cette fois que :

> nous devons nous résoudre à poser comme condition fondamentale et cruelle de toute éducation que l'esclavage fait partie de l'essence d'une culture : une constatation qui peut déjà faire frémir avant même d'exister. Voilà les vautours qui rongent le foie du promoteur prométhéen de la culture. La misère de la masse qui vit péniblement doit encore être augmentée pour permettre à un certain nombre d'hommes olympiques de produire le monde de l'art[3].

Ces idées, qui reviendront en 1872 dans la préface d'un livre non écrit et intitulée « L'État chez les Grecs[4] », sont très intéressantes car Nietzsche y transpose le motif prométhéen

1. NF-1870,6[18].
2. DW-2. *Cf.* aussi NF-1870,7[20 et 83], pour un propos similaire au sujet du développement de la culture.
3. NF-1871,10[1].
4. Voir CV-CV3.

sur des considérations socio-politiques. Certes, celles-ci sont projetées sur l'Antiquité grecque, mais il est difficile de ne pas y voir une allusion discrète à ce que l'un de ses contemporains appelait quant à lui la lutte des classes, et que les développements des techniques et de l'industrie, ainsi que le machinisme toujours plus poussé au gré du perfectionnement des machines-outils, n'ont fait qu'exacerber en leur temps. S'il semble ici le déplorer quelque peu, Nietzsche n'est toutefois pas Marx et l'oppression de l'homme par l'homme lui semble inévitable, dans ce texte où l'on a vu l'une des justifications nietzschéennes les plus explicites de l'esclavage. Toujours est-il que la figure de Prométhée n'est plus synonyme d'un affranchissement de l'humanité tout entière au sein d'un clivage qui l'opposait en bloc au divin, mais d'un affranchissement de quelques-uns, les Olympiens, qui bénéficient des avantages du progrès de la culture et de la technique, au détriment des autres, les Prométhéens, qui en paient le prix, dans le cadre d'une opposition qui se déploie désormais au sein même de l'humanité.

De ce panorama de la figure de Prométhée dans la première production de Nietzsche, retenons donc (1) que la technique est associée à l'*hybris*, à la démesure d'aspirations humaines qui rivalisent avec la toute-puissance divine et avec la nature conçue comme un grand tout ; (2) qu'elle rend possible l'émancipation d'une humanité qui devient toujours plus maîtresse de son destin en contrôlant toujours mieux son environnement, mais (3) qu'il y a un prix à payer et que les maux de l'humanité, loin d'être résorbés par le triomphe prométhéen de la technique, risquent fort de s'en trouver exacerbés ; (4) et enfin que tous ces aspects ne s'appliquent pas à l'humanité tout entière, mais probablement à une petite portion de celle-ci seulement, au détriment des autres. Cette lecture nietzschéenne du mythe prométhéen doit sans doute plus à sa culture philologique de l'Antiquité qu'à l'observation directe du progrès technique de son temps. Pourtant, force est de constater qu'un certain nombre des aspects de celui-ci sont solubles dans la réinterprétation de ce mythe, qui constitue donc une première confirmation de l'intérêt de Nietzsche pour la technique, de l'ambivalence de cet intérêt et de la manière spécifique qu'il a de s'en approprier certains éléments saillants pour leur faire servir ses propres réflexions philosophiques, par le biais d'une transposition non tant métaphorique ici que symbolique et mythologique.

On se demandera toutefois peut-être dans quelle mesure ces propos font véritablement l'objet d'une application explicitement actuelle, par Nietzsche, aux problématiques de la technique qui lui sont contemporaines. Si les références à Prométhée se font plus sporadiques dans les années 1880, nous retrouvons cependant certains aspects de cette première analyse sous d'autres formes. Il a déjà été brièvement question de la mort de Dieu, et il convient ici d'indiquer par ailleurs que la scission de l'humanité en deux groupes distincts deviendra une constante de la philosophie tardive de Nietzsche, notamment dans son élaboration de la morale des maîtres et de celle des esclaves. C'est d'ailleurs dans *Éléments pour la généalogie de la morale*, dont le premier traité présente l'aboutissement le plus riche de cette opposition, que nous trouvons l'une des mentions les plus explicites de Nietzsche au sujet de la modernité technique. Nous lisons tout d'abord que :

> Toute notre manière d'être moderne, dans la mesure où elle n'est pas faiblesse, mais puissance et conscience de puissance, donne l'effet de n'être que *hybris* et impiété : car ce sont

précisément les choses opposées à celles que nous vénérons aujourd'hui qui ont eu le plus longtemps la conscience de leur côté et Dieu pour gardien[1].

Nous retrouvons ici de nombreux aspects déjà rencontrés : puissance, *hybris*, impiété et substitution en cours du divin par quelque chose de nouveau, qui ne se nomme encore à ce stade que « toute notre manière d'être moderne ». Dans la suite immédiate du texte, Nietzsche explicite ce qu'il convient d'entendre par là, dans trois directions : la nature, Dieu et nous-mêmes.

Précisons un point avant de nous engager dans ces trois directions. Nietzsche s'attache ici à montrer comment des choses d'abord condamnées et qui ne peuvent émerger qu'avec mauvaise conscience sont ensuite normalisées et prisées : c'était le cas de la philosophie au début du paragraphe. C'est à présent le cas de « toute notre manière d'être moderne », ce qui revient à dire qu'elle *apparaîtrait* comme *hybris* au regard de la mesure grecque, mais fait partie selon Nietzsche de « toutes les bonnes choses dont nous sommes fiers aujourd'hui ». Quant à savoir si cette fierté moderne est bien placée, rien n'est moins sûr et il est probable qu'il pense simplement que l'homme moderne considère comme bonne une technique que les Grecs auraient considérée comme *hybris*, sans nécessairement se ranger lui-même au point de vue de ses contemporains. Il est important de ne pas se méprendre sur le statut de ce texte, qui constitue l'une des références souvent avancées pour défendre l'idée d'un Nietzsche techniciste.

Approfondissons à présent ces trois aspects de notre manière d'être moderne, dans le rapport à la nature, à Dieu et à nous-mêmes.

1. GM-III-9.

Au sujet de la nature, Nietzsche écrit d'abord : « Est *hybris* aujourd'hui toute notre attitude à l'égard de la nature, la violence que nous faisons à la nature à l'aide des machines et de l'inventivité sans scrupule de nos techniciens et de nos ingénieurs[1] ». Cette fois l'*hybris* impie se manifeste explicitement comme l'aspiration techniciste et prométhéenne de l'humanité. Cette violence démesurée, dont la nature paie le prix, est le fruit de deux types humains étroitement liés et qui incarnent la double composante théorique et pratique de la technique : l'ingénieur, d'un côté, qui fait montre d'une « inventivité sans scrupule » (c'est le calcul froid et rationnel qui se contente d'optimiser la performance des relations de moyens à fin) ; et le technicien, de l'autre, qui façonne les machines par lesquelles la force de frappe de l'agir humain sur la nature se trouve décuplée. Nietzsche semble ici distinguer le théoricien et le praticien, qu'Auguste Comte, par exemple, dans son *Cours de philosophie positive* dont Nietzsche lut la traduction allemande, réunissait sous l'unique figure de l'ingénieur, intermédiaire entre la théorie et la pratique[2]. On peut certes s'étonner que Nietzsche n'ait pas accordé plus d'importance à ces types humains[3], lui qui a consacré tant de pages aux législateurs, aux prêtres et aux philosophes, mais ce passage montre qu'il ne les a pas pour autant oubliés et qu'il en a parfaitement saisi les

1. *Ibid.*

2. Voir Auguste Comte, *Cours de philosophie positive*, Paris, Bachelier, 1830, p. 67 / *Einleitung in die positive Philosophie*, trad. Schneider, Leipzig, Fues, 1880 (BN), p. 47.

3. Au cours d'une conversation, M. Bertrand Binoche nous faisait part à très juste titre d'un tel étonnement au sujet de cette absence de l'ingénieur dans le corpus nietzschéen, en comparaison, par exemple, avec son omniprésence dans les écrits (contemporains de Nietzsche) d'un Jules Verne. Nous tenons ici à remercier l'auteur de cette remarque, qui nous est restée et a contribué aux présentes réflexions.

caractéristiques et enjeux principaux. Il apparaît d'ailleurs à la suite d'une réflexion sur les philosophes en tant que représentants de l'idéal ascétique, objet principal de tout ce troisième traité de *La Généalogie*, dont l'un des gestes majeurs consiste à inscrire la pensée scientifique moderne dans le cadre de l'idéal ascétique, dont il serait l'une des manifestations ultimes. En ce sens, il est possible de considérer ce texte comme exemplaire de la prise de position de Nietzsche, rare mais explicite, sur l'ingénieur et le technicien, c'est-à-dire sur l'homme prométhéen et sur la technique moderne en tant qu'expression du type humain devenu prédominant, ou du moins majoritaire, en son temps (« toute notre manière d'être moderne »).

Si l'on en tire toutes les conséquences, il conviendrait alors de rapprocher le technicien de l'esclave, dont Nietzsche déplore dans *La Généalogie* qu'il ait pris le dessus et soit parvenu à imposer ses valeurs, ce qui constituerait une variation sur l'association de Prométhée et de l'esclavage, établie dès le début des années 1870. De même, nous pourrions rapprocher cette civilisation techniciste d'une autre figure majeure par laquelle Nietzsche désigne l'homme moderne, par opposition à l'idéal du surhomme qu'il appelle de ses vœux : le dernier homme[1]. Dans *Zarathoustra*, le dernier homme est un citadin, ce qui fait écho aux vastes mouvements de migration des campagnes vers les villes au cours de la révolution industrielle ; il est satisfait de lui-même et se vautre complaisamment dans le confort matérialiste des sociétés développées, raison pour laquelle il est l'incarnation

1. Voir Benoît Berthelier, *Le Sens de la terre. Penser l'écologie avec Nietzsche*, Paris, Seuil, 2023, p. 116-122 : « la civilisation de la machine », ainsi que p. 26 : Nietzsche est « l'un des plus féroces critiques des prétentions de l'homme et de son risible prométhéisme : la puissance de celui que Nietzsche appelle le "dernier homme" ».

exemplaire du stade avancé de décadence et de nihilisme que l'humanité a atteint. Nous avons eu l'occasion de montrer par ailleurs[1] que le type de l'homme moderne exposé dans le troisième livre d'*Aurore* pouvait être conçu comme une préfiguration du « dernier homme » ainsi mis en scène dans *Zarathoustra* ; or de nombreux paragraphes de ce troisième livre d'*Aurore* sont consacrés à la société moderne et industrielle, au monde ouvrier, au travail et à la mécanisation, ce qui confirme une fois de plus l'affinité avec le type du technicien mis en avant dans ce paragraphe de *La Généalogie* et qui, de l'homme moderne à l'esclave en passant par le dernier homme, constitue en somme une synthèse du type humain à dépasser.

Après la nature, Nietzsche mentionne une fois de plus le rapport de la technique à Dieu, reprenant la dimension *impie* de l'*hybris* techniciste que nous avons vue précédemment, sans véritablement ajouter d'éléments nouveaux : « *hybris* est notre attitude à l'égard de Dieu[2] ». En revanche, il développe par la suite le troisième pôle sur lequel la technique humaine s'applique, qui n'est autre que nous-mêmes, les êtres humains :

> *Hybris* est notre attitude envers *nous-mêmes*, car nous expérimentons sur nous-mêmes comme nous n'oserions le faire sur aucun animal et, par plaisir et curiosité, nous nous ouvrons l'âme toute vive : que nous importe encore le « salut » de l'âme ! Après quoi nous nous guérissons nous-mêmes.

Et, plus loin : « nous nous faisons aujourd'hui violence à nous-mêmes[3] ». La modernité technique, qui n'était

1. Voir David Simonin, « Os preconceitos do "último homem". Sobre a nova determinação da umanidade em Aurora », *Cadernos Nietzsche*, 2023, 44 (2), p. 15-40.
2. GM-III-9.
3. *Ibid.*

explicitement mentionnée que pour le premier point, ne se contente donc pas de violenter la nature autour de nous, mais nous en retrouvons les caractéristiques (*hybris*, violence, curiosité théorique et expérimentation pratique, impiété...) jusque dans le rapport que nous entretenons avec Dieu et jusque dans le rapport violent que nous entretenons avec nous-mêmes. Nous retrouvons d'ailleurs ici la question de notre propre mortalité, et de notre immortalité potentielle, avec ce jeu technique par lequel nous nous prenons pour Dieu, dont les objets ne sont autres que le vivant (les animaux) en général, et nous-mêmes en particulier, et qui nous conduit à la fois à nous rendre malades et à nous guérir.

C'était déjà l'ambition de Descartes, dont Heidegger rapprochera d'ailleurs Nietzsche pour leur technicisme commun, et que Nietzsche cita longuement en guise de préface à la première édition de *Choses humaines, trop humaines*, mais dont la lecture de première main n'est pas attestée. Descartes, qui dans la sixième partie du *Discours de la méthode* visait à l'élaboration de « connaissances qui soient fort utiles à la vie » et d'une philosophie « pratique » et non pas seulement « spéculative »[1], entendait en effet se consacrer à la médecine[2] tout comme Nietzsche, de son côté, ne cessait de s'autoproclamer « médecin de la culture[3] ».

De fait, Nietzsche étend ici le domaine de la technique triomphante aux techniques de soi et aux techniques

1. *Ibid.*

2. Voir les lettres à Huygens du 5 octobre et du 4 décembre 1637, AT 1, p. 434-435 et 507 (dans une lettre datée du 25 janvier 1638).

3. Sur ce point, voir David Simonin, « Nietzsche et la psychopathologie des croyances dans *Aurore, pensées sur les préjugés moraux* », *in* Eva Liévain, *Philosophie et santé mentale. De Platon à Binswanger*, Paris, Armand Colin, 2024, p. 113-153.

médicales, à l'expérimentation sur le vivant et sur l'homme, d'une manière absolument saisissante. Certes, la portée générale de son propos (« nous nous ouvrons l'âme toute vive ») semble plus évoquer un usage métaphorique de l'expérimentation morale, intellectuelle et spirituelle, liée à l'introspection et au travail philosophique sur soi. C'est sans doute également le cas de l'affinité entre l'apparition de la conscience et l'autodiscipline par le travail « mnémotechnique[1] » de la souffrance et de la cruauté, dans le second traité. Cependant, plusieurs facteurs laissent entendre que le sens littéral de l'expérimentation technique sur le vivant et sur nous-mêmes n'est pas totalement absent ici.

Tout d'abord, l'état de santé de Nietzsche lui a fait fréquenter de nombreux médecins et s'intéresser de près à leur pratique[2], mais également s'essayer à des automédications aussi hasardeuses que les médications qu'il se vit prescrire. On connaît les prescriptions détaillées de régime alimentaire qu'il consigna dans *Ecce Homo* : du thé, mais que le matin, en petites quantités et très fort ! La juste dose dépend en outre de chacun, mais aussi du climat : il faut parfois prendre d'abord du cacao épais et déshuilé ! Voilà qui parachève trois décennies de souffrances en tous genres, de mauvais diagnostics et de remèdes inappropriés. Dès l'hiver 1861, et de nouveau l'hiver suivant, alors qu'il était interne à l'école de Pforta, il rapportait qu'on lui avait « appliqué un vésicatoire derrière chaque oreille » ; doutant fortement

1. GM-II-3.

2. Voir notamment les lettres à Malwida von Meysenbug du 4 août 1877 et à Franz Overbeck du 20-21 août 1881, BVN-1877,644 et 1881,139. Parmi les ouvrages médicaux conservés dans sa bibliothèque, mentionnons notamment Carl Ernst Bock, *Das Buch vom gesunden und kranken Menschen*, Leipzig, E. Keil, 1870 (BN) et Carl Ferdinand Kunze, *Compendium der praktischen Medicin*, Stuttgart, F. Enke, 1881 (BN).

qu'un tel remède, ayant pour particularité de provoquer ampoules et ulcères cutanés, « serv[ît] à grand-chose[1] », il suggérait comme automédication de se soigner en se promenant, anticipant une prescription du médecin[2] qu'il mettrait en pratique à maintes reprises à l'âge adulte. En 1875, les médecins de la station thermale de Steinabad lui prescrivirent entre autres réjouissances 80 grammes de bifteck à 8 heures du matin, deux œufs crus et une tasse de café au lait pour le goûter et un verre de bordeaux après chaque repas[3] ! En septembre 1876, il subit une cure d'atropine qui lui causa de vives douleurs pendant trois semaines[4] : il s'agit d'une substance d'origine végétale administrée par voie ophtalmique qui commença à être utilisée pour la dilatation des pupilles dès la première moitié du XIXe siècle mais qui ne sera bien mise au point qu'à la fin du siècle. Nietzsche se fait ici cobaye bien malgré lui.

Ensuite, le concept de *Züchtung*, signifiant à la fois dressage et sélection, et de première importance dans sa philosophie, tout comme celui de domestication, attestent également une certaine perméabilité, non seulement aux discours eugénistes de son temps, comme on l'a souvent relevé, mais plus fondamentalement encore aux découvertes scientifiques et aux innovations techniques dont ces discours dérivent. Nietzsche a lu non seulement Francis

1. Lettre à Franziska Nietzsche du 16 février 1861, BVN-1861,214. *Cf.* également la lettre à Franziska Nietzsche du 14 février 1862, BVN-1862,294.

2. Voir la lettre à Franziska Nietzsche du 25 août 1862, BVN-1862,331, dans laquelle on apprend que le médecin lui a prescrit « une cure d'eau et de promenades » ainsi qu'un certain régime.

3. Voir la lettre à Franziska et Elisabeth Nietzsche du 17 juillet 1875, BVN-1875,468.

4. Voir les lettres à Franziska et Elisabeth Nietzsche, et à Malwida von Meysenbug des 4 et 26 septembre 1876, BVN-1876,550 et 555.

Galton, mais encore Wilhelm Roux, respectivement considérés comme faisant partie des fondateurs de l'eugénisme et de l'embryologie expérimentale, et si la domestication animale et la sélection animale et végétale sont pratiquées depuis la préhistoire, c'est bien au XIXe siècle que la zootechnie et l'agronomie s'affirment en tant que disciplines scientifiques, l'hybridation artificielle connaissant alors un véritable essor. Pour plus de détails sur ces questions, nous renvoyons aux articles d'Emmanuel Salanskis consacrés à l'eugénisme de Nietzsche[1]. L'auteur s'attache à retracer l'influence de Galton, mais aussi de Charles Féré, psychiatre ayant collaboré avec Charcot et préconisant, dans son ouvrage *Dégénérescence et criminalité*, lu par Nietzsche en 1888, le recours à l'eugénisme contre diverses formes de pathologies héréditaires. Ce faisant, il rend raison de l'utilisation par Nietzsche de formules valorisant explicitement des techniques eugéniques, tant négatives (la castration ou l'euthanasie, par exemple) que positives (le croisement et la sélection), ainsi que leur mise en œuvre coercitive dans le cadre de politiques eugénistes, tout en replaçant sa pensée dans le cadre du contexte intellectuel d'alors, cette question n'étant absolument pas l'apanage de penseurs racistes et réactionnaires en cette fin de XIXe siècle.

Enfin, et surtout, si l'on pense à l'affirmation de la bio-ingénierie et des biotechnologies au XXe siècle et plus que jamais de nos jours, l'usage que fait Nietzsche de l'expérimentation sur nous-mêmes semble, sur bien des points,

1. Voir Emmanuel Salanskis, « Sobre o eugenismo e sua justificação maquiavеliana em Nietzsche », *Cadernos Nietzsche*, 2013, 32, p. 167-201, ainsi que « The realm of human breeding : Nietzsche's reception of Francis Galton's *Inquiries into Human Faculty and Its Development* », *in* Hans-Peter Anschütz, Armin Thomas Müller, Mike Rottmann et Yannick Souladié (dir.), *Nietzsche als Leser*, Berlin, Boston, De Gruyter, 2021, p. 287-300.

véritablement en avance sur le sens littéral. Ou, pour le dire autrement : *notre* modernité technique semble à bien des égards réaliser ce que Nietzsche ne pouvait probablement qu'appeler de ses vœux vu l'état des sciences du vivant à son époque. Et peut-être l'*hybris* qu'il constatait en se plaçant du point de vue de la mesure grecque est-elle plus que jamais la nôtre.

II. Nietzsche, techniciste intempérant ?

Ce paragraphe du troisième traité de *La Généalogie*, pris au pied de la lettre, a servi de justification principale du technicisme de Nietzsche parmi ses textes publiés. Nous voudrions donc revenir brièvement sur la position de Heidegger sur cette question de la technique chez Nietzsche. L'enjeu n'est pas tant d'expliciter tous les aspects de la réception heideggérienne sur ce point, ce qui dépasserait de loin le cadre de ce chapitre, mais plutôt de mieux établir la position de Nietzsche à partir de ce qu'elle n'est pas.

En effet, la lecture de Heidegger le conduit à faire de Nietzsche le parangon de l'arraisonnement technique par lequel le volontarisme outrancier de la subjectivité humaine viendrait à s'exprimer et à s'imposer, signant son obnubilation pour l'étant et l'oubli de l'être. À première vue, une telle approche semble autorisée par le texte de *La Généalogie* qui vient d'être cité. Mais cela ne va pas de soi pour peu que l'on ait présentes à l'esprit toutes les nuances et l'ambivalence de Nietzsche, ainsi que sa réserve ironique à l'égard de l'*hybris* jugée bonne par des hommes modernes que dans une très large mesure il méprise. Il n'est dès lors plus si évident de ranger Nietzsche parmi les technicistes intempérants et sans recul critique, comme s'il n'était que la forme hyperbolique d'un cartésianisme dans lequel Descartes lui-même, d'ailleurs, ne se serait sans doute pas reconnu. Au fond, il semble que Heidegger ait transformé en revendication prescriptive ce qui n'était chez Nietzsche qu'un constat descriptif et largement critique.

Faute de garder cela à l'esprit, la définition de la technique semble effectivement assez proche de ce que nous avons vu précédemment, lorsque Heidegger écrit :

> Dès que l'homme au milieu de l'étant (*phusis*) dans lequel il est exposé, cherche à gagner une base et à s'installer, et qu'il procède de telle ou telle manière pour maîtriser et surmonter l'étant, sa façon de procéder à l'encontre de l'étant est alors portée et dirigée par un savoir qui concerne l'étant. Et c'est ce *savoir-là* qui se nomme *tekhnè*[1].

Dans cette lecture, la *tekhnè* est un savoir théorico-pratique, ce qui ne pose pas difficulté, mais elle est surtout un moyen pour l'homme, entité abstraite, d'assoir son existence et le triomphe de sa volonté et de sa puissance dans et sur le monde, de manière coercitive, voire violente, comme l'indique le vocabulaire belliciste et de l'exploitation (il *gagne une base*, il *s'installe*, il *maîtrise* et *surmonte*). Or, du point de vue de l'humanité (ou surhumanité) que Nietzsche souhaite véritablement voir advenir, presque tous les éléments d'une telle anthropologie techniciste posent problème.

L'homme, tout d'abord, est ici une entité abstraite et homogène qui, bien que Nietzsche lui-même n'hésite pas à recourir à des termes généraux par simplicité, ne correspond

1. Martin Heidegger, *Nietzsche*, trad. Pierre Klossowski, Paris, Gallimard, 1971, vol. 1, p. 79.

pas à l'analyse raffinée qu'il propose des nombreux types humains, de leurs différences et de leurs hiérarchies. Rappelons en ce sens que nos ingénieurs et nos techniciens, certes représentatifs de notre manière d'être moderne, ne sont pourtant représentatifs que d'un certain type humain, l'homme moderne, le dernier homme, l'esclave, mais ils n'incarnent certainement pas l'essence de *l'homme* en général. Contre l'interprétation heideggérienne, Wolfgang Müller-Lauter a offert une confrontation entre Nietzsche et l'économiste autrichien Emanuel Herrmann, dont il a lu la deuxième édition de l'ouvrage *Cultur und Natur : Studien im Gebiete der Wirtschaft*, parue en 1887. D'après Müller-Lauter, Herrmann suppose que la technique permettra à l'homme de devenir progressivement le maître de la terre, ce qui s'accorde assez bien avec la lecture heideggérienne de Nietzsche, mais Müller-Lauter précise que Nietzsche, s'il concède un développement technique incontestable, s'oppose à l'idée d'après laquelle une unification croissante de l'humanité devrait en résulter[1]. C'est bien ce qui ressortait des citations précédentes sur l'esclavage et le partage de l'humanité en deux groupes : les Prométhéens et les Olympiens.

En ce sens, une pensée nietzschéenne de la variété et des différences humaines semble bien plus à même que l'approche heideggérienne d'affronter les enjeux tout à fait actuels de l'augmentation des aptitudes et des performances de *certains* humains (ceux qui peuvent se permettre un tel *enhancement*) plutôt que d'autres et donc d'une hiérarchie de types humains suscitée et exacerbée par la technique.

En outre, cette humanité abstraite et homogène a pour fonction chez Heidegger de gommer la parenté des êtres

1. Voir Wolfgang Müller-Lauter, *Über Freiheit und Chaos*, Berlin, New York, De Gruyter, 1999, p. 173-190.

humains avec l'animalité, que Nietzsche souligne quant à lui avec insistance et de manière récurrente, y compris dans le passage de *La Généalogie* où l'expérimentation sur nous-mêmes et l'expérimentation sur l'animal ne semblent se distinguer que par une différence de degré, et non de nature. Mais plus encore que la domination technique des animaux par l'homme, il nous faut également envisager, si l'on veut faire droit à l'effort nietzschéen pour résorber l'abîme qui sépare l'homme de l'animal, que la technique soit un prolongement de la vie animale et qu'il y ait un usage animal de la technique. Or c'est ce que l'éthologie n'a cessé de nous confirmer dans les dernières décennies[1], en accord avec la philosophie de Nietzsche bien plus qu'avec celle de Heidegger. Aux différences intraspécifiques (d'homme à homme) s'ajouteraient donc des différences interspécifiques (entre l'homme et l'animal), dont les usages de la technique pourraient être, sinon la cause, du moins un symptôme possible. Parmi les rares occurrences de la technique sous la plume de Nietzsche, il n'y en a guère qui développent véritablement les enjeux d'une technique animale, mais notons toutefois qu'au § 31 du *Gai Savoir* il compare la plus ou moins grande maîtrise, en lien avec l'exercice, de différentes techniques empruntées à des stades variés du développement de l'humanité. D'après ce paragraphe, nous maîtriserions aujourd'hui le commerce et les lettres « tout comme jadis, aux temps de l'humanité primitive, chacun était chasseur et

1. Voir notamment les travaux du biologiste Christian Rutz sur le maniement d'outils chez les corvidés, ainsi qu'Emmanuele Coccia, *Métamorphoses*, Paris, Payot et Rivages, 2020, qui conclut son chapitre intitulé « Une nouvelle idée de la technique » en déclarant, en accord avec Leroi-Gourhan, que la technique « n'est pas une force qui s'oppose à la vie ou qui la prolongerait de l'extérieur, elle n'est que son expression la plus intime, son dynamisme originaire » (p. 97).

s'exerçait de jour en jour dans la technique de la chasse[1] ». Autrement dit, il semble envisageable avec Nietzsche de replacer la technique dans le contexte de la pensée évolutionniste de son temps et d'envisager, sinon des animaux de manière explicite, du moins des « hommes plus sauvages » disposant de leurs techniques propres.

Quant à la *volonté de puissance*, Heidegger la conçoit trop souvent à la manière du triomphe du sujet humain s'imposant à tout ce qui l'entoure. Or, pour Nietzsche aussi, la puissance est tout aussi bien puissance d'agir que puissance de pâtir et la compréhension nietzschéenne de la puissance ne se réduit pas à l'exercice d'une domination écrasante sur autrui et sur le monde, mais se double d'une importante dimension réceptive d'ouverture, voire de passivité[2]. C'est ce qu'ont montré, récemment, Barbara Stiegler ou encore Benoît Berthelier. La première souligne que l'intérêt de Nietzsche pour la biologie l'a conduit à mettre en évidence que :

> le sujet est devenu corps vivant, se constituant dorénavant dans l'épreuve, toujours blessante, d'une altérité qui l'excède et qui lui résiste. En lieu et place d'un sujet conquérant, porteur du projet de maîtrise de la modernité par l'exploitation et le calcul, on découvrira une instance éminemment *vulnérable*[3].

Le second s'efforce d'emblée d'éviter la fausse opposition du déchaînement de la puissance par la technique et du rejet

1. FW-31.

2. Voir David Simonin, *Le Sentiment de puissance dans la philosophie de Friedrich Nietzsche*, Paris, Classiques Garnier, 2022.

3. Barbara Stiegler, *Nietzsche et la vie : une nouvelle histoire de la philosophie*, Paris, Gallimard, 2021, p. 157. Voir déjà p. 144 : Heidegger a « cherché à mettre [l]a philosophie de la volonté de puissance [de Nietzsche] sur le même plan que la débâcle philosophique du nazisme, les accusant tous deux d'avoir sombré dans le cartésianisme achevé de la domination technique ».

de la puissance par l'écologie, en recommandant d'assumer « la réinvention de la puissance dans l'Anthropocène », réinvention qui devra être « le contraire d'une célébration naïve d'un anthropocentrisme héroïque et prométhéen » et parvenir « à réarticuler l'activité et la passivité »[1], ce qui vaut redéfinition de la volonté de puissance et de la technique qui en est censément l'expression. À la compréhension unilatérale de la technique par Heidegger, qui prend au pied de la lettre le simple constat d'une violence faite à la nature et à nous-mêmes, pourrait ainsi répondre une technique ancrée dans une relation au monde et à la nature dont la visée ne tiendrait pas exclusivement du calcul d'exploitation. Il est vrai qu'il faut pour cela prendre du recul vis-à-vis du point de vue du dernier homme, l'homme moderne contemporain de Nietzsche et que celui-ci ne cesse de vilipender.

De même enfin, la *maîtrise* et le *surmontement* dont il est question dans la citation de Heidegger sont loin de se réduire à l'écrasement, par le sujet, de tout ce qui n'est pas lui. Ils désignent bien plus souvent chez Nietzsche une maîtrise et un surmontement *de soi-même* ainsi que de la nature en soi-même qui, certes, peuvent interagir avec l'extériorité et parfois au détriment de celle-ci, mais qui ne sauraient aucunement s'en tenir là. Si Nietzsche a pu faire montre parfois d'une fascination ambiguë pour la puissance mondaine et la domination, il est clair également que ceux qui s'y jettent à corps perdu ne font bien souvent que se fuir eux-mêmes par incapacité à se maîtriser. Les atours extérieurs de la force et de la domination, notamment technique, seraient en ce sens le cache-misère d'une détresse et d'une impuissance subjectives. Ici, c'est donc moins chez Heidegger que du côté de la pensée foucaldienne des techniques de soi qu'il conviendrait

1. Berthelier, *Le Sens de la terre*, *op. cit.*, p. 30.

de rechercher les prolongements les plus féconds d'une philosophie nietzschéenne de la technique bien comprise.

Bien entendu, Nietzsche a lui-même prêté le flanc aux interprétations technicistes, notamment avec certaines formulations du paragraphe de *La Généalogie* mentionné précédemment, et il n'a pas réellement développé ces conceptions alternatives de la technique. Aussi, rectifier la lecture unilatérale de Heidegger ne revient ni à nier qu'elle ait pu légitimement puiser, jusqu'à un certain point, dans la pensée de Nietzsche[1], ni à vouloir édulcorer cette dernière. Il s'agit surtout d'indiquer que la pensée nietzschéenne de la technique peut s'ouvrir dans d'autres directions, inédites et peu étudiées, et dont les prolongements modernes pourraient être tout à fait féconds. Ce faisant, il s'agit aussi de montrer qu'elle ne se réduit pas à la lecture qu'en donne Heidegger, qui bien au contraire correspond assez souvent à ce que Nietzsche lui-même rejette et méprise.

Pour clore ce point, il peut être opportun de citer un passage assez long d'un texte de 1872, *Sur l'avenir de nos établissements d'enseignement*, qui synthétise les différents éléments que nous venons de voir. Dans ce texte encore imprégné de la métaphysique de Schopenhauer, Nietzsche distingue deux types d'éducation, que l'on pourrait qualifier de naturelle et d'instrumentale, ou technique : la première fait des individus authentiques, l'autre des rouages du système ; l'une est formation, l'autre formatage. Nietzsche vilipende

1. Précisons toutefois que Heidegger, comme tous les commentateurs avant l'édition de référence de Giorgio Colli et Mazzino Montinari à partir de la seconde moitié des années 1960, et certains encore après, ne pouvait que s'appuyer sur *La Volonté de puissance* pour accéder à de nombreuses notes posthumes de Nietzsche. Or, toute la bonne foi du monde ne saurait oblitérer le fait qu'il s'agit là d'une fausse compilation commise par sa sœur Elisabeth ; à ce sujet, *cf.* Mazzino Montinari, *« La Volonté de puissance » n'existe pas*, édité par Paolo D'Iorio, trad. Patricia Farazzi et Michel Valensi, Paris, L'Éclat, 1996.

tout d'abord les établissements d'éducation de son temps qui, parce qu'ils sont « destinés à surmonter la nécessité de vivre, [...] promettent de former des fonctionnaires ou des commerçants ou des officiers ou des grossistes ou des agriculteurs ou des médecins ou des techniciens ». Puis il précise :

> Si vous voulez conduire un jeune homme sur le vrai chemin de la culture, gardez-vous bien de briser le rapport naïf, confiant, et pour ainsi dire personnel et immédiat qu'il a avec la nature : il faut que la forêt et le rocher, l'orage, le vautour, la fleur solitaire, le papillon, la prairie, la pente de la montagne lui parlent chacun dans sa langue ; il faut qu'il se reconnaisse en eux comme dans d'innombrables reflets et miroitements dispersés, dans le tourbillon aux mille couleurs d'apparitions changeantes ; c'est ainsi qu'il éprouvera inconsciemment l'unité métaphysique de toutes choses dans la grande uniformité de la nature et qu'en même temps il se tranquillisera au spectacle de son opiniâtreté et de sa nécessité. Mais à combien de jeunes gens peut-on permettre de croître si près de la nature et dans une relation presque personnelle à elle ? Les autres doivent très tôt apprendre une autre vérité : comment on se soumet la nature. Ici l'on en finit avec cette naïve métaphysique : et la physiologie des plantes et des animaux, la géologie, la chimie minérale forcent leurs disciples à une tout autre contemplation de la nature. Ce qui est perdu par cette nouvelle espèce de contemplation imposée, ce n'est pas je ne sais quelle fantasmagorie poétique, c'est la seule compréhension vraie et instinctive de la nature : à laquelle s'est substituée maintenant un habile calcul qui vainc la nature par la ruse. L'homme vraiment cultivé possède donc ce bien inestimable de pouvoir, sans rupture, rester fidèle aux instincts contemplatifs de son enfance et d'atteindre par là à un calme, à une unité, à une cohérence et à une harmonie dont celui qu'attire la lutte pour la vie ne peut pas même avoir une idée[1].

1. *Sur l'avenir de nos établissements d'enseignement*, 4e conférence, *in* OPC I/2, p. 133.

Si Nietzsche prend déjà ses distances avec ce qu'il nomme ici la « métaphysique naïve » de Schopenhauer, il est cependant clair qu'il valorise une éducation privilégiant le lien instinctif entre l'homme et la nature, et n'a que mépris pour l'autre éducation, qui repose sur la rationalité calculatoire et, à travers l'asservissement de la nature, n'aboutit qu'à rabougrir et asservir ceux-là mêmes qui entendent ainsi l'asservir. Avertissement visionnaire peut-être...

III. Nietzsche et les machines

Nietzsche s'est donc intéressé à la technique, et il a écrit à ce sujet quelques lignes qui semblent faire de la modernité technique une forme d'*hybris*. Pourtant, contrairement à l'interprétation qu'en donne Heidegger, il ne va pas de soi qu'il se réjouisse d'un tel constat, d'une part, ni que l'ensemble de sa philosophie y soit réductible, d'autre part. Essayons donc à présent d'esquisser une approche différente de la confrontation de Nietzsche aux innovations techniques de son temps.

Mazzino Montinari recommandait d'étudier Nietzsche en le replaçant dans le « bouillon de culture[1] » qui fut le sien, c'est-à-dire en étant attentif à son contexte, aux débats de son temps, auxquels bien souvent il participa, ou encore aux lectures qu'il effectua et qui peuvent nous servir de point d'entrée, non seulement dans sa philosophie, mais dans son époque. Or ce bain culturel et civilisationnel dans lequel il

1. Cité *in* Giuliano Campioni et Aldo Venturelli (dir.), *La « biblioteca ideale » di Nietzsche*, Naples, Guida editori, 1992, p. 9 (trad. pers.).

convient de replacer la pensée de Nietzsche est très fortement marqué par la révolution industrielle et le progrès technique, qui affectent sensiblement tous les aspects de la vie de ses contemporains – toute « notre manière d'être moderne » –, c'est-à-dire le type de relation que les êtres humains engagent avec eux-mêmes, entre eux et avec le monde dans lequel ils existent et au sein duquel ils ont à redéfinir leur propre situation : l'habitat au sens large (lieux et conditions de vie), la production, les échanges et la consommation, les transports et les communications, les relations intersubjectives et l'interconnexion des individus, des groupes et des cultures, le mode d'organisation politique, les réseaux, etc.

Tous ces domaines font l'objet de bouleversements profonds, tout au long du XIXe siècle, que Nietzsche ne pouvait pas ignorer. Outre sa lecture du *Livre de la nature* de Friedrich Schoedler[1], synthèse des découvertes scientifiques et des inventions techniques de l'époque qui lui fournit sans aucun doute maints renseignements utiles, certaines annotations de Nietzsche dans d'autres de ses ouvrages montrent qu'il partage l'idée d'après laquelle le progrès matériel et technique, s'il ne saurait représenter une fin en soi, contribue indéniablement à la modification des idées et au progrès dans le domaine intellectuel. Il a ainsi partiellement souligné un passage de l'historien William Edward Hartpole Lecky, agrémenté en outre de deux traits et du mot *gut* (« bien ») en marge, dans lequel nous lisons :

> Il est impossible de construire une voie ferrée sans exercer une influence intellectuelle et il est probable que Watt et Stephenson

1. Friedrich Schoedler, *Das Buch der Natur die Lehren der Physik, Astronomie, Chemie, Mineralogie, Geologie, Botanik, Zoologie und Physiologie umfassend*, Braunschweig, F. Vieweg und Sohn, 1875, 2 volumes (BN).

aient finalement transformé les opinions des hommes d'une manière presque aussi profonde que Luther et Voltaire[1].

De même, il a tracé deux traits à gauche et un à droite d'un passage de l'ouvrage de John Stuart Mill consacré à la philosophie d'Auguste Comte, dans lequel l'auteur indique que les bouleversements intellectuels tels que la Réforme ou les révolutions sont la conséquence de changements matériels, liés par exemple à l'invention de l'imprimerie ou de la boussole (exemples canoniques depuis Francis Bacon), et non pas l'inverse[2].

Si Nietzsche, qui voulut lui aussi changer le corps et l'esprit des êtres humains, partage cette opinion, au point de donner aux métaphores techniques auxquelles il recourt une portée intellectuelle et spirituelle, c'est qu'il en fit lui-même l'expérience. Certes, il ne compte pas au nombre des philosophes qui se firent aussi artisans, mécaniciens, opticiens ou inventeurs ; tout au plus se fit-il le médecin de lui-même et caressa-t-il l'idée de cultiver son jardin, mais il ne construisit pas, ne répara pas. En revanche, il envoya et reçut des télégrammes, se fit prendre en photo, prit le train ; on imagine à quel point ce mélomane aurait apprécié posséder un phonographe, mais Edison ne le mit au point qu'en 1889. Il se décida en 1881 à acheter un modèle danois de machine à écrire, en forme de boule (le *Schreibkugel* de l'inventeur Rasmus Malling-Hansen[3]), et anticipa même

1. William Edward Hartpole Lecky, *Geschichte des Ursprungs und Einflusses der Aufklärung in Europa*, I, Leipzig, Heidelberg, C. F. Winter, 1873 (BN), p. XIX (trad. pers. ; soulignement de Nietzsche). George Stephenson était un ingénieur britannique qui contribua au développement du chemin de fer à vapeur.

2. Voir John Stuart Mill, *Auguste Comte und der Positivismus, in Gesammelte Werke*, IX, Leipzig, Fues (R. Reisland), 1874, p. 1-141 (BN), p. 74.

3. Voir les lettres à Overbeck et à Franziska Nietzsche des 20 et 21 août 1881, BVN-1881,139 et 141, ainsi que Stephan Günzel et Rüdiger

la fonction « lecture à voix haute » dont nos traitements de texte et journaux en ligne disposent aujourd'hui : « Après la machine à écrire, une machine à lire à haute voix serait une très belle invention[1]. » L'anecdote de cette machine à écrire est restée fameuse parmi les commentateurs de Nietzsche puisque l'appareil, que lui fit parvenir son ami Paul Rée en février 1882, lui parvint endommagé[2], ce qui suscita des remarques mesquines de la part de Nietzsche lors de la rupture de leur amitié, un an plus tard[3]. Quoi qu'il en soit, nous avons là un bon exemple des ambivalences d'un objet technique dont Nietzsche éprouva le besoin, mais dont les dysfonctionnements teintèrent l'usage d'un mélange de satisfaction et d'efforts pénibles, qui lui firent rapidement délaisser l'objet.

Quant à la photographie, plusieurs portraits du philosophe nous sont parvenus et l'on peut imaginer qu'il sut jouer de cette représentation de lui-même pour travailler à sa postérité, lui qui souligna, d'une part, l'avantage de ne se laisser voir qu'au travers d'une « particularité » telle une « grosse moustache »[4], et déclara d'autre part que « Schopenhauer a

---

Schmidt-Grépály, *Friedrich Wilhelm Nietzsche : Schreibmaschinentexte*, Weimar, Verlag der Bauhaus-Universität, 2002, avec une postface de Friedrich Kittler, et Dieter Eberwein, *Nietzsches Schreibkügel. Ein Blick auf Nietzsches Schreibmaschinenzeit durch die Restauration der Schreibkugel*, Schauenburg, Typoskript-verlag Eberwein, 2005. Pour plus de détails sur ce point, voir également le chapitre de Paolo D'Iorio dans ce volume.

1. Voir la lettre à Franziska et Elisabeth Nietzsche du 21 décembre 1881, dans laquelle il déclare même préférer cette potentielle lecture mécanique à la lecture humaine que son entourage voulait bien lui faire. Voir également la lettre à Overbeck du 17 mars 1882.

2. Voir les lettres à Heinrich Köselitz des 5 et 11 février, ainsi que la lettre à Franziska et Elisabeth Nietzsche du 10 février 1882, BVN-1882,195, 198 et 197 respectivement.

3. Voir la lettre à Elisabeth Nietzsche du 27 avril 1883, BVN-1883,408.

4. M-381.

été avisé le jour où il s'est laissé photographier une fois avec un gilet boutonné de travers. Il voulait dire par là : "Je ne suis pas de ce monde : qu'est-ce, pour un philosophe, que la convention des coutures et des boutons !... Je suis trop objectif pour cela !..."[1] ». Il n'est donc pas surprenant que plusieurs de ses portraits les plus célèbres le représentent arborant fièrement sa moustache.

Portrait de Friedrich Nietzsche par Gustav Schultze, 1882 (*Klassik Stiftung Weimar*).

1. NF-1888,14[143].

En revanche, il n'avait sans doute pas anticipé le fait que les photographies compromettantes passeraient elles aussi à la postérité sur Internet lorsqu'il posa avec Lou von Salomé et Paul Rée, ni qu'il lui faudrait subir les manipulations de sa sœur qui devaient l'immortaliser à l'état végétatif, le regard perdu.

Mais par-delà l'anecdote biographique, Nietzsche a également réfléchi, dans ses notes posthumes, à la photographie en en faisant tout d'abord une image de l'objectivité, aussi bien dans le domaine scientifique, qui ne peut que montrer mais pas insuffler de direction[1], que dans le domaine artistique (il vise alors le naturalisme, qui n'est que « scientificité et photographie[2] » mais trahit surtout un manque intérieur, une fuite hors de soi et une incapacité à se saisir de la réalité pour lui donner une direction et une forme personnelles). Dans les deux cas, la critique est la même : la photographie est un modèle d'objectivité, auquel fait en même temps défaut une forme de conscience et de prise en main de la part du sujet qui se contente d'être une chambre d'enregistrement de la diversité du réel[3]. Dans le

1. Voir NF-1880,7[179].

2. NF-1884,25[164].

3. Nietzsche a pu s'inspirer ici d'African Spir, *Pensée et réalité, essai d'une réforme de la philosophie critique*, trad. A. Penjon, Paris, Félix Alcan et Lille, Ch. Tallandier, 1896, p. 44 / *Denken und Wirklichkeit. Versuch einer Erneuerung der kritischen Philosophie*, Leipzig, J. G. Findel, 1877, I (BN), p. 62 qui, dans le contexte d'une réflexion sur la nature des idées et de leur rapport à leur modèle, recourt à « l'image photographique » pour penser l'adéquation de l'effet (l'image) et de la cause (le modèle), tout en marquant la différence entre cet exemple et le processus de représentation idéelle, l'idée étant liée à la chose qui la cause et qu'elle représente (et en l'existence de laquelle nous croyons) d'une manière que l'on ne retrouve pas dans la simple photographie. Pour une étude approfondie de l'émergence du concept d'objectivité au cours du XIXe siècle, voir Lorraine Daston et Peter Galison, *Objectivité*, trad. Sophie Renaut et Hélène Quiniou, Dijon, Les Presses du réel, 2012.

prolongement de cette analyse, Nietzsche considère toutefois la photographie d'une manière plus positive comme l'expression d'un ancrage dans la réalité (d'une forme de fidélité à la terre), par opposition à l'idéalisme[1]. Il prolonge cette idée en commentant une citation tirée du *Journal* des Goncourt sur l'humanisation et la banalisation de Dieu d'une manière qui entérine la part de responsabilité du progrès technique dans la mort de Dieu, et semble anticiper le constat wébérien du désenchantement du monde : « un dieu en photographie[2] ». Nous retrouvons ici toute l'ambivalence d'une formule où l'on identifiera aussi bien la réjouissance de l'athée constatant avec prosaïsme le processus de sécularisation que le désabusement d'une modernité qui semble rejoindre la superstition de ces peuplades dites « primitives » croyant que les appareils photo des ethnographes leur volaient leur âme... Comme dans le film *Peeping Tom*, l'appareil photo est un appareil de mise à mort de la nature, du divin et de l'homme dont il capte, fige et finalement dénature la réalité.

Autre invention, élaborée dès 1838 par Samuel Morse et inaugurée l'année de la naissance de Nietzsche, en 1844 : le télégraphe.

Barbara Stiegler y consacre des pages passionnantes dans l'introduction de *Nietzsche et la vie*, faisant de « l'âge du télégraphe » un moment critique mettant à mal la capacité

1. Voir NF-1884,25[310].

2. NF-1887,11[296]. Les Goncourt notent quant à eux dans la foulée que le jour où un tel dieu existera, « la civilisation sera à son comble, et l'on verra à Venise des gondoles à vapeur » (*Journal des Goncourt : mémoires de la vie littéraire*, Paris, Charpentier, vol. I, 1887 (BN), p. 395). De fait, le progrès technique avait devancé l'intuition des Goncourt, puisqu'en 1881 déjà circulait à Venise le tout premier « vaporetto », déclenchant une grève des gondoliers : « Décidément, tout s'en va. Après les dieux, les gondoliers ! ... », lisait-on un an auparavant dans *La Justice*, 12 septembre 1880, p. 2.

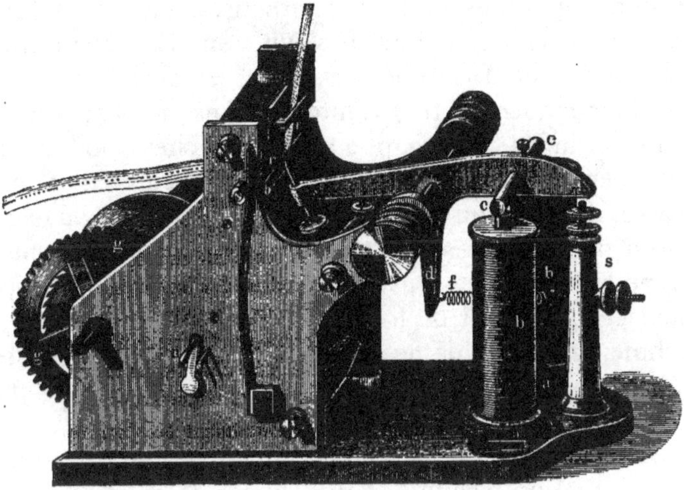

Illustration d'un télégraphe dans Friedrich Schoedler,
Das Buch der Natur, Braunschweig, Fr. Vieweg und Sohn, 1875, vol. 1, p. 198
(*Klassik Stiftung Weimar / Nietzsche Source* :
http://www.nietzschesource.org/BN/schoedler-1875,198).

des êtres humains à digérer les informations, à s'approprier et incorporer un réel dont la diversité s'exacerbe et le flux ne cesse de s'accélérer. Les opinions sont démultipliées, les « nouvelles » se succèdent à un rythme effréné : « Plus le revirement des opinions est rapide, plus le monde va vite, la chronique se transforme en journal, et finalement le télégraphe constate en quoi les opinions des hommes ont changé en quelques heures[1]. » Les individus se retrouvent alors exposés et peinent à faire face à ce courant qui les

1. NF-1876,19[89]. Voir également WB-6 : « il ne reste plus à présent qu'une seule sorte de sérieux dans l'âme moderne, c'est celui que l'on réserve aux nouvelles qu'apportent le journal ou le télégraphe ».

entraîne sans qu'ils puissent synthétiser, mettre en forme et donner sens à ce divers. Il s'agit donc là d'une critique analogue à celle de la photographie : les objets techniques nous donnent accès à trop d'informations, nous ouvrent sur un nouvel infini qui échappe à nos capacités apolliniennes de mise en forme et de donation de sens ; leur activité nous dépasse, de même qu'aujourd'hui la collecte des *data* excède de loin nos capacités effectives et efficaces de traitement, comme si les innovations techniques de l'humanité précédaient et excédaient de loin ses capacités : « La presse, la machine, le chemin de fer, le télégraphe sont des prémisses dont personne n'a encore osé tirer les conclusions pour mille ans[1]. »

Mais Nietzsche ne s'est pas contenté d'utiliser lui-même cette innovation technique, ou d'exiger de sa mère que ses requêtes soient exécutées « à la vitesse d'un télégramme[2] » ! Il s'est également intéressé à l'approche théorique d'auteurs qui, dans le contexte de l'organicisme social (théorie alors en vogue et considérant les sociétés comme de grands organismes), établissaient une analogie entre la communication d'informations dans l'organisme et dans la société. Notons d'ailleurs que l'un des premiers sens du terme « cybernétique » dans la première moitié du XIXe siècle lui conférait la portée politique, lointainement héritée du platonisme, d'un art ou d'une technique de gouvernement, un siècle avant que cette discipline se formalise en tant que science des échanges d'informations au sein de systèmes complexes, qu'il s'agisse d'organismes ou de machines. Machine, vivant et société : ces trois termes se retrouvent dans un passage des

1. WS-278.

2. Lettre à Franziska et Elisabeth Nietzsche du 12 janvier 1866, BVN-1866,491.

Sociétés animales d'Alfred Espinas, sociologue français dont Nietzsche lut l'ouvrage en traduction allemande, et grand représentant de l'organicisme social dont l'influence se fit sentir jusqu'au milieu du XXe siècle, même s'il fut peu à peu éclipsé par Émile Durkheim dès le tournant du siècle. Dans le contexte d'une réflexion sur l'unité organique et sociale, qui lui permet également d'interroger le statut de la conscience et l'éventualité d'une conscience collective, Espinas cherche dans une longue note à se positionner vis-à-vis des remarques de Herbert Spencer et d'Albert Schäffle sur ce sujet, ainsi que d'Eduard von Hartmann et de George Henry Lewes. Tous ces auteurs, que Nietzsche a lus, sont des représentants majeurs de ces débats alors importants et qui trouvent une résonance certaine dans sa philosophie : la société est-elle un grand organisme et, si oui, de quelle manière ses parties collaborent-elles ? Y a-t-il, dans l'individu comme dans la société, un principe directeur et un siège du sentiment et de l'intelligence, c'est-à-dire une conscience centralisée ? Ou bien ces éléments sont-ils diffus dans l'ensemble du corps vivant aussi bien que social ? La conscience est-elle éminemment intime, comme le soutiennent les spiritualistes, ou bien est-elle constituée par la communication avec d'autres consciences, idée à laquelle Nietzsche se range ? Voici un passage de la note d'Espinas que Nietzsche a marqué d'un trait en marge dans son exemplaire :

> M. Schæffle a traité spécialement cette question [de l'unité organique et sociale] et il a montré que les cellules dans le corps vivant ne sont pas toujours contiguës, qu'elles sont liées les unes aux autres par une substance moins hautement organisée qu'il appelle substance intercellulaire (sérum du sang, névroglie), et que, de même, la matière appropriée aux besoins de la vie de relation (routes, voies ferrées, télégraphes, et en général toute la richesse d'une nation) établissant un lien entre

les individus d'une société joue par rapport à eux le rôle de substance intercellulaire[1].

En 1883, peu après sa lecture de l'ouvrage d'Espinas, Nietzsche s'approprie ce motif : « *les parties du corps, liées*

1. Alfred Espinas, *Des sociétés animales*, Paris, Germer Baillière et Cie, 1878, p. 138 / *Die thierischen Gesellschaften. Eine vergleichend-psychologische Untersuchung*, trad. W. Schloesser, Braunschweig, F. Vieweg, 1879 (BN), p. 128-129. L'auteur commente ici l'ouvrage de Schäffle, *Structure et vie du corps social* (*Bau und Leben des socialen Koerpers*, Tübingen, Laupp, 1875). Notons qu'Espinas influença en retour Schäffle, qui consacra une recension à la traduction allemande du livre d'Espinas (voir *Zeitschrift für die gesamte Staatswissenschaft*, 1880, 36 (2), p. 383-385), dans laquelle il précisait sa position par rapport à celle d'Espinas : si tous deux s'accordent à voir dans l'analogie l'expression d'une identification réelle, et non une simple métaphore, Espinas ne voit qu'une différence de degré entre l'organisme et la société, là où Schäffle maintient une différence de nature qui doit fonder l'autonomisation de la sociologie vis-à-vis de la biologie, position à laquelle Durkheim se rangera et dont le triomphe marquera l'oubli progressif d'Espinas (voir Émile Durkheim, « Schaeffle, A., *Bau und Leben des sozialen Körpers : erster Band* », *Revue philosophique de la France et de l'étranger*, 1885, 19, p. 84-101). Dans la deuxième édition de son ouvrage, en 1881, Schäffle tint compte des analyses d'Espinas et lui emprunta notamment ses remarques sur le parasitisme dans le vivant, qu'il transposa quant à lui sur la société en forgeant le terme « *Sozialparasit* », auquel il conféra une portée antisémite, *cf.* Sarah Jansen, *„Schädlinge" : Geschichte eines wissenschaftlichen und politischen Konstrukts. 1840-1920*, Francfort, New York, Campus Verlag, 2003, p. 269. Sur les débats qui opposent Espinas et Schäffle, ainsi qu'Alfred Fouillée, voir Wolf Feuerhahn, « Zwischen Individualismus und Sozialismus : Durkheims Soziologie und ihr deutsches Pantheon », *in* Gangolf Hübinger (dir.), *Europäische Wissenschaftskulturen und politische Ordnungen in der Moderne (1890-1970)*, Berlin, Boston, De Gruyter Oldenbourg, 2014, p. 86 *sq.*, et sur leur réception par Nietzsche voir Maria Cristina Fornari, *La morale evolutiva del gregge. Nietzsche legge Spencer e Mill*, Pise, ETS, 2006, p. 185 *sq.* et David Simonin, « Nietzsches Lektüre von Alfred Espinas' Die thierischen Gesellschaften », *in* Anschütz, Müller, Rottmann et Souladié (dir.), *Nietzsche als Leser*, *op. cit.*, p. 301-324 et « Commentaire d'Alfred Espinas : *Die thierischen Gesellschaften*, 1879 », *Studia Nietzscheana*, Paris, Nietzsche Source, 2020 [www.nietzschesource.org/SN/simonin-2020].

télégraphiquement – c'est-à-dire pulsion[1] ». De même, nous retrouvons les éléments de la réflexion sur l'unité personnelle, et notamment celle de la conscience, la modernité technique mettant à mal l'exigence d'incorporation et de façonnement de soi dans cette réflexion de 1884 :

> Les moyens d'autrefois de produire à travers de longues générations des êtres qui soient durablement *de la même sorte* : propriété foncière inaliénable, honneur rendu aux aînés (origine de la croyance aux dieux et aux héros comme ancêtres). Aujourd'hui la *parcellisation de la propriété foncière* fait partie de la tendance opposée : un *journal* (au lieu des *prières* quotidiennes), chemin de fer, télégraphe. Centralisation d'une quantité prodigieuse d'intérêts différents dans une seule âme : qui *pour cela* doit être très forte et capable de se métamorphoser[2].

Nietzsche se souvient toutefois probablement de la critique qu'il avait adressée à David Strauss pour son usage des métaphores modernes et technicistes, car de tels emplois de l'image du télégraphe (comme de la photographie) ne se retrouvent que dans ses notes posthumes.

Dans le domaine de l'énergie, la machine à vapeur de James Watt, mise au point en 1769, donne lieu à la conception de bateaux à vapeur, par exemple celui de Robert Fulton en 1803, mais aussi d'une locomotive à vapeur en 1804 (avec le développement rapide d'un vaste réseau de chemins de fer dès la première moitié du XIXe siècle), et même d'une voiture à vapeur, brevetée par Charles Dietz en 1836.

1. NF-1883,7[211]. Voir également 1885,34[54], qui utilise l'image du télégraphe pour exprimer en termes matérialistes la communication entre l'extérieur et la conscience (dont le mécanisme sous-jacent est d'ordre cérébral), et ainsi le phénomène général de la perception : « Le "monde extérieur" agit sur nous : l'effet est télégraphié au cerveau. »
2. NF-1884,25[210].

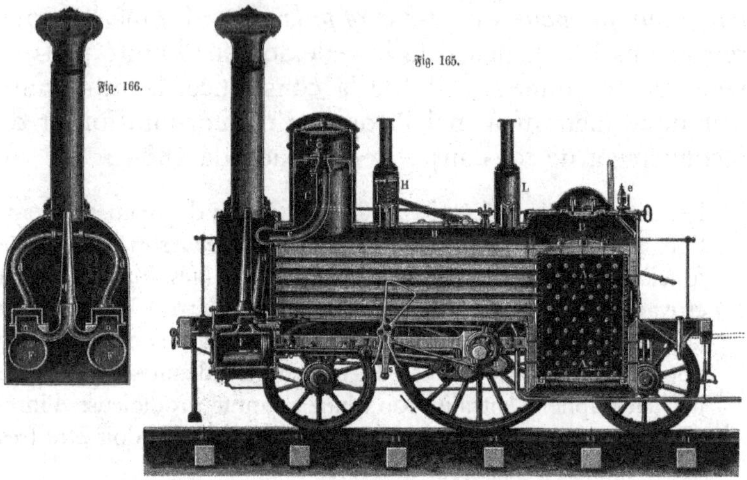

Illustration d'une locomotive à vapeur dans Friedrich Schoedler, *Das Buch der Natur*, *op. cit.*, p. 131 (*Klassik Stiftung Weimar / Nietzsche Source* : http://www.nietzschesource.org/BN/schoedler-1875,131).

Or Nietzsche prit le bateau à plusieurs reprises et utilisait fréquemment le train dans ses pérégrinations européennes entre l'Allemagne, la Suisse et la Riviera méditerranéenne, avec un plaisir mitigé. Ainsi, un trajet de Naumburg à Cologne au printemps 1869 « fut de loin la journée la plus insupportable [qu'il] ai[t] vécue jusqu'ici[1] » ; à l'été 1874, lorsqu'il se rend de Bergün, dans les Grisons, à Bayreuth, au nord de la Bavière, Nietzsche arrive épuisé et confesse à son ami Overbeck : « Ce que m'a rapporté mon voyage est un grand mal d'estomac et de ventre ; dès mon arrivée, j'ai dû m'aliter[2]. » Bien souvent, les voyages en train étaient

1. Lettre à Franziska et Elisabeth Nietzsche du 20 avril 1869, BVN-1869,1.

2. Lettre à Franz Overbeck d'août 1874, BVN-1874,385.

pour lui une véritable torture et, lorsqu'il arrive à Sorrente après avoir pris le bateau à vapeur de Gênes à Naples en octobre 1876, Nietzsche déclare à sa sœur : « Nous avons voyagé environ trois jours en mer et, étonnant, nous avons échappé au mal de mer, je préfère cette façon de voyager aux pérégrinations en chemin de fer qui sont pour moi tout à fait terribles[1]. » Mais lors du voyage de retour, quelques mois plus tard, Nietzsche n'échappe pas au mal de mer et raconte avec force détails à son amie Malwida von Meysenbug le « long exposé de [s]on odyssée » : « La misère humaine prend, lors d'une traversée en mer, des proportions terribles », écrit-il, et « sur le navire il ne me vint que les pensées les plus noires, et quant au suicide je n'eus qu'une hésitation, en me demandant si la mer était suffisamment profonde pour que je ne puisse pas être repêché aussitôt[2] ». Dans la foulée, Nietzsche transforme cette expérience de mal de mer associée à des pensées suicidaires en une réflexion existentielle faisant de « son bateau » la métaphore de sa propre vie, dans une note posthume intitulée « Nostalgie de la mort » : « Qui a le mal de mer guette du bateau, dès les premières lueurs de l'aube, l'apparition de la côte, et on aspire souvent de même à la mort – sachant que l'on ne peut changer ni l'allure ni la direction de son bateau[3]. »

Pourtant, ici aussi, Nietzsche se montre nuancé et sait valoriser dans son œuvre les vertus du voyage, que les transports modernes facilitent et augmentent malgré leur inconfort. À la même époque, il écrit une esquisse de préface pour *Choses humaines, trop humaines*, qu'il intitule « Guide à lire en voyage » et dans laquelle il fait du

1. Lettre à Elisabeth Nietzsche du 28 octobre 1876, BVN-1876,565.
2. Lettre à Malwida von Meysenbug du 13 mai 1877, BVN-1877,615.
3. NF-1876,23[188].

voyage le prérequis de la liberté d'esprit et de l'aptitude à s'émanciper des opinions dominantes et des préjugés de son lieu de vie habituel : « Nous autres, modernes, devons tous voyager beaucoup pour la santé de notre esprit [...]. C'est donc au voyageur qu'auront à s'adresser ceux qui œuvrent à modifier les opinions générales[1]. » Nietzsche mêle ensuite ces considérations au thème de la randonnée dans le dernier paragraphe de *Choses humaines, trop humaines*, intitulé « Le voyageur », en subvertissant d'autres motifs telle la conception chrétienne de l'*Homo viator*. Il loue celui qui « ne peut rien se sentir d'autre sur terre que voyageur » et souligne qu'il doit disposer d'une « part vagabonde, dont le plaisir soit dans le changement et le passage »[2]. Le voyage, si pénible soit-il, est donc aussi une expérience de libération, de décentrement, d'itinérance de la pensée et de l'esprit autant que du corps, d'acceptation du caractère changeant et transitoire des choses humaines, de changement de perspective enfin, dont *Le Voyageur et son ombre*, publié en 1879, et la figure du voyageur dans *Ainsi parla Zarathoustra* prolongeront encore la portée, et jusque dans les derniers paragraphes du *Gai Savoir*, qui feront encore l'éloge des « *bons Européens* », des « "*sans-patrie*" »[3], ainsi que du « "*voyageur*"[4] ».

1. NF-1876,23[196].

2. MA-638. Le terme employé est *Wanderer*, qui évoque plutôt les randonnées de Nietzsche sur les chemins de l'Engadine ou surplombant la mer Méditerranée. Mais outre l'opposition entre randonnée pédestre et voyage recourant aux moyens de transport modernes, l'enjeu du propos est bien l'insistance sur les vertus de l'itinérance elle-même (le juif errant et Wotan, tous deux *Wanderer*, n'errent-ils pas dans le monde entier ?), comme l'atteste la précision faisant bien intervenir le *voyage* : « même si ce n'est pas en tant que voyageur [*Reisender*] vers un but ultime : car il n'y en a pas ».

3. FW-377.

4. FW-380 : « "*Der Wanderer*" », de nouveau. Pour plus de détails sur ces enjeux, voir le chapitre de Pietro Gori dans ce volume.

Outre la vapeur, le domaine de l'énergie est encore marqué par l'usage du gaz et du pétrole, dont les premières applications ne relèvent pas tant des transports que de l'éclairage. Le jeune Nietzsche se réjouit en 1864 d'avoir « une belle lampe à pétrole[1] » dont l'usage privé a sans aucun doute ses avantages, et le trentenaire, du fait de ses problèmes de vue, rappelle encore la nécessité d'avoir de l'« électricité : pas de chambre obscure[2] ». L'homme mûr préfère toutefois la lumière naturelle à l'éclairage public, ainsi lorsqu'il décrit Nice en 1886 : « le ciel d'une blancheur éblouissante, la mer d'un bleu tropical, la nuit un clair de lune qui fait rougir de honte les réverbères[3] ». Nietzsche est fasciné par les découvertes et les innovations dans le domaine de l'électricité sous ses différentes formes, aussi bien atmosphérique qu'animale, ainsi que du magnétisme, et bien sûr aux applications techniques qui en résultent : la pile voltaïque est inventée par Volta en 1800 ; la première électrolyse est réalisée la même année, et servira notamment à produire de l'aluminium (les premiers essais ont lieu en 1809, mais le résultat ne sera vraiment probant qu'en 1886) ; Faraday invente le premier moteur électrique en 1828 et découvre l'induction électromagnétique en 1831 ; les premières dynamos sont mises au point à la fin des années 1860 ; une locomotive électrique voit le jour en 1879, année où Edison invente la lampe à incandescence ; des centrales électriques apparaissent également, par exemple dans le Gard en 1884. Nietzsche lit un certain nombre de choses sur le sujet[4] et déclare en 1881 à son ami Overbeck :

1. Lettre à Franziska et Elisabeth Nietzsche des 24 et 25 octobre 1864, BVN-1864,449.

2. Manuscrit N-II-3,3a, datant de 1876-1877.

3. Lettre à Malwida von Meysenbug du 13 décembre 1886, BVN-1886,780.

4. Voir notamment Alfons Bilharz, *Der Heliocentrische Standpunkt der Weltbetrachtung*, Stuttgart, J. G. Cotta, 1879 (BN), p. 59 sur l'unification de

> J'aurais dû être à l'exposition de Paris sur l'électricité, en partie pour y apprendre quelque chose de nouveau, et en partie comme objet d'exposition car je rivalise avec les singes dans l'art de deviner les modifications météorologiques et comme « prophète du temps » je suis probablement un « cas spécial »[1].

De ce point de vue, il n'aurait sans doute pas été indifférent aux tentatives récentes d'augmentation des sens par diverses implantations, une personne s'étant ainsi greffé un petit appareil connecté aux stations météorologiques pour éprouver les modifications de la pression atmosphérique, et définissant la cybernétique comme l'art de percevoir et d'écouter la terre[2].

Mais surtout, notons une fois encore l'appropriation philosophique par Nietzsche de l'électricité dans l'image fameuse de l'éclair, dans *La Généalogie*[3]. Dire que « l'éclair luit » conduit à redoubler grammaticalement un phénomène unique, le langage nous faisant croire en l'existence d'un substrat (l'éclair) qui existerait indépendamment de son action (le fait de luire), distinction que Nietzsche récuse.

---

l'électricité et du magnétisme avec l'électromagnétisme, et Littré, *La Science au point de vue philosophique*, *op. cit.*, chapitre 4 sur le même sujet, où il est question notamment des piles et des boussoles, et p. 250 sur les « importantes découvertes de l'électricité en mouvement et de son action sur les muscles » (Nietzsche a tracé un trait en marge de ce passage).

1. Lettre à Franz Overbeck du 14 novembre 1881, BVN-1881,167. Voir également NF-1881,11[210], où Nietzsche se montre attentif à la manière dont « l'inorganique nous *conditionne* totalement : l'eau, l'air, le sol, la configuration du terrain, l'électricité, etc. ».

2. Voir le reportage de Dawid Romanowski et Volker Heimann, « Ma vie de cyborg. Ils ont la technologie dans la peau », *Arte Regards*, 2019, 365 (26), première diffusion le 14 mars 2019. Pour plus de détails sur l'électricité, voir le chapitre de Guillaume Métayer dans ce volume.

3. Voir GM-I-13.

Et par-delà l'électricité naturelle, c'est bien la distinction entre l'agent et l'action que Nietzsche entend réfuter dans ce paragraphe, dans le but de récuser le libre arbitre et le blâme moral qui en découle : l'individu fort n'est pas plus responsable d'agir avec force que l'éclair de luire, il n'a pas plus la liberté de s'abstenir d'agir avec force que l'éclair de ne pas luire puisque, d'après Nietzsche, l'un et l'autre ne sont rien d'autre qu'un tel déclenchement. Il ne s'agit pas là d'applications techniques de l'électricité au sens strict, mais on voit bien malgré tout que l'électricité, étant devenue une réalité de premier plan dans la vie des hommes au XIXe siècle à mesure qu'ils la comprennent mieux et se l'approprient, trouve également sa place dans la pensée de Nietzsche et lui sert à interroger la nature du comportement humain en le replaçant dans l'ordre naturel[1].

Parmi les autres innovations techniques qui trouvent une résonance particulière dans la philosophie de Nietzsche, mentionnons encore le cas fameux de la dynamite, découverte en 1867 par Alfred Nobel. Il n'est pas nécessaire de nous y arrêter ici, dans la mesure où deux chapitres de ce volume y sont spécifiquement consacrés[2]. Pour en revenir aux infrastructures et aux transports, en revanche, mentionnons encore les ponts, dont les premières structures métalliques remontent à la fin du XVIIIe et au début du XIXe siècle. Nietzsche s'étonne que « les hypothèses de la

1. Le psychologue associationniste Alexander Bain retrace à grands traits la découverte de Benjamin Franklin dans *Les Sens et l'Intelligence*, trad. M. E. Cazelles, Paris, Félix Alcan, 1895, 3e édition, p. 413-414 : l'auteur indique que c'est la familiarité de Franklin avec les machines électriques nouvellement inventées qui lui permit d'étendre par inférence leurs propriétés à l'électricité de l'atmosphère. Nietzsche possédait deux autres ouvrages de cet auteur, mais la lecture de celui-ci n'est pas attestée.

2. Voir les chapitres de Pietro Gori et de Yannick Souladié dans le présent ouvrage.

mécanique », qu'il juge erronées, suffisent à satisfaire « nos besoins (machines, ponts, etc.) »[1], ce qui donne peut-être également une connotation plus concrète à la reprise de la formule schopenhauerienne d'un « pont invisible de génie à génie[2] », qui se déploierait à travers l'histoire, mais aussi à la définition des individus comme de ponts suspendus au-dessus du torrent du devenir[3] et à la définition, par Zarathoustra, de l'homme comme un pont vers le surhomme[4]. L'idée commune est à chaque fois la capacité à franchir le temps et l'espace, ainsi que le flux du devenir, en se tenant à la croisée des chemins, pour rendre possible une communauté idéale qui n'est jamais donnée *hic et nunc* mais toujours à conquérir par le surmontement d'obstacles.

Nietzsche s'est même intéressé à l'aéronautique. Ici aussi, les nombreuses références à l'envol et aux oiseaux (on pense notamment à l'aigle de Zarathoustra) pourraient faire croire tout d'abord à des jeux intertextuels littéraires (avec l'albatros de Baudelaire, que Nietzsche chante à son tour dans les *Idylles de Messine*, ou avec le *Journal de bord de l'aéronaute Giannozzo*, de Jean Paul, un auteur que Nietzsche cite à plusieurs reprises sans que l'on sache s'il a lu cette œuvre en particulier), ou encore à une simple formulation métaphorique. Celle-ci évoquerait notamment l'élévation rendant possible la hauteur de vue et le gain de perspective, mais aussi la verticalité de la hiérarchie, la solitude du penseur ou les migrations de la pensée parmi les fluctuations du devenir. Pourtant, une fois de plus, la dimension

1. NF-1881,11[234]. Il joue avec ironie sur l'opposition entre les « grands besoins » pratiques et les « "petites erreurs" » théoriques.
2. NF-1872,19[1]. Voir également 1873,29[52].
3. Voir notamment NF-1872,19[187] et HL-9.
4. Voir notamment Za-I-Vorrede-4, Za-I-Veraechter, Goetzen, Za-III-Tafeln-3, Za-IV-Begruessung.

proprement technique de ces images ne saurait être sous-estimée, Nietzsche ayant par exemple acheté l'année même de sa parution, en 1875, la traduction allemande de l'ouvrage de l'anatomiste et pionnier de l'aviation James Bell Pettigrew consacré à *La Locomotion chez les animaux, ou Marche, natation et vol*, accompagnée d'une *Dissertation sur l'aéronautique*[1].

Illustration d'une machine aérienne dans James Bell Pettigrew, *Die Ortsbewegung der Thiere. Nebst Bemerkungen über Luftschifffahrt*, Leipzig, F. A. Brockhaus, 1875, p. 189 (*Klassik Stiftung Weimar / Nietzsche Source* : http://www.nietzschesource.org/BN/pettigrew-1875,189).

1. James Bell Pettigrew, *Die Ortsbewegung der Thiere. Nebst Bemerkungen über Luftschifffahrt*, Leipzig, F. A. Brockhaus, 1875 (BN).

L'auteur y tire des conclusions théoriques, inspirées de son observation du vol des oiseaux, quant aux conditions d'une navigation aérienne humaine, qu'il mettra en pratique par ailleurs. Nietzsche, tout comme les frères Wright après lui, semble l'avoir lu lorsqu'il déclare en toute certitude dans *Choses humaines, trop humaines* qu'« il y aura un jour une navigation aérienne [*Luft-Schifffahrt*][1] ». Le dernier paragraphe d'*Aurore*, intitulé « Nous autres aéronautes [*Luft-Schifffahrer*] de l'esprit[2] », reprend le même terme pour désigner cette fois-ci non plus la technique de la navigation aérienne, mais le technicien, en lui donnant en outre une vaste portée métaphorique puisqu'il s'agit d'une navigation spirituelle, illustrée dans le paragraphe par la comparaison des penseurs à des oiseaux hardis volant toujours plus loin. Ce nouvel exemple semble donc confirmer la propension de Nietzsche, interpelé tout d'abord par quelque innovation technique rencontrée en vrai ou au gré de ses lectures, à tirer ensuite à son sujet quelques réflexions concrètes avant d'en intégrer finalement de manière métaphorique certaines caractéristiques pour leur faire servir un propos plus spirituel.

Il n'en va pas autrement avec les domaines du travail agricole et industriel. Que l'invention des métiers à tisser et le perfectionnement des machines-outils tout au long du XIXe siècle aient contribué à changer en profondeur le monde du travail ouvrier et industriel, et avec cela les paysages aussi bien naturels et citadins que sociaux et politiques, Marx et Engels ne sont pas les seuls à l'avoir relevé et analysé. Les divers paragraphes ou notes posthumes consacrés par Nietzsche aux méfaits du travail moderne, de la mécanisation

1. MA-267.
2. M-575.

et de la condition ouvrière en sont également l'expression[1]. Il reprend en particulier de Schopenhauer l'exemple de l'ouvrier d'usine réduit à refaire toute sa vie la même vis[2], de même que tout travailleur moderne, par extension, y compris dans le domaine des sciences et de la philosophie[3], c'est-à-dire une fois encore dans le domaine de l'esprit.

Quant au travail agricole, les engrais, les outils et les machines connaissent des développements importants à cette époque. Ainsi, le chimiste Justus von Liebig diffuse dès la première moitié du siècle l'idée d'un apport de substances minérales (principalement du phosphate), tandis que des engrais à base d'azote sont produits à partir de la récupération de matières fécales humaines puis, à partir du milieu du siècle, du guano, dont Alexander von Humboldt devait rapporter les premiers échantillons en Europe dès 1806, et dont Auguste Dreyfus obtint en 1869 le monopole pour l'importation en France[4]. Les années 1830 voient par ailleurs le développement des moissonneuses ou encore, aux États-Unis, du soc de charrue en acier. Le recours récurrent de Nietzsche aux métaphores de « l'homme plante[5] » et de la culture de soi

1. Voir notamment MA-585, WS-218, 220, 278, 280, 288 et M-206, ainsi que NF-1871,10[1], 1873,29[195], 1876,23[148], 1877,25[1], ou encore 1879,40[4 et 6].

2. À ce propos, voir l'*Encyclopédie de la philologie classique*, *in Nietzsche. Écrits philologiques*, vol. IV, traduit par Marc de Launay, établi, présenté et annoté par Francisco Arenas-Dolz et Paolo D'Iorio, Paris, Les Belles Lettres, 2022, p. 9, 101 et 173-174.

3. Voir notamment NF-1873,28[1] et JGB-211.

4. On parla alors de « contrat du siècle », ce qui laisse clairement transparaître la portée de ce nouvel usage en Europe.

5. Voir notamment JGB-44, et déjà NF-1884,27[40 et 59], 1885,34[74, 146 et 176] et 37[8]. Sur l'usage fréquent de cette métaphore à la fin du XIXe siècle et au début du XXe chez les naturopathes, voir Marc Cluet, « L'anthropologie de la médecine naturelle autour de 1900 : l'homme-plante », *Cahiers d'études germaniques*, 2020, 78, p. 59-73. La métaphore est héritée notamment de Platon,

comme on le ferait d'un jardin[1] a sans aucun doute été, lui aussi, fertilisé par ces innovations. Dans *Choses humaines, trop humaines*, il se moque ainsi de l'« *illusion des idéalistes* » en rappelant que leur cause a besoin « de ce même fumier malodorant nécessaire à toutes les autres entreprises humaines[2] », puis évoque l'aptitude d'un Rousseau à faire servir ses « faiblesses » et ses « vices » de « fumier » à son « talent », dans un paragraphe intitulé « Semer et récolter sur des défauts personnels[3] », rappelant ainsi que les choses apparemment les plus nobles et les plus pures naissent en réalité de leur contraire, et il considérera dans *La Généalogie* que l'artiste est « l'engrais » de son œuvre[4]. Mais l'image la plus parlante est sans aucun doute celle du soc de charrue (*die Pflugschar* ou *Pflugschaar*), qui évoque dès *Schopenhauer éducateur* (1874) l'idée de creuser le sol et de mettre au jour les profondeurs de la nature humaine[5], et que Nietzsche envisagera comme le titre de *Choses humaines, trop humaines*, puis d'*Aurore* en ajoutant progressivement à ce soc du corps et (ici aussi) de l'esprit les idées de fructification et de

---

mais aussi, plus proche de Nietzsche, de Stendhal, *Histoire de la peinture en Italie*, Paris, Michel Lévy frères, 1868 (BN), p. 178-179 et *Rome, Naples et Florence*, Paris, Michel Lévy frères, 1854 (BN), p. 345 (cornée) et 383 : « *La pianta uomo nasce più robusta qui che altrove* » (trait de Nietzsche en marge), et de Paul Bourget, *Essais de psychologie contemporaine. Baudelaire, M. Renan, Flaubert, M. Taine, Stendhal*, Paris, Lemerre, 1883, p. 306. À ce propos, voir Marc Cerisuelo, « Stendhal / Nietzsche », *in* Marc Cerisuelo (dir.), *Critique*, 2023 (6), 913-914, p. 623-636, p. 632-633.

1. Voir notamment M-382 et NF-1880,7[211].
2. MA-490.
3. MA-617. Pour d'autres usages de l'image de l'engrais, par exemple comme symbole de la revalorisation de tous les aspects de l'existence, ou encore pour souligner que la valeur accordée aux choses est question de perspective et varie d'un individu à l'autre, voir encore VM-332, NF-1880,10[B51], 1881,11[134], 12[134], 14[13], 1887,11[26 et 93].
4. GM-III-4.
5. Voir SE-3.

mouvement oscillant de haut en bas et réciproquement, sans oublier d'en faire l'un des surnoms de Zarathoustra[1].

Enfin, nous terminerons par cette exclamation d'Émile Littré, déjà rapportée dans notre introduction : « Que n'ont pas produit les microscopes et les télescopes[2] ! »

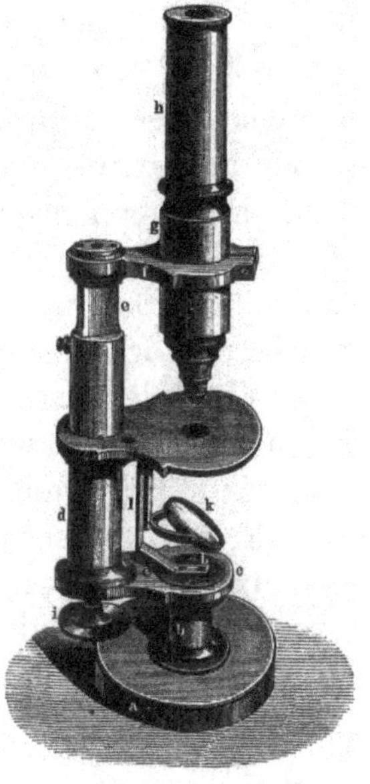

Illustration d'un microscope dans Friedrich Schoedler, *Das Buch der Natur, op. cit.*, p. 154 (*Klassik Stiftung Weimar / Nietzsche Source* : http://www.nietzschesource.org/BN/schoedler-1875,154).

1. Voir notamment NF-1876,17[105], 18[Titel], 1880,9[Titel], 1882,1[14], ainsi que BVN-1878,734 et EH-MA-2 pour les projets de titre, et encore VM-290, M-146 et 202, FW-4, Za-II-Tugendhafte, Erhabene et Erloesung, ainsi que NF-1876,18[62], 1883,9[6], 10[42], 13[1, 7 et 24], 16[48] et 1884,28[39] pour d'autres usages.

2. Émile Littré, *La Science au point de vue philosophique*, Paris, Didier et Cie, 1876 (BN), p. 178.

Avant cela, Littré soulignait la « puissance des télescopes[1] », qu'il nuançait toutefois en précisant qu'il reste de l'insondable[2], avant d'imaginer ce qui pourrait se passer si les télescopes devenaient un jour plus puissants encore[3]. Il soulignait également l'importance des microscopes pour comprendre que les éléments constituant le vivant ne sont pas différents de ceux du monde inorganique[4], ce qui remet en cause les frontières du vivant et constitue l'un des débats majeurs de la chimie de l'époque, auquel Nietzsche réfléchit lui-même beaucoup[5]. Si Nietzsche parle avant tout du domaine microscopique de l'âme humaine[6], il est clair que sa compréhension de la volonté (liée à l'activité musculaire), de la décadence (liée à l'épuisement nerveux), de la subjectivité et de la volonté de puissance (liées à une multiplicité de parties et d'organes en lutte) doivent beaucoup à l'observation des physiologistes et des histologistes à l'aide de microscopes. L'aliéniste britannique Henry Maudsley notait en ce sens, dans un ouvrage que Nietzsche a lu, que nous disposerions un jour, à la manière du spectroscope et du télescope, d'instruments permettant d'observer les mouvements jusque-là inaperçus des corps et des tissus organiques[7].

1. *Ibid.*, p. 12.
2. *Ibid.*, p. 13.
3. *Ibid.*, p. 33. Voir également l'ouvrage de l'ami de Nietzsche, Heinrich Romundt, *Antäus. Neuer Aufbau der Lehre Kants über Seele, Freiheit und Gott*, Leipzig, Veit & Comp., 1882 (BN), p. 27, qui réfléchit à la différence de la perception de l'œil et d'un microscope, et par hypothèse d'un verre encore plus performant.
4. *Ibid.*, p. 209-210.
5. Il voulut souvent étudier la chimie, voir notamment la lettre à Erwin Rohde du 16 janvier 1869, BVN-1869,608, et la liste de champs d'études dans NF-1875,10[6].
6. Voir notamment FW-87, JGB-58, GM-I-1, WA-9, NW-Bewundern et la lettre à Franz Overbeck du 13 mai 1887, BVN-1887,847.
7. Henry Maudsley, *Die Zurechnungsfähigkeit der Geisteskranken*, Leipzig, F. A. Brockhaus, 1875 (BN), p. 43. Voir également Spir, *Pensée*

Plus généralement, l'infiniment grand et l'infiniment petit, auxquels télescopes et microscopes ouvrent toujours plus depuis leur invention au début du XVIIe siècle et au gré de leurs perfectionnements, rendent possible un double décentrement de la perspective humaine auquel Nietzsche s'est montré tout à fait sensible[1].

Conclusion

Pour clore ce panorama de l'usage important et très diversifié des innovations techniques du XIXe siècle sous la plume de Nietzsche, il n'est pas inutile de rappeler également sa grande attention aux stratégies de marketing éditorial. En dépit de son mépris pour la presse (ou plus probablement du fait de ce mépris), Nietzsche était attentif à son image, à sa postérité et à la réclame qui devait accompagner son œuvre, ainsi que nous l'avons aperçu avec son usage des photographies le représentant, ou avec sa satisfaction de « faire le *buzz* », fût-ce un « *bad buzz* » suscité par le caractère scandaleux de ses brûlots explosifs. De fait, Nietzsche, dans son souci de ne pas être confondu avec n'importe qui, avait à cœur qu'aucune publicité ne soit faite pour des ouvrages antisémites sur la quatrième de couverture de

et réalité, *op. cit.*, p. 29 / *Denken und Wirklichkeit*, *op. cit.*, I, p. 43, qui évoque l'utilité du microscope pour percevoir « la structure interne des objets ».

1. À ce propos, voir David Simonin, *« Aurore » de Nietzsche. La performativité de l'illusion*, Berlin, De Gruyter, 2024, p. 452-454, ainsi qu'Irene Treccani, *Nietzsche e l'astronomia del XIX secolo*, Padoue, Il Poligrafo, 2015.

ses livres[1]. Surtout, constatant que le succès de librairie se faisait attendre, et cependant convaincu que celui-ci devait advenir, il s'efforça de le précipiter en 1885-1886 en rachetant les droits de ses livres pour travailler à leur réédition sous forme d'œuvres complètes, agrémentées de préfaces précisant l'unité de sa pensée et l'enjeu dc sa démarche[2]. En cela, il se révéla un fin communicant, ciselant alors ses *punchlines* et durcissant le ton pour attirer l'attention par le recours à des formules claquantes, militaires et germaniques[3]. Ce qu'il n'avait sans doute pas prévu, c'est qu'il devait en quelque sorte être victime de son succès du fait d'une meilleure stratège en marketing que lui, sa sœur, qui sut multiplier les « coups de com' » publicitaires et éditoriaux, les visites guidées et les produits dérivés, pour faire de son frère un mythe littéraire, au prix de falsifications grossières et de compromissions terribles.

S'efforçant de retrouver un peu de l'homme et de sa pensée derrière le mythe, la suite de ce livre approfondira le rapport de Nietzsche à certains de ces objets techniques, dans une première partie, et plus généralement à diverses stratégies, c'est-à-dire à des techniques au sens de procédés méthodiques, de gestes réglés mis en œuvre pour accomplir une tâche et parvenir à une fin, dans une seconde partie.

1. Voir la lettre à son éditeur Ernst Schmeitzner du 13 mars 1881, BVN-1881,89.

2. Voir le résumé qui est fait de ces tractations et de cette entreprise dans Nietzsche, OPC XII, p. 331 *sq*.

3. NF-1887,9[115] : « Recueil de mots *expressifs*. Préférence pour des t[ermes] militaires. / *Termes susceptibles de remplacer* les termes philosophiques : si possible allemands et élaborés en formules ».

Première partie

Objets et innovations techniques

CHAPITRE 2

Dispositifs pour une pensée itinérante

Pietro Gori

I. PÉRÉGRINATIONS GÉOGRAPHIQUES ET INTELLECTUELLES

Je crois pouvoir dire sans craindre d'exagérer que l'image que chacun se fait de Nietzsche, du plus érudit au lecteur moins expérimenté, en passant par ceux qui ne connaissent son nom que par le biais d'une culture populaire qui se l'est approprié de manière parfois inattendue et originale, est celle d'un penseur vagabond, qui a voyagé sans cesse tout au long de sa vie, traçant un parcours intellectuel riche et varié, pérégrinations dont la postérité pourra tirer les fruits. Apatride depuis son départ de Bâle[1], Nietzsche a passé sa vie à chercher un lieu dans lequel il pourrait se reconnaître pleinement, tant sur le plan politique que spirituel, poussé également par la nécessité de trouver un climat propice à sa santé. La recherche de zones géographiques lui permettant d'alléger ses souffrances et la nécessité d'être examiné par des médecins capables de diagnostiquer correctement son état et de lui prescrire des remèdes appropriés ont été les principales raisons qui ont poussé notre voyageur à se déplacer continuellement en Europe, telle une

1. Voir par exemple Paolo D'Iorio, *Le Voyage de Nietzsche à Sorrente*, Paris, CNRS Éditions, 2012, p. 23.

ombre psychophysiologique, une spiritualité qui, supportant jour après jour le fardeau de la maladie, a parcouru le périlleux chemin de formation qui se développe entre l'abîme du pessimisme et les sommets de l'acceptation totale de la vie.

Cette pérégrination, principalement orientée vers un Sud tant géographique qu'idéal, que Nietzsche a choisie pour son rétablissement physique et spirituel, ainsi que l'atteste son œuvre, a bénéficié de certaines avancées technologiques dans le domaine des transports et des voies de communication. Il convient notamment de mentionner le travail considérable réalisé au cours du XIXe siècle en Allemagne, en Italie et en Suisse pour créer un vaste réseau ferroviaire permettant des liaisons plus rapides et plus sûres entre les différents pays européens. Bien que Nietzsche n'aimât pas voyager en train, un moyen de transport particulièrement défavorable à sa condition physique, c'était pour lui un moyen de locomotion extraordinaire lui permettant de se rendre facilement et rapidement dans des lieux plus sains et dans des localités où l'on pouvait lui rendre visite. Le développement technologique de ce véhicule a sans aucun doute représenté une impulsion importante pour ses déplacements répétés.

Loin de proposer une fastidieuse reconstitution de l'état de l'art des techniques et des réseaux ferroviaires disponibles à l'époque de Nietzsche, je voudrais plutôt me concentrer sur un itinéraire en particulier et sur sa technique de réalisation, car tous deux ont été particulièrement significatifs pour Nietzsche – non pour les aspects pratiques, au sens strict du terme, mais plutôt pour la forme sous laquelle, indirectement et métaphoriquement, ils se retrouvent dans ses écrits et dans sa pensée. Le sujet de ce chapitre sera donc la construction du chemin de fer du Gothard et, plus particulièrement, le tunnel creusé au cœur de cette montagne, pour la première fois à l'aide de la nitroglycérine récemment brevetée. Nietzsche fait référence à ces travaux d'une importance géopolitique incontestable pour les pays de la région alpine dans plusieurs lettres, à partir desquelles il sera possible de développer quelques réflexions plus générales sur ce que signifiait, pour un intellectuel de l'époque, le fait de voir se réduire les distances entre le Nord et le Sud. De manière encore plus significative, approfondie et célèbre, Nietzsche parle de dynamite dans divers écrits rédigés dans ses dernières années d'activité, faisant sienne une métaphore qui lui avait été suggérée par le critique de *Par-delà bien et mal* pour la revue *Der Bund*. Cette métaphore est liée dans une certaine mesure au propos que j'entends exposer dans les deux sections suivantes de ce chapitre, en me permettant de réfléchir conjointement aux implications que ces développements technologiques ont eues sur la vie et la pensée de Nietzsche.

II. « Ouvrir les portes des Alpes aux flux migratoires »

Le chemin de fer du Saint-Gothard a été construit entre 1871 et 1882, achevant une liaison à travers les Alpes qui comprenait un tunnel de 15 kilomètres. La planification du projet ne fut pas chose aisée, et sa réalisation plus difficile encore, surtout d'un point de vue économique, puisque les travaux ont été effectués dans une période de crise financière qui a vu les titres ferroviaires suisses s'effondrer. Pour cette raison également, l'accord que la Suisse a conclu avec l'Allemagne et l'Italie s'est avéré décisif, qui garantissait leur soutien économique à ce que l'on peut qualifier de plus important projet de voirie suisse du XIXe siècle. En effet, le parcours ferroviaire ainsi réalisé constituait un axe stratégique reliant les trois pays, sur lequel se concentrèrent immédiatement d'importants flux de marchandises et de voyageurs. Les techniques les plus modernes furent utilisées pour sa construction – y compris, ce qui est très important pour ce chapitre, l'utilisation de la dynamite – et les trains eux-mêmes qui circulaient sur cet itinéraire étaient à la pointe du progrès technique, utilisant des freins automatiques, des wagons à quatre essieux, des wagons-salons et de grandes locomotives à vapeur[1]. Malheureusement, cela n'a pas suffi à assurer le bon déroulement des travaux. Au contraire, les explosifs sont en grande partie responsables des quelque 177 ouvriers qui ont trouvé la mort lors du creusement du tunnel, dont les conditions de travail étaient de toute façon très mauvaises, en particulier du point de vue de l'hygiène. Malgré cela, la ligne du Saint-Gothard a été accueillie avec beaucoup d'enthousiasme par les Suisses, mettant enfin un terme à plusieurs années de délibérations du Conseil fédéral, qui avait placé de grands espoirs dans ce projet. Comme on peut le lire dans le compte rendu de la séance du 7 février 1870, le Conseil fédéral a invité un certain nombre de cantons à apporter leur propre contribution financière à l'entreprise naissante, observant que le moment était venu « où la Suisse doit fournir la preuve qu'un petit pays doté d'institutions libérales peut aussi accomplir une œuvre qui compte parmi les plus importantes du genre » afin d'« ouvrir les portes des Alpes aux flux migratoires et de transmettre sans entrave et de manière généreuse les échanges internationaux entre le Sud et le Nord, ce qui correspond aux besoins et au progrès techniques actuels[2] ».

1. Voir Hans-Peter Bärtschi, « Gothard, Chemins de fer du », *in Dictionnaire historique de la Suisse* (DHS), version du 09/01/2007, traduit de l'allemand : https://hls-dhs-dss.ch/fr/articles/042006/2007-01-09/, consulté le 26/08/2024.

2. *Cf.* https://www.dodis.ch/fr/la-diplomatie-sur-les-rails-le-tunnel-du-gothard-et-la-politique-etrangere. Le compte rendu de la séance est consultable

Ce grand succès de la technologie ferroviaire du XIXe siècle doit être considéré dans un contexte européen plus large, impliquant également l'un des pays qui a participé à sa réalisation et qui, comme la Suisse, a le plus profité de l'itinéraire à travers le Gothard : l'Italie. D'un point de vue général, il convient de rappeler que les chemins de fer ont été l'une des grandes affaires du XIXe siècle, époque d'industrialisation et, par suite, de développement technologique dans divers domaines. Les progrès de l'industrie ont également entraîné, d'une part, la nécessité de se procurer des matières premières en plus grandes quantités et plus rapidement et, d'autre part, la nécessité d'écouler *via* un réseau toujours plus étendu les produits fabriqués en quantités toujours plus importantes. Pour être bien organisé, un tel réseau commercial nécessitait une infrastructure qui faisait encore défaut en Europe et que les États avaient tout intérêt à mettre en place. Parmi les plus grandes difficultés se trouvent bien sûr les cols alpins (et apennins, dans le cas de l'Italie), qui ont nécessité des ressources et une expertise bien plus importantes que celles nécessaires à la construction de tronçons plats avec peu d'obstacles naturels. Ces compétences, en réalité, ont été acquises par les concepteurs et les techniciens de l'époque à mesure que des problèmes particuliers surgissaient, ce qui a largement contribué au développement de l'ingénierie elle-même en tant que discipline, en stimulant les collaborations internationales entre les différents experts, qui devaient constamment étendre leurs connaissances dans le domaine tout en transmettant à leurs collègues étrangers celles qu'ils avaient acquises dans leur pays d'origine.

à l'adresse suivante : https://dodis.ch/41749. Des informations plus détaillées et plus techniques sur l'histoire du chemin de fer du Saint-Gothard, qui dépassent le cadre de cette contribution, sont disponibles dans Kilian T. Elsasser et Via-Storia – Zentrum für Verkehrsgeschichte (dir.), *Der direkte Weg in den Süden. Die Geschichte der Gotthardbahn*, Zürich, AS, 2007.

L'ouverture internationale qui a caractérisé cette période de l'histoire des transports, combinée au degré d'accomplissement que le développement technologique a rendu possible, a conduit à la diffusion d'un sentiment de progrès et d'innovation à travers le continent européen. Deux ouvrages significatifs à cet égard sont le percement du canal de Suez (1869) et le creusement du premier tunnel ferroviaire alpin sous le Fréjus (1857-1871), exploits qui prouvèrent qu'aucun obstacle géographique n'était vraiment insurmontable pour les capacités de l'époque. À la prise de conscience de ces capacités s'ajoute encore l'enthousiasme né de la réalisation d'infrastructures qui ont permis de réduire les distances – non seulement en temps, du fait de l'utilisation de moyens de transport plus rapides, mais aussi géographiquement, en traçant des itinéraires plus courts – entre les différents pays européens. C'est là un aspect qu'avait pressenti l'un des principaux promoteurs de la construction d'un réseau ferroviaire dans la péninsule italienne, le comte Camillo Benso di Cavour, qui a publié en 1846 un article dans la *Revue Nouvelle* intitulé « Des chemins de fer en Italie » dans lequel il « confiait aux chemins de fer, puissant moteur économique et en même temps élément de civilisation et de progrès, un rôle décisif dans le processus d'unification politique et économique, et les incorporait dans son propre modèle de développement[1] ». En outre, Cavour sut envisager les conséquences géopolitiques d'une telle innovation technologique pour les infrastructures de la future

1. Andrea Giuntini, « La nascita del sistema ferroviario e il ruolo della tecnica », *in Il contributo italiano alla storia del pensiero – Tecnica*, Enciclopedia Treccani Online (2013), URL : https://www.treccani.it/enciclopedia/la-nascita-del-sistema-ferroviario-e-il-ruolo-della-tecnica_(Il-Contributo-italiano-alla-storia-del-Pensiero : – Tecnica)/. Voir également les indications bibliographiques données dans l'article pour des informations plus approfondies sur le sujet.

Italie unifiée, observant que « plus que toute autre réforme administrative et peut-être même que de larges concessions politiques, la mise en œuvre des chemins de fer contribuera à consolider cet état de confiance mutuelle entre les gouvernements et les peuples, base de nos espérances futures[1] ».

À l'époque de Cavour, deux axes ferroviaires importants pour Nietzsche étaient en cours de construction : la liaison entre Milan et Venise fut réalisée entre 1841 et 1857, tandis que les travaux du chemin de fer Turin-Gênes commencèrent en 1846 et furent achevés en 1853, représentant un premier banc d'essai pour de nouveaux défis techniques, du fait de la nécessité de circuler sur des dénivelés assez importants et de creuser des tunnels d'une certaine taille. Au même moment – ou peu après –, les autres États de la péninsule se mirent en branle, non sans la résistance de personnalités telles que le pape Grégoire XVI qui, jusqu'à la fin de son pontificat (1846), se montra hostile à une révolution infrastructurelle qui « aurait probablement risqué de faire circuler, en même temps que les locomotives, des idées libérales et des éléments dangereux de changement et de réforme[2] ». Tout cela démontre l'importance que la mise en place et le développement du chemin de fer purent avoir sur le plan intellectuel ou culturel – et donc, bien sûr, politique. Au moment de son unification, l'Italie pouvait compter sur un réseau ferroviaire relativement étendu, mais elle avait encore besoin de liaisons pour se connecter au reste de l'Europe et ouvrir les portes d'importants marchés internationaux, en plus de permettre à tout un chacun de voyager plus rapidement vers le nord. La première grande ligne alpine internationale de l'Italie unifiée fut le Brenner, achevé en 1867, mais on peut dire que le chemin de fer du Saint-Gothard, qui

1. *Ibid.*
2. *Ibid.*

lui succéda, fut le plus important d'un point de vue économique et politique, justifiant ainsi la participation du pays au financement de l'ouvrage qui, comme on peut le lire dans l'article enthousiaste d'inauguration publié dans la *Gazette de Lausanne* le 26 mai 1862, « va relier l'empire de Barberousse à la patrie du Dante, la Baltique à la Méditerranée[1] ».

Ouvriers devant le portail nord du tunnel
du Gothard en construction (Göschenen).
Détail d'une photographie d'Adolphe Braun, vers 1880
(ETH-Bibliothek Zürich, Bildarchiv).

1. « L'inauguration du Gothard », *Gazette de Lausanne et Journal suisse*, 26 mai 1882, 83 (122), p. 1.

III. « Aimer le Sud au nord et le Nord au sud »

Le chemin de fer du Saint-Gothard, avec son important tunnel, a été emprunté à plusieurs reprises par Nietzsche au cours de ses pérégrinations, rendant ainsi plus accessible un itinéraire autrement peu commode. Sans vouloir diminuer sa fonction pratique première, on peut cependant considérer la voie ferrée de manière symbolique comme un exemple de connexion entre les Européens du Nord et du Sud qui apparaît à plusieurs reprises dans l'œuvre de Nietzsche en termes métaphoriques, chargée des éléments « disruptifs » de sa pensée auxquels, dans ses dernières années de lucidité, il se référait en utilisant la métaphore de la *dynamite*. Comme nous l'avons déjà mentionné, le tronçon du Saint-Gothard, fruit des progrès technologiques réalisés à l'époque de Nietzsche, a contribué de manière significative à délimiter la nouvelle géographie ferroviaire de l'arc alpin en permettant une connexion directe avec l'espace méditerranéen qui, comme on le sait, revêt une grande importance philosophique pour Nietzsche. De fait, c'est à la Méditerranée qu'il se réfère à plusieurs reprises comme à un Sud auquel il faut attribuer une valeur qui dépasse la simple connotation géographique. Le Sud est en effet pour Nietzsche un lieu de repos et un refuge contre les souffrances physiques qui l'accompagnaient constamment, mais il identifie aussi, symboliquement, une condition spirituelle, et donc une dimension idéale de guérison et de formation du type humain vers lequel il se tourne de manière récurrente et qu'il préconise dans ses écrits sous le nom d'« esprit libre » et – d'une manière certes plus limitée mais non moins significative – de « bon Européen ». C'est à cette dernière figure, en particulier, que Nietzsche attribue la capacité de se mouvoir dans un espace « supranational » et « supra-européen », réunissant les caractéristiques de ceux qui savent « aimer le Sud au nord et le Nord au sud[1] » et dépasser l'étroitesse intellectuelle et anthropologique d'une humanité au-delà de laquelle la philosophie de Nietzsche doit conduire. Avant d'en dire plus sur ce thème philosophico-littéraire, il peut être intéressant de réfléchir à son lien éventuel avec les aspects technologiques qui nous occupent. Si l'on se place d'un point de vue global et que l'on réfléchit à la manière dont le développement des transports a affecté l'imaginaire des populations et des pays qui ont bénéficié des nouveaux ouvrages réalisés, dans des termes qui ne se limitent pas à la dimension commerciale, il n'est pas difficile de penser que Nietzsche lui-même ne saurait être resté indifférent à de tels progrès dans l'industrie des transports. Il est vrai qu'il n'y a pas de références directes à tout cela dans ses œuvres, de sorte que le discours ne peut aller au-delà de la pure spéculation. Cependant, penser au sentiment d'ouverture « supranationale » et de rapprochement avec les peuples voisins que le franchissement de certaines frontières géographiques imposantes a dû susciter chez tous ceux qui se sont trouvés en voyage dans ces années-là autorise à considérer que l'on puisse retrouver quelque chose de cela dans la pensée de Nietzsche et dans sa vision philosophique d'une fusion intellectuelle (et spirituelle) entre le Nord et le Sud.

Dans les lettres de Nietzsche, nous trouvons un certain nombre de références directes à la voie ferrée du Saint-Gothard, qui peuvent être divisées en deux types : d'une part, Nietzsche mentionne le tronçon en parlant de ses voyages ;

1. JGB-254.

d'autre part, la référence fait partie du compte rendu de *Par-delà bien et mal*, publié dans la revue *Der Bund*, que Nietzsche mentionne à ses différents destinataires. Je traiterai de ce deuxième type dans la section suivante, après avoir achevé mon discours sur la question géographique.

Le chemin de fer du Saint-Gothard est évoqué pour la première fois dans une lettre à Malwida von Meysenbug datée du 13 mai 1877, dans laquelle Nietzsche indique qu'il a parcouru le premier tronçon achevé jusqu'à Lugano[1]. Nietzsche fera plus tard référence à cet itinéraire dans deux autres lettres, toutes deux envoyées à Köselitz : dans la première, datée du 17 avril 1883, nous lisons qu'une nouvelle liaison a été établie entre Gênes et Barcelone (une ville que Nietzsche avait prévu de visiter, mais où il ne s'est finalement pas rendu), « un prolongement de la ligne du Gothard[2] » ; la seconde a été écrite le 20 juillet 1886 et Nietzsche y informe son ami qu'il « envisage Göschenen pour les années à venir. Vous serez forcé de passer par là ; c'est une station du tunnel du Saint-Gothard[3] ». Plus généralement, on sait que Nietzsche a emprunté cette route à plusieurs reprises et on peut dire que, même s'il n'aimait pas voyager en train[4], l'inconfort était moindre qu'à d'autres occasions où il a dû traverser le Gothard par la route avant la construction

1. Lettre à Malwida von Meysenbug, 13 mai 1877, BVN-1877,615.
2. Lettre à Heinrich Köselitz, 17 avril 1883, BVN-1883,402.
3. Lettre à Heinrich Köselitz, 20 juillet 1886, BVN-1886,724.
4. Ainsi que le rapporte Curt Paul Janz, *Nietzsche. Biographie*, trad. Pierre Rusch, Paris, Gallimard, 1984, vol. 2, p. 193, tirant cette information d'une lettre que Nietzsche écrivit à Elisabeth Nietzsche le 28 octobre 1876 : les longs voyages en train lui étaient « terribles » et il leur préférait de loin les traversées maritimes (BVN-1876,565). Sur l'utilisation par Nietzsche du chemin de fer du Saint-Gothard, voir par exemple Raymond Benders et Stephan Oettermann (dir.), *Friedrich Nietzsche. Chronik in Bildern und Texten*, Munich, dtv Verlagsgesellschaft, 2000, p. 248.

du tunnel[1]. En ce sens, la construction d'une telle infrastructure a donc été bénéfique à Nietzsche, d'un point de vue physiologique. Le thème de la santé est également au centre de la lettre dans laquelle le tunnel du Gothard est abordé de manière plus explicite et peut-être aussi plus intéressante. Écrivant à Franz Overbeck le 14 novembre 1881, Nietzsche demande :

> Quand le tunnel de Saint-Gothard sera-t-il achevé ? Quand va-t-on pouvoir l'emprunter ? Il va me rapprocher de toi et des médecins (dentistes et ophtalmologistes y compris) [...] (ce tunnel est pour ainsi dire à la porte des Génois, et ils en sont extrêmement reconnaissants, et se montrent très *aimables* à l'égard de tout Suisse à cause de cela)[2].

Le contenu de cette lettre permet de faire quelques considérations simples. Tout d'abord, elle confirme que le chemin de fer du Gothard était utile à Nietzsche pour se rendre plus rapidement à Bâle et, comme il l'indique, reprendre contact avec ses proches et bénéficier d'un suivi médical. En second lieu, nous trouvons une remarque sur la réception de cet ouvrage d'ingénierie par la population italienne et, plus particulièrement, génoise. Le fait curieux, d'un certain point de vue, concerne précisément la ville mentionnée par Nietzsche. Le tunnel du Saint-Gothard ne reliait certainement pas la Suisse à Gênes, puisqu'il se terminait bien avant. Certes, il faisait partie d'un chemin de fer qui était relié à la route déjà construite du pied des Alpes à la côte ligure, mais on ne peut pas dire qu'il ait été construit « à la porte » des Génois. En poussant plus loin

1. Voir par exemple les lettres à Elisabeth Nietzsche et Franz Overbeck, toutes deux en date du 14 octobre 1880, BVN-1880,52 et 53.
2. BVN-1881,167.

ces considérations, on peut cependant voir dans cette observation une projection des intérêts de Nietzsche, et partant réfléchir à ce que représentait *pour lui* la construction de ce tunnel. La Ligurie, et en particulier Gênes (y compris les villes de cette province comme Ruta, Rapallo, Santa Margherita, Portofino), fut une destination particulièrement prisée par Nietzsche dans ses premières années de pérégrinations, représentant un Midi au climat favorable à sa condition physique[1]. Voyageant depuis le nord, c'est vers cette destination qu'il se tourne en premier et qu'il souhaite atteindre dans les plus brefs délais, poussé par des besoins psychophysiologiques signalés par exemple dans certaines lettres de 1882. Au début du mois de décembre de cette année, Nietzsche écrit de Rapallo à Erwin Rohde qu'il est « une fois de plus dans le “Sud” : je ne puis toujours pas supporter le ciel nordique, l'Allemagne et “les gens”. Entretemps, beaucoup de maladie et de mélancolie[2] ». Quelques jours plus tôt, le 15 novembre 1882, alors qu'il s'apprêtait à partir « en direction du Sud, vers [s]a résidence de Gênes[3] », d'où il rejoindrait plus tard Santa Margherita Ligure, Nietzsche écrivit de Leipzig à August Sulger : « Ce stupide temps d'hiver m'obsède au point que je perds l'envie de me mesurer avec le Nord et ses cieux couverts. Ma santé me dit “Va dans le Sud”[4] ».

1. Comme on le sait, à partir de 1883, Nietzsche trouve à Nice une autre ville de prédilection, peut-être encore plus appréciée que Gênes, où il habitera quelque temps (*cf.* Janz, *Nietzsche. Biographie, op. cit.*, vol. 3, trad. Pierre Rusch et Michel Vallois, chap. 6). Elle s'ajoutera aux lieux de ce que l'on pourrait appeler le « Midi nietzschéen », ce « Sud » qui, avec Gênes et Nice (cette dernière d'ailleurs représentative de la Provence), comprend d'autres villes italiennes comme Sorrente et Venise.

2. BVN-1882,345.

3. Lettre à Carl von Gersdorff du 15 novembre 1882, BVN-1882,331.

4. BVN-1882,329.

Quiconque connaît les écrits de Nietzsche sait à quel point le thème de la santé (spirituelle) est important dans sa pensée et comment il a transposé dans sa philosophie des expériences personnelles liées au contexte psychophysiologique. Dans la période post-zarathoustrienne, en particulier à l'époque où Nietzsche écrit les préfaces de *La Naissance de la tragédie*, *Choses humaines, trop humaines*, *Le Gai Savoir* et *Par-delà bien et mal* (toutes écrites en 1886), il parle de diverses manières du rapport entre la maladie et la santé et de l'importance formatrice de la première pour la détermination d'une spiritualité forte, qui se révélerait précisément dans la capacité à surmonter une condition affaiblissante. Dans ce contexte, Nietzsche reprend la notion d'« esprit libre », une figure introduite dans la période 1878-1882 et qui joue un rôle particulièrement significatif dans sa pensée, en lien avec certaines réflexions sur le Midi culturel de l'Occident. Sans entrer dans le détail d'une question qui a déjà été largement traitée dans la littérature secondaire et qui m'amènerait à dépasser le cadre de ce chapitre, je me contenterai de citer ce que l'on peut lire dans une note posthume longue et bien structurée de 1885, rédigée pendant la phase de remaniement de *Choses humaines, trop humaines* qui conduisit plus tard à la rédaction de *Par-delà bien et mal*. Dans cette note, Nietzsche aborde la « question préliminaire : "que sont des esprits libres ?" » en se référant d'abord à son expérience personnelle :

> [...] sous quels masques effrayants et cadavériques n'ai-je pas autrefois rencontré pareil savoir ! Il suffit, j'ai assez souvent eu peur de ce savoir, si bien que je ne me retrouvais pas volontiers seul en sa compagnie – – – et je me mis en chemin, seul et silencieux, mais avec une opiniâtre « volonté de savoir », et vers le Midi – pour entreprendre mon voyage d'apprenti.

> À l'époque, je m'étais baptisé moi-même « esprit libre » [...] ; et celui qui m'eût demandé : où donc habites-tu en vérité ? Je lui aurais répondu « peut-être par-delà bien et mal[1] [...] ».

La direction tracée par Nietzsche en vue d'un chemin spirituel orienté vers la sagesse est claire et elle est tournée vers le Midi. C'est dans cette dimension géographique (naturellement idéale), ou peut-être plus précisément dans le pèlerinage vers cette destination, que résident pour lui les éléments clés du type humain capable de se libérer des conditionnements dogmatiques de l'Europe occidentale, dont les racines plongent dans la métaphysique platonicienne et la morale chrétienne[2]. Il s'agit là d'un type humain qui vit dans un contexte différent, dans un espace supra-européen identifiable à l'idée nietzschéenne d'un « au-delà du bien et du mal ». Nietzsche donne ici à ce type humain le nom d'« esprit libre », mais en d'autres endroits il est significativement désigné comme « bon Européen », le plus souvent en se superposant complètement à la première notion. C'est le cas dans la préface déjà mentionnée de *Par-delà bien et mal*, où il est dit que les « *bons Européens* et les libres, *très* libres esprits » auxquels Nietzsche s'identifie explicitement étaient pleinement conscients de la « magnifique tension de l'esprit » créée au cours du « combat contre Platon [et contre] l'oppression millénaire de l'Église chrétienne » qui avait eu lieu durant les deux derniers millénaires[3]. Dans

1. NF-1885,40[59].
2. *Cf.* JGB-Vorrede.
3. *Ibid.* À l'époque de *Choses humaines, trop humaines* déjà, lorsque le concept du « bon Européen » est introduit par Nietzsche, on le trouve lié à l'esprit libre (WS-87). Pour un examen approfondi de la notion, voir Pietro Gori et Paolo Stellino, « Il buon europeo di Nietzsche oltre nichilismo e morale cristiana », *Giornale critico della filosofia italiana*, 2016, 7 (12),

ce même ouvrage, notamment dans la section « Peuples et patries », Nietzsche aborde plus longuement la question de la « naissance peu à peu [d']un type d'humanité essentiellement supranationale et nomade[1] » qui représenterait le développement ultérieur de l'Européen de son époque. Ce type anthropologique est défini par une attitude hostile à tout attachement à la patrie et aux idéaux avec lesquels on s'est formé, qui représentent des contraintes culturelles dont un peuple doit savoir s'affranchir s'il ne veut pas stagner dans une fixité contradictoire avec la dynamique qui caractérise l'histoire de l'humanité[2]. Plus clairement encore, Nietzsche oppose le « bon européanisme » à la politique culturelle nationaliste qu'il voit se mettre en place dans l'Allemagne de Bismarck, et se tourne plutôt vers la France en tant qu'« école du goût[3] » pour l'Europe. Il observe que « le tempérament » des Français « constitue une synthèse [...] du Nord et du Sud » et qu'en lui « bouillonne de temps en temps le sang provençal et ligure », deux aspects qui opposent ce peuple à la « maladie *allemande* du goût[4] ». Pour compléter cette réflexion dans laquelle Nietzsche fait référence aux zones géographiques de Nice et de Gênes respectivement, il écrit :

p. 98-124 ; Marco Brusotti, « Européen et supra-Européen », *in* P. D'Iorio et G. Merlio (dir.), *Nietzsche et l'Europe*, Paris, Éditions de la Maison des Sciences de l'Homme, 2006, p. 193-211 ; Aldo Venturelli, « Die gaya scienza der "guten Europäer". Einige Anmerkungen zum Aphorismus 377 des V. Buchs der Fröhlichen Wissenschaft », *Nietzsche-Studien*, 2010, 28, p. 180-200.

1. JGB-242.

2. Voir à ce sujet ce que Nietzsche écrit déjà dans VM-323, un paragraphe intitulé de façon significative « *Être bon Allemand, c'est se dépouiller du germanisme* ».

3. JGB-254.

4. *Ibid.*

> Aujourd'hui encore, en France, on sait comprendre, deviner et accueillir ces hommes rares et rarement satisfaits dont l'esprit est trop vaste pour ne pas se sentir à l'étroit dans n'importe quel patriotisme, qui savent aimer le Sud au nord et le Nord au sud, – ces Méditerranéens-nés, ces « bons Européens »[1].

Pour clore la brève évocation de cette figure, si importante pour l'un des aspects centraux de la pensée de Nietzsche au moins, et pour mieux montrer encore comment elle se rattache au propos qui nous occupe ici, il faut dire que la notion de « bon Européen » apparaît à nouveau dans un aphorisme du cinquième livre du *Gai Savoir* (coïncidant avec *Par-delà bien et mal* parce qu'il a été écrit en 1886, bien qu'il n'ait été publié que l'année suivante) consacré aux « sans-patrie[2] ». Ceux-ci sont les dépositaires idéaux de la « secrète sagesse et [de la] *gaya scienza*[3] » de Nietzsche, héritiers d'une culture à laquelle ils ne peuvent être réduits et qui ne saurait donc en épuiser le caractère, d'un passé dont ils doivent se libérer, faisant ainsi un pas important vers la détermination d'un nouvel horizon intellectuel, social et anthropologique. « Sans-patrie » spirituellement – comme Nietzsche l'était juridiquement –, les « *bons Européens* » le sont tout particulièrement, « les héritiers de l'Europe, héritiers riches et comblés, mais héritiers aussi infiniment redevables de plusieurs millénaires d'esprit européen : comme tels aussi à la fois issus du christianisme et antichrétiens, et précisément

1. *Ibid.*
2. FW-377.
3. Il convient de rappeler qu'il est possible d'identifier une racine provençale de la « Gaia Scienza » de Nietzsche : *cf.* à ce sujet Giuliano Campioni, « "Gaya scienza" und "gai saber" in Nietzsches Philosophie », *in* C. Piazzesi, G. Campioni et P. Wotling (dir.), *Letture della Gaia Scienza*, Pise, ETS, 2010, p. 15-38.

parce qu'*issus de lui*[1] ». Nietzsche fait d'ailleurs référence à ces derniers dans la *coda* d'*Éléments pour la généalogie de la morale*, lorsqu'il annonce l'effondrement de la morale destiné à se réaliser à l'époque de la *transvaluation de toutes les valeurs* provoquée par sa philosophie. Les promoteurs de ce « grand spectacle en cent actes, réservé aux deux prochains siècles de l'Europe, spectacle effrayant entre tous, plein d'inconnu, et peut-être aussi le plus riche d'espoirs[2] », ce sont précisément les bons Européens, en raison de leur capacité à pousser l'européanisme jusqu'à ses conséquences extrêmes et à se mouvoir en direction du supra-Européen. Cette capacité, cette puissance, est pour Nietzsche *déflagrante*, comme le suggère une célèbre métaphore qu'il a adoptée et qui nous ramène aux pentes du Gothard, au chantier de creusement du tunnel ferroviaire.

IV. « C'EST DE LA DYNAMITE ! »

Les considérations qui précèdent permettent de suggérer l'idée que le thème nietzschéen du « bon européanisme » pourrait avoir quelque chose à voir avec l'imaginaire du lien géographique entre le Nord et le Sud suscité par l'ouverture des principaux axes ferroviaires alpins construits à l'époque de Nietzsche. D'autre part, je ne pense pas qu'il y ait beaucoup de doutes sur le fait que la possibilité de voyager vers le sud de l'Europe (plus précisément à Nice et dans la région génoise) ait stimulé chez Nietzsche l'idée

1. FW-377.
2. GM-III-27.

que ce contexte pût être opposé – au moins idéalement et spirituellement – au « goût germanique » qu'il a si durement critiqué tout au long de sa vie. Son errance incessante, seulement accompagné d'un laissez-passer provisoire délivré par la municipalité de Bâle et sans passeport identifiant sa nationalité[1], est sans aucun doute un élément qui sous-tend son idéal des « bons Européens » ne s'identifiant à aucune idéologie particulière et pouvant donc se mouvoir dans un espace transnational et nomade, libres des contraintes dictées par quelque appartenance que ce soit. C'est pourquoi Nietzsche attribue à cette figure un rôle clé pour démanteler de l'intérieur les mécanismes dogmatiques de la culture européenne postplatonicienne et est prêt à mettre entre ses mains le dispositif de détonation qu'il a préparé pour faire exploser ce contexte historique, politique et anthropologique. Le véritable élément technologique qui sous-tend cette métaphore est précisément la dynamite, brevetée en 1867 et utilisée pour la première fois dans une excavation ferroviaire lors de la construction du chemin de fer du Saint-Gothard.

La métaphore d'une pensée dangereuse parce que disruptive est suggérée à Nietzsche par la recension, mentionnée précédemment, de *Par-delà bien et mal* publiée dans le journal bernois *Der Bund*, dans laquelle est mentionné le tunnel ferroviaire achevé quelques années plus tôt. L'article de Josef Widmann intitulé « Le livre dangereux de Nietzsche », paru en 1886, s'ouvre en effet sur ces mots :

> Les charges de dynamite [*Dynamitvorräthe*] utilisées pour la construction du tunnel du Saint-Gothard portaient un drapeau noir avertissant d'un danger de mort. C'est précisément dans ce sens, et dans ce sens seulement, que nous qualifions le nouveau livre du philosophe Nietzsche de dangereux [*gefährlich*]. Cet

1. *Cf.* D'Iorio, *Le Voyage de Nietzsche à Sorrente*, *op. cit.*, p. 22-24.

> adjectif ne porte pas la moindre trace de critique à l'égard de l'auteur et de son œuvre, tout comme ce drapeau noir n'était pas destiné à critiquer cet explosif. [...] La dynamite spirituelle [*der geistige Sprengstoff*], comme la dynamite matérielle, peut être très utile ; elle n'est pas nécessairement utilisée à des fins criminelles. Cependant, il est bon de signaler clairement la présence d'un tel explosif : ici, il y a de la dynamite[1].

Ainsi que Janz le remarque, grâce à Widmann, « Nietzsche se renforça dans sa conviction d'être l'instrument d'une grande fatalité européenne, dans sa foi qu'avec lui [...] avait eu lieu la révolution décisive de la philosophie[2] ». En effet, dans la période suivante, Nietzsche mentionne ce commentaire à plusieurs de ses correspondants, adoptant l'image de la dynamite jusque dans ses œuvres publiées. À dire vrai, cette métaphore est déjà utilisée par Nietzsche dans *Par-delà bien et mal* même, en référence au fait qu'à son époque, tout philosophe qui « n'est pas un sceptique » est qualifié de « dangereux [*gefährlich*] » par ses auditeurs :

> En entendant rejeter le scepticisme, ils croient percevoir quelque rumeur lointaine et menaçante, ils ont l'impression que l'on expérimente quelque part un nouvel explosif [*Sprengstoff*], une dynamite intellectuelle [*ein Dynamit des Geistes*], peut-être une nihiline russe nouvellement découverte [...] qui, chose horrible, ne se borne pas à parler négativement et à vouloir négativement, mais *agit* négativement[3].

1. Josef Widmann, « Nietzsches gefährliches Buch », *Der Bund* (Berne), 16 et 17 septembre 1886, 256-257 (37). Voir Janz, *Friedrich Nietzsche. Biographie*, Vienne, Büchergilde Gutenberg, 1994, vol. 3, p. 258 (ce document ne se trouve pas dans la traduction française de la biographie de Janz).
2. Janz, *Nietzsche. Biographie*, *op. cit.*, trad. fr., vol. 3, p. 236.
3. JGB-208.

Étant donné que la constellation conceptuelle de ce passage correspond précisément à celle utilisée par Widmann, il est extrêmement probable que ce dernier ait repris l'exemple de la dynamite de Nietzsche lui-même pour sa propre recension. Cette reconstruction ne vise aucunement à diminuer le mérite de l'article de Widmann dans la genèse d'une des figures principales de l'imaginaire nietzschéen qui, à partir de 1886 justement, commence à apparaître de manière plus constante et plus significative dans ses écrits, pour finalement culminer dans la fameuse déclaration « Je ne suis pas un être humain, je suis de la dynamite ! » que l'on trouve dans *Ecce Homo* ainsi que dans une lettre envoyée à Helen Zimmern en décembre 1888[1].

En 1886, dans la période qui suit immédiatement la publication de la recension de Widmann, Nietzsche se contente de rapporter une partie de son contenu à quelques correspondants, en insistant particulièrement sur l'image de la dynamite qui lui a été attribuée[2]. Il en va différemment des écrits de 1888, dans lesquels le recours à la métaphore explosive est directement lié au contenu de la pensée tardive de Nietzsche. À la lecture de ces textes, l'impression générale est que le philosophe est de plus en plus convaincu de la « dangerosité »

1. EH-Schicksal-1 et lettre à Helen Zimmern du 17 décembre 1888, BVN-1888,1197. Sur ce thème, voir aussi la récente contribution de Guillaume Métayer, « Nietzsche, puissance et violence. Portrait du philosophe en terroriste », *in* David Simonin (dir.), *Figures de la puissance dans la philosophie de Nietzsche*, Paris, Rue d'Ulm, 2023, p. 31-48.

2. Il s'agit des lettres à Köselitz du 20 septembre et du 31 octobre 1886 (BVN-1886,751 et 770) ; à Fritzsch du 24 septembre 1886 (BVN-1886,755) ; à Malwida von Meysenbug du 24 septembre 1886 (BVN-1886,756) ; à Overbeck du 12 octobre 1886 (BVN-1886,761) ; à Elisabeth Nietzsche du 3 novembre 1886 (BVN-1886,773). À cette liste s'ajoute la lettre à Franziska Nietzsche du 10 octobre 1887 dans laquelle Nietzsche parle de certaines critiques de *Par-delà bien et mal*, notant qu'« on [l]e met prudemment à l'écart comme de la "dynamite" » (BVN-1887,924).

de ses œuvres et de sa personne, hâtant le pas vers la célébration délirante de soi des dernières lettres, où se concentre toute la charge émotionnelle liée à l'idée que son projet philosophique en cours de réalisation, et qui culminera dans le triptyque des livres *Crépuscule des idoles*, *Ecce Homo* et *L'Antichrist* (identifié par Nietzsche comme la *Transvaluation de toutes les valeurs* achevée), possède une valeur *destinale*.

Ce groupe (réduit) d'écrits est introduit par une phrase que Nietzsche a écrite sur la couverture de l'exemplaire du *Crépuscule des idoles* envoyé à Strindberg en novembre 1888, signé « L'Antichrist » : « Ne faudrait-il pas traduire cela ? C'est de la dynamite[1]. » Ces quelques mots – y compris, bien sûr, le nom placé en bas – sont à eux seuls révélateurs de l'opinion de Nietzsche sur ses derniers écrits, qui représentaient pour lui une charge intellectuelle à fort potentiel explosif. Cette idée est plus explicite encore dans les lettres qu'il a envoyées à quelques amis et à d'éventuels traducteurs de ces œuvres en novembre et décembre 1888. À cette époque, Nietzsche écrit ainsi à Paul Deussen pour lui présenter la stratégie éditoriale qu'il est en train de mettre en place, déclarant à son ami : « Ma vie arrive actuellement à son acmé : encore quelques années et la terre tremblera d'un coup de tonnerre monstrueux. – Je t'assure que j'ai la force de modifier le *calendrier*. – Rien n'existe aujourd'hui qui ne s'effondre pas, je suis plus dynamite qu'homme[2]. » Nietzsche s'exprime de la même manière avec Georg Brandes au début du mois de décembre 1888, dans une lettre où il propose à ce dernier de traduire *L'Antichrist* en danois. Dans cette lettre, Nietzsche déclare être « la plus effrayante dynamite qui soit », ayant préparé « un événement qui va très probablement briser

1. Lettre à August Strindberg du 14 novembre 1888, BVN-1888,1154a.
2. Lettre à Paul Deussen du 26 novembre 1888, BVN-1888,1159.

l'histoire en deux tronçons, au point de rendre nécessaire un autre calendrier[1] ». Enfin, Nietzsche fait les mêmes commentaires dans la lettre qu'il envoie à Helen Zimmern au même moment, en lui écrivant de façon significative :

> Ma vie acquiert actuellement un éclat monstrueux, depuis longtemps en préparation : ce que je fais dans les deux prochaines années est de nature à mettre par-dessus tête toute l'organisation politique existante [...]. Il s'agit d'un attentat qui vise le christianisme et qui a parfaitement le même effet que la dynamite sur ce qui l'entoure et lui est le moindrement associé. Nous changerons le calendrier, je vous le promets[2].

Le contenu de cette sélection de la correspondance de 1888 est parfaitement cohérent avec le contenu du dernier chapitre d'*Ecce Homo*, « Pourquoi je suis un destin », et l'on peut dire que le cheminement vers la compréhension de soi culmine dans celui-ci, que Nietzsche exprime en adoptant l'image tirée de la réalisation technologique la plus importante de son époque concernant l'utilisation de substances explosives :

> Je connais le sort qui m'est réservé. Un jour, mon nom sera associé au souvenir de quelque chose de prodigieux – à une crise comme il n'y en eut jamais sur terre, à la plus profonde collision de consciences, à un verdict inexorablement rendu *contre* tout ce qu'on avait jusqu'alors cru, réclamé, sanctifié. Je ne suis pas un être humain, je suis de la dynamite[3].

Cette crise, on le sait, aurait dû être le résultat de la transvaluation de toutes les valeurs, ce projet éditorial et philosophique que Nietzsche, dans les dernières lignes d'*Éléments*

1. Lettre à Georg Brandes du début décembre 1888, BVN-1888,1170.
2. Lettre à Helen Zimmern, vers le 8 décembre 1888, BVN-1888,1180.
3. EH-Schicksal-1.

pour la généalogie de la morale, déclare en voie d'achèvement, annonçant le sort des deux siècles suivants de l'histoire de l'Europe occidentale. Comme nous l'avons dit plus haut, ce projet culturel déflagrateur qui déterminera l'effondrement du christianisme, fondement des éléments métaphysiques et moraux de l'époque de Nietzsche, est lié à la figure du bon Européen, ce qui nous ramène à ce que nous avons rapporté dans le parcours que nous avons suivi jusqu'à présent sur les traces de l'événement technologique lié à l'expansion du réseau ferroviaire du massif alpin et, plus précisément, au percement du tunnel du Saint-Gothard. Ce parcours mène donc directement au thème clé de la pensée tardive de Nietzsche et à ce qui constitue pour lui l'héritage le plus important pour les générations à venir. De cet événement, du percement du Saint-Gothard à l'aide de la dynamite, découlent deux métaphores cruciales pour ce projet philosophique qui, comme on le voit maintenant, sont étroitement liées : d'une part, la métaphore « géographique » du lien entre les Européens du Nord et du Sud, incarnée par l'image du nomade sans patrie tirant profit de son errance dans un espace supranational qui donne de la liberté à son esprit ; d'autre part, la métaphore explosive de la charge disruptive et dangereuse que comporte la dynamite (réelle aussi bien que spirituelle), assurant à ceux qui l'utilisent l'anéantissement de ce qui fait obstacle sur la route, pour préparer le terrain à une nouvelle édification.

V. Le dernier voyage

Je conclurai cet itinéraire intellectuel en évoquant la dernière fois que Nietzsche s'est trouvé à emprunter le tunnel du Saint-Gothard, lors de son voyage nocturne de Turin à Bâle, le 10 janvier 1889, en compagnie de son ami Overbeck qui était descendu en Italie pour lui porter secours après l'effondrement mental définitif. Selon certains textes biographiques[1], ce dernier aurait rapporté que Nietzsche aurait chanté en chemin une chanson de gondoliers vénitiens, que l'on peut probablement identifier comme étant la chanson du septième paragraphe de la section « Pourquoi je suis si avisé » dans *Ecce Homo*, et dans l'« Intermezzo » de *Nietzsche contre Wagner*[2]. Cette chanson est introduite de manière significative par quelques considérations dans lesquelles Nietzsche oppose la musique allemande à certains modèles qui lui servent de référence, avant de parler de la valeur qu'il attribue, en musique, à

> tout ce qui a poussé de l'autre côté des Alpes, je veux dire *de ce côté-ci*... Je ne saurais me passer [...] de ce qui est en musique *mon* Midi à moi, mon maestro vénitien *Pietro Gasti*. Et quand je dis « de l'autre côté des Alpes », je ne songe en fait qu'à Venise. [...] Je ne fais pas de différence entre la musique et les larmes – je ne peux imaginer le bonheur, le Midi, sans un frisson d'appréhension[3].

Par ces mots, Nietzsche nous présente un autre Sud géographique et idéal – référence pour lui d'un modèle esthétique et, plus généralement, du *goût* – qui s'ajoute à ceux mentionnés plus haut. Venise rejoint Nice et Gênes sur la carte des pérégrinations transalpines de Nietzsche,

1. *Cf.* Janz, *Nietzsche. Biographie*, *op. cit.*, trad. fr., vol. 3, p. 599 ; Carl Albrecht Bernoulli, *Franz Overbeck und Friedrich Nietzsche. Eine Freundschaft*, Iéna, Diederichs, 1908, vol. 2, p. 230-231 ; Guy de Pourtalès, *Nietzsche en Italie*, Paris, Grasset, 1929, chap. XI.
2. Les deux paragraphes sont identiques, il s'agit en fait du même texte.
3. EH-Klug-7 et NW-Intermezzo.

ces lieux rendus facilement accessibles depuis la Suisse et à l'intérieur du territoire italien uniquement grâce à la création d'infrastructures ferroviaires adaptées à un monde qui, dans ces années-là, commençait à paraître moins étendu car plus aisément arpentable, réduisant les distances qui séparent les peuples et leurs cultures. Pour en revenir au dernier voyage en direction de Bâle, si nous ne sommes pas certains qu'il s'agisse bien de la chanson chantée par Nietzsche devant un Overbeck inquiet et ému, elle permet néanmoins de relier l'errance idéale du philosophe Nietzsche à l'errance réelle du Nietzsche voyageur – et bon Européen. On l'imagine aisément à bord de ce train, dans un wagon froid et grinçant, entraîné dans le cœur sombre de la montagne, alors qu'il parcourt le labyrinthe désorientant de ses pensées au son d'une mélodie feutrée :

Récemment, près d'un pont,
dans la nuit brune j'attendais.
Au loin, un chant,
gouttes d'or perlant
sur le miroir tremblant, emportées.
Gondoles, lumières et musique,
ivres, partaient se perdre dans la nuit...

Mon âme, un luth
pincé d'une invisible main,
se chanta pour l'accompagner tout bas
un chant de gondolier,
tremblant de trouble félicité.
Quelqu'un l'écoutait-il ?

Traduit de l'italien par David Simonin

Viaduc de Pianotondo le long de la voie ferrée du Gothard, vers 1900 (Archives Arthur Meyer).

Chapitre 3

« *If you cannonade us, we shall dynamite you*[1] *!* » Technique, vie, politique et dynamite, chez Nietzsche

Yannick Souladié

> *When I started using dynamite I believed in many things. All of it. Now, I believe only in dynamite*[2].

Un « grondement semblable à du tonnerre » : le 18 avril 1947, la Royal Navy fit exploser sur l'île de Helgoland près de 7 000 tonnes de munitions excédentaires, soufflant son unique village et manquant de littéralement faire exploser l'île, dans ce qui resta jusqu'en 1985 la plus grande mise à feu d'explosifs non nucléaires[3]. Or quelques années auparavant avait eu lieu sur cette même île, dans ce même village réduit

1. « Si vous nous attaquez à coups de canon, nous vous dynamiterons ! », Louis Lingg cité par Robert Hunter, *Violence and the Labour Movement*, Londres, Macmillan, 1922, p. 70.

2. John Mallory au Dr Villega dans Sergio Leone, *Duck, You Sucker !*, Italie/USA, Rafran Cinematografica, Euro International Films, United Artists, 1971.

3. Tom Metcalfe, « Opération Big Bang : le jour où les Britanniques ont tenté de faire exploser une île », *National Geographic*, en ligne, 2 décembre 2024, https://www.nationalgeographic.fr/histoire/europe-seconde-guerre-mondiale-operation-big-bang-le-jour-ou-les-britanniques-ont-tente-de-faire-exploser-une-ile.

en poussière, une explosion plus formidable encore. Werner Heisenberg, réfugié en ce lieu préservé des pollens en raison de ses allergies, posa à 23 ans seulement les bases théoriques de la mécanique quantique, donnant pour la première fois accès à un aspect de la matière incroyable et insoupçonné.

Heisenberg ouvrit à Helgoland l'accès à un monde « d'une étrange beauté intérieure[1] », fait d'interactions plus que d'objets, de discontinuités. Il a surtout, de manière sans doute définitive, sonné le glas du déterminisme de la mécanique classique et fait exploser les prétentions des mathématiques à décrire la réalité en soi[2]. Selon lui, la physique ne pouvait décrire que ce que nous observons. Elle ne pouvait rien dire d'une particule que nous n'observons pas, juste indiquer « la probabilité de la trouver en un point donné *si nous l'observons*[3] ». La réalité matérielle telle que nous l'avions conçue jusqu'alors semblait s'écrouler. C'est à se demander si l'acte de la Royal Navy n'était pas l'expression désespérée de l'impuissance militaire et technologique face au pouvoir de la pensée. C'est « comme si l'humanité s'efforçait d'effacer » à coups de TNT « la déchirure dans la réalité ouverte sur l'île par un jeune physicien[4] ».

1. Werner Heisenberg, *La Partie et le Tout. Le monde de la physique atomique (Souvenirs, 1920-1965)*, trad. P. Kessler, Paris, Albin Michel, 1972, p. 92.

2. « La question de savoir si ces particules existent "en elles-mêmes" dans l'espace et dans le temps ne peut donc plus être posée sous cette forme [...]. La conception de la réalité objective des particules élémentaires s'est donc étrangement dissoute, non pas dans le brouillard d'une nouvelle conception de la réalité obscure ou mal comprise, mais dans la clarté transparente d'une mathématique qui ne représente plus le comportement de la particule élémentaire, mais la connaissance que nous en possédons » (Werner Heisenberg, *La Nature dans la physique contemporaine*, trad. U. Karvelis et A. E. Leroy, Paris, Gallimard, 2000, p. 126 *sq.*).

3. Carlo Rovelli, *Helgoland. Le sens de la mécanique quantique*, trad. S. Lem, Paris, Flammarion, 2021, p. 55.

4. *Ibid.*, p. 135.

« If you cannonade us... »

La dynamite de l'esprit contre la poudre à canon : telle semble être la perspective de Nietzsche lorsque, entendant mener « des guerres comme il n'y en a jamais eu sur terre », il écrit dans *Ecce Homo* : « Je ne suis pas un être humain, je suis de la dynamite[1]. » Or, tout comme celle de Heisenberg contre les limites de la matière, ses guerres sont des « guerres des esprits[2] », « sans poudre et sans fumée, sans attitudes guerrières, sans pathos et sans membres brisés[3] ». C'est armé de sa seule plume que Nietzsche défie Bismarck et la dynastie Hohenzollern, « cette maison de bouffons et de criminels [...] qui a mené les plus folles de toutes les guerres qui aient jamais été menées[4] ». « Nous aurons des guerres comme il n'y en a jamais eu, mais *pas* entre nations, *pas* entre classes : tout cela volera en éclats – je suis la plus effrayante dynamite qui soit[5] ». En quoi ce concept de dynamite, mis en avant par Nietzsche à la toute fin de l'année 1888, ouvre-t-il accès à une autre réalité que celle de la *Real*politik de Bismarck ?

I. Genèse du concept

La principale source de ce concept de dynamite remonte à 1886. Dans une recension de *Par-delà bien et mal* pour le compte de *Der Bund*, intitulée « Le livre dangereux de Nietzsche », Josef Widmann comparait ce livre aux chariots transportant de la dynamite :

1. EH-Schicksal-1.
2. *Ibid.*
3. EH-MA-1.
4. NF-1888,25[14].
5. Lettre à Georg Brandes, début décembre 1888 (BVN-1888,1170).

> Les charges de dynamite utilisées pour la construction du tunnel du Saint-Gothard arboraient le drapeau noir synonyme de danger de mort. C'est précisément dans ce sens, et dans ce sens seulement, que nous qualifions le nouveau livre du philosophe Nietzsche de dangereux. Cet adjectif ne porte pas la moindre trace de critique à l'égard de l'auteur et de son œuvre, tout comme ce drapeau noir n'était pas destiné à critiquer cet explosif. Il nous viendrait encore moins à l'esprit, en soulignant la dangerosité de son livre, de livrer en pâture le penseur solitaire à ces corbeaux de prédicateurs et autres corneilles officiant devant l'autel. La dynamite spirituelle, comme la dynamite matérielle, peut être très utile ; elle n'est pas nécessairement utilisée à des fins criminelles. Cependant, il est bon de signaler clairement la présence d'un tel explosif : ici, il y a de la dynamite[1].

Nietzsche fut très enthousiasmé par la métaphore de Widmann. Il la reproduisit dans plusieurs lettres à ses proches et à son éditeur[2]. Il faut cependant noter que la comparaison originelle entre la pensée de Nietzsche et la dynamite vient de Nietzsche lui-même. Au § 208 de *Par-delà bien et mal*, on lit en effet :

> En entendant rejeter le scepticisme, ils font comme s'ils percevaient quelque rumeur lointaine et menaçante, comme si quelque nouvel explosif était expérimenté, une dynamite de l'esprit, peut-être une nihiline russe nouvellement découverte,

1. Josef Widmann, « Nietzsches gefährliches Buch », *Der Bund* (Berne), 16 et 17 septembre 1886, 256-257 (37).

2. Lettres à Heinrich Köselitz, 20 septembre et 31 octobre 1886 (BVN-1886,751 et 770) ; à Paul Deussen, 20 septembre (BVN-1886,752) ; à Ernst Wilhelm Fritzsch, 24 septembre (BVN-1886,756) ; à Malwida von Meysenbug, 24 septembre (BVN-1886,756) ; à Franz Overbeck, 12 octobre 1886 (BVN-1886,761) ; à Elisabeth Nietzsche, 3 novembre 1886 (BVN-1886,773) ; à Franziska Nietzsche, 10 octobre 1887 (BVN-1887,924).

un pessimisme de bonne volonté, qui ne se borne pas à dire non, à vouloir non, mais – chose horrible à penser ! – *fait* non[1].

Widmann s'est très certainement inspiré de ce passage pour rédiger son compte rendu. Dans ce paragraphe, Nietzsche n'écrit pas, comme il le fera dans *Ecce Homo*, que lui ou sa pensée *sont* de la dynamite, mais que cette dernière sera *perçue* comme telle. La dynamite semble de prime abord l'avoir intéressé pour ce qu'elle représentait aux yeux de l'opinion publique, c'est-à-dire une innovation technologique plaçant dans les mains des hommes un pouvoir incroyable – pouvoir impliquant à la fois un grand progrès et un terrible danger. La dynamite semble indiquer que même en termes de technique, il n'y a pas de bienfait sans contrepartie. C'est ce double aspect que Widmann et Nietzsche ont en tête lorsqu'ils la comparent à *Par-delà bien et mal*.

II. Un terrible bienfait

Inventée en 1866 par le Suédois Alfred Nobel, qui déposa son brevet à Londres le 7 mai 1867[2], la dynamite est terrifiante à plusieurs points de vue. Elle est issue d'un explosif révolutionnaire, mais terriblement instable : la nitroglycérine. Selon l'historien des sciences et des techniques Louis Figuier, la nitroglycérine possède une « force balistique » dix fois supérieure à

1. JGB-208.
2. Phokion Naoúm, *Nitroglycerin und Nitroglycerinsprengstoffe*, Berlin, Springer-Verlag, 2013, p. 8.

la poudre noire dans le percement de mines[1]. Si, aujourd'hui, nitroglycérine et dynamite n'effraient plus grand monde, leur invention au XIXe siècle révéla une puissance insoupçonnée au sein de la matière. Leur découverte pourrait presque être comparée à celle de la force nucléaire au XXe siècle. Comme celle de l'énergie nucléaire au siècle suivant, la révolution technologique du couple nitroglycérine-dynamite suscita à la fois un grand espoir et une grande crainte. Initialement prometteuse pour le percement de mines et de tunnels, la nitroglycérine s'avéra être avant tout cause de catastrophes. Louis Figuier écrit ainsi :

> La nitroglycérine est tellement explosible, elle se décompose et détone avec tant de rapidité, et sous l'influence de causes si faibles et si insignifiantes, qu'il est à peu près impossible d'en faire usage avec sécurité, ni dans les mines ni dans les armées[2].

À la suite de plusieurs explosions mortelles, à Colón au Panama en 1866[3], à San Francisco en 1867, à Newcastle (Angleterre) en 1868[4] et à Heleneborg près de Stockholm, où la fabrique de nitroglycérine Nobel explosa le 3 septembre 1964, coûtant la vie à cinq personnes dont le jeune frère d'Alfred, Emil Nobel[5], la nitroglycérine fut interdite dans de nombreux pays[6].

C'est alors que, à la suite d'un heureux hasard lors d'une manipulation, Alfred Nobel inventa la dynamite en

1. Louis Figuier, *Les Merveilles de la science ou Description populaire des inventions modernes*, Paris, Furne, Jouvet et Cie, 1867, tome 3, p. 304. Voir aussi tome 2 des suppléments, 1891, p. 104.
2. *Ibid.*, tome 2 des suppléments, p. 100.
3. *The New York Times*, 21 avril 1866, p. 1.
4. Figuier, *Les Merveilles de la science*, *op. cit.*, tome 3, p. 307.
5. Site NobelPrize.org, https://www.nobelprize.org/alfred-nobel/emil-nobel/, consulté le 09/08/2024.
6. Figuier, *Les Merveilles de la science*, *op. cit.*, tome 2 des suppléments, p. 103.

mélangeant de la nitroglycérine à de la terre de diatomée (*Kieselguhr* en allemand). Tout en étant plus stable que la nitroglycérine, la dynamite n'en demeurait pas moins une invention redoutable. Explosif terriblement efficace et dangereux, elle fut également à l'origine de plusieurs catastrophes, notamment celle du fort de Joux dans le Jura. Début 1877, 6 tonnes de dynamite saisies à des contrebandiers suisses furent déposées dans le fort par les douaniers français. Le 17 janvier, la dynamite explosa, soufflant une partie du fort et tuant huit ouvriers en contrebas[1]. En raison de nombreuses catastrophes similaires, la dynamite pâtit, dès sa création, d'une réputation effroyable. La plupart des pays européens prirent des précautions drastiques pour son transport (trains spéciaux, gardés et sans passager[2]). Tout en étant extrêmement dangereuse, la dynamite n'en représentait en effet pas moins un progrès inouï, une véritable révolution technologique sur laquelle ces pays ne souhaitaient pas faire l'impasse.

III. Le Saint-Gothard, une ouverture vers le Sud

Malgré son potentiel de destruction, la dynamite fut une technologie essentiellement utilisée dans *un contexte civil*. Les usines de dynamite fournissaient avant tout des explosifs destinés au percement de mines et de tunnels. C'est la dynamite qui permit l'une des réalisations technologiques majeures de la fin du XIXe siècle : l'achèvement du tunnel ferroviaire du Saint-Gothard. Ce projet pharaonique, remarquable en

1. *Ibid.*, p. 109 *sq.*
2. *Ibid.*, p. 110.

bien des aspects, nous intéresse particulièrement dans le cadre de cette étude car, au-delà de l'exploit technologique, le percement du tunnel du Saint-Gothard impliquait des enjeux géopolitiques inédits. La Suisse y voyait un moyen de se désenclaver et de s'affirmer en tant que carrefour d'échanges entre le Nord et le Sud. L'Allemagne pensait fortement accentuer son ouverture vers le Sud et l'Italie vers le Nord[1]. Au-delà de ces intérêts particuliers, le gigantisme et l'exigence technologique du projet nécessitaient un nouveau type de collaboration technologique et économique entre les trois pays. Le percement du tunnel du Saint-Gothard inaugura une coopération européenne inédite.

Or la réalisation effective de ce tunnel posait problème. Prévu depuis de nombreuses années, ce projet était grevé par les limites des moyens technologiques alors disponibles. Les techniques tunnelières et la poudre noire ne pouvaient raisonnablement espérer percer 15 kilomètres sous la montagne. Seule la dynamite rendit possible le percement de ce tunnel aux dimensions inédites. Sa construction s'étala sur neuf ans, de 1872 à 1881[2]. Nietzsche fut familier de la progression du projet. Traversant les Alpes au moins deux fois par an depuis 1876, pour se rendre de Suisse vers l'Italie ou la ville de Nice, il souffrait de la lenteur et de l'inconfort du franchissement des hauts cols alpins en calèche. Il fait état d'une terrible traversée du col du Saint-Gothard le 10 octobre 1880 : « le pire de mes voyages[3] ».

1. Voir dans ce volume Pietro Gori, « Dispositifs pour une pensée itinérante », p. 93-98.

2. Hansjakob Burkhardt, *Dynamit Am Gotthard, – Sprengstoff in der Schweiz. Eine Geschichte der Sprengstoffindustrie in der Schweiz am Beispiel von Isleten am Urnersee*, Zürich, Hier und Jetzt, 2012, p. 24-56.

3. Lettre à Franziska et Elisabeth Nietzsche, 14 octobre 1880 (BVN-1880,52). Voir la lettre à Franz Overbeck du même jour (BVN-1880,53).

Dans une autre lettre, il se montre impatient de voir achevé le percement du tunnel[1].

Quant à la dynamite destinée au tunnel, Nietzsche a eu l'occasion de voir de loin la fabrique d'Isleten, située à l'extrémité sud du lac des Quatre-Cantons, sur la rive opposée à la route et à la ligne ferroviaire qu'il empruntait entre Brunnen et Flüelen, en direction du col puis du tunnel du Gothard. Cette usine de dynamite, qui fabriqua de la nitroglycérine jusqu'en 2020[2], avait été spécialement fondée par Alfred Nobel en 1873 pour fournir le chantier du Saint-Gothard et montrer par-là au monde entier l'efficacité du nouvel explosif de son invention. Louis Figuier écrit à son sujet :

> Nous n'avons pas besoin de dire que toutes les fabriques de dynamite sont établies dans des lieux inhabités, à grande distance de tout centre de population. À Isleten, l'une des plus importantes usines de M. Nobel, la nitroglycérine se prépare au fond d'un ravin[3] [...]

Cette usine présentait tous les aspects du lieu dangereux et interdit : isolée sur la rive sauvage du lac, elle n'était accessible qu'en bateau. Dès le 9 avril 1874, une explosion y tua trois ouvriers.

1. « Quand le tunnel de Saint-Gothard sera-t-il achevé ? Quand va-t-on pouvoir l'emprunter ? » écrit-il à Franz Overbeck le 14 novembre 1881 (BVN-1881,167).

2. Peter Burkhardt, « Samih Sawiris schnappte zweitem Bieter das Land am Urnersee weg », *SonntagsZeitung*, online, Zürich, 13/04/2024, https://www.tagesanzeiger.ch/tourismusprojekt-am-urnersee-sawiris-schnappte-anbieter-das-land-weg-183498221075.

3. Figuier, *Les Merveilles de la science*, *op. cit.*, tome 2 des suppléments, p. 104.

IV. Le contexte de « Pourquoi je suis un destin »

Au début des années 1880, la dynamite se présente comme une nouveauté terrible que l'on tient à l'écart des cités afin de s'en protéger. Un livre-dynamite ou à plus forte raison un homme-dynamite se verrait ainsi mis au ban de la société. C'est sans doute pourquoi, passé l'enthousiasme premier envers la recension de *Par-delà bien et mal* par Widmann, Nietzsche va quelque peu tempérer dans une lettre à Overbeck du 12 octobre 1886 :

> Un article du Dr Widmann dans le *Bund* (du 16 au 17 septembre, lis-le !) m'a fait craindre que les yeux de toute sorte de police soient prématurément [*vorzeitig*] amenés à se poser sur moi ; le titre de l'article était « Le livre dangereux de Nietzsche », la première phrase disait à peu près : « Les charges de dynamite utilisées pour la construction du tunnel du Saint-Gothard arboraient le drapeau noir synonyme de danger de mort »[1].

Plus haut dans la lettre, Nietzsche faisait part à son ami d'une appréhension souvent réitérée : celle d'attirer trop tôt l'attention du grand nombre sur lui et d'être mal lu. En 1886, le philosophe ne s'estime pas prêt à se dévoiler au grand public. Il est encore trop tôt, il n'a toujours pas rédigé son œuvre principale à laquelle il travaille depuis un an déjà : *La Volonté de puissance*. Il ne souhaite surtout pas attirer l'attention des autorités et de la police sur lui. Toute publicité est encore « prématurée [*vorzeitig*] ». La dynamite doit encore rester quelque temps dans les cartons.

1. BVN-1886,761.

Or, fin 1888, la situation change. Passé l'échec de l'abandon du projet de *La Volonté de puissance*, Nietzsche pense avoir achevé son œuvre avec *L'Antichrist. Inversion de toutes les valeurs.*

> Mon *Inversion de toutes les valeurs*, avec pour titre principal **L'Antichrist**, est achevée. Pour les deux années à venir, je devrai faire toutes les démarches afin que cette œuvre soit traduite en sept langues : le *premier* tirage en chaque langue, un million d'exemplaires environ[1].

Nietzsche est désormais prêt à se faire connaître. Le temps de la publicité est venu. C'est là qu'intervient *Ecce Homo* : cet ouvrage a été conçu pour préparer la venue de *L'Antichrist*[2], que Nietzsche prévoit de publier deux ans après lui. Il écrit ainsi à Helen Zimmern :

> [...] ce que je ferai dans les deux prochaines années est de nature à bouleverser tout notre ordre établi, le « Reich », la « Triple-Alliance » et tous les autres noms magnifiques dont ces derniers se voient affublés. Il s'agit d'un attentat contre le christianisme, qui agit tout comme de la dynamite sur tout ce qui est un tant soit peu lié à lui. Nous allons changer le calendrier, je vous le jure. Jamais un homme n'a eu plus le droit à la destruction que moi !
> Il y aura deux explosions, mais avec un intervalle de deux ans, la première s'appelle *Ecce Homo* et doit paraître le plus tôt possible. En allemand, français et anglais. La seconde *L'Antichrist. Inversion de toutes les valeurs*[3].

1. Lettre à Paul Deussen, 26 novembre 1888 (BVN-1888,1159).
2. Voir lettre à Constantin Georg Naumann, 6 novembre 1888 (BVN-1888,1139).
3. Brouillon de lettre à Helen Zimmern, 8 décembre 1888 (BVN-1888,1180). Voir le brouillon de lettre à Georg Brandes, début décembre 1888 (BVN-1888,1170).

Nietzsche conçoit ces deux livres comme des « explosions », des « attentats » contre le christianisme et le Reich[1]. Avec eux, il se montre au grand jour comme ennemi de l'ordre établi. La police ne lui fait plus peur. Dans une lettre à Helen Zimmern du 17 décembre 1888, il fait un lien entre la dynamite qu'il est (« Je ne suis pas du tout un homme, je suis de la dynamite ») et les « mesures de police » que les Allemands seront susceptibles de prendre après la parution de *Ecce Homo* et *L'Antichrist*[2].

C'est ainsi dans ce contexte qu'intervient son assimilation à de la dynamite. « Je ne suis pas un être humain, je suis de la dynamite » se situe au début du chapitre « Pourquoi je suis un destin ». Or ce chapitre a précisément été rédigé après la mi-novembre, à la suite de la promotion de *L'Antichrist* au rang d'*Inversion de toutes les valeurs* en sa totalité. Les deux premiers paragraphes ayant, eux, été rajoutés début décembre[3], soit en même temps que les brouillons de lettres à Bismarck et Guillaume II, ainsi que la « Proclamation aux cours européennes[4] ». « Pourquoi je suis un destin » s'ouvre ainsi :

> Je connais mon lot [*Loos*]. Un jour, mon nom sera associé au souvenir de quelque chose de monstrueux – à une crise comme

1. « [...] encore quelques années et la Terre tremblera suite à un monstrueux éclair. – Je te jure que j'ai la force de changer le *calendrier*. Rien de ce qui aujourd'hui se tient debout ne restera en l'état. Je suis plus de la dynamite qu'un être humain » (lettre à Paul Deussen, 26 novembre 1888, BVN-1888,1159). *Ecce Homo* « fait littéralement exploser l'*histoire* de l'humanité en deux parties – le plus haut superlatif de la *dynamite...* » (lettre à Heinrich Köselitz, 9 décembre 1888, BVN-1888,1181). *Crépuscule des idoles* se voit également assimilé à de la « dynamite » dans une lettre à August Strindberg du 24 novembre (BVN-1888,1154a).

2. Lettre à Helen Zimmer, autour du 17 décembre 1888 (BVN-1888, 1197).

3. Voir KSA 14, p. 467.

4. Lettre à Heinrich Köselitz, 30 décembre 1888 (BVN-1888,1227).

> il n'y en a jamais eu sur terre, à la plus profonde collision de consciences, à une décision implacablement rendue *contre* tout ce qu'on avait jusqu'alors cru, réclamé, sanctifié. Je ne suis pas un être humain, je suis de la dynamite[1].

Dans ce premier paragraphe, la dynamite est associée à un bouleversement qui se décline en trois grands axes intimement liés :

1. Un contexte de rupture dans l'histoire de l'humanité et de radicalité politique.

> Le concept de politique se sera alors résorbé en une guerre des esprits, toutes les formes de pouvoir de l'ancienne société se seront alors volatilisées – car toutes reposent sur le même mensonge : il y aura des guerres comme il n'y en a jamais eu sur terre. C'est seulement à partir de moi qu'il y aura sur terre une *Grande Politique*.

2. Une inversion des valeurs et une révolution dans la pensée et dans la manière d'appréhender la *vérité*.

> [...] c'est la vérité qui parle en moi. – Mais ma vérité est *effrayante* : car jusqu'ici c'est le mensonge que l'on appelait vérité. – *Inversion de toutes les valeurs* [...] Car lorsque la vérité engagera le combat avec le mensonge millénaire, nous aurons des ébranlements, des convulsions séismiques, un déplacement des montagnes et vallées, comme nous n'en avions jamais rêvé.

3. Une nouvelle compréhension du corps et de la vie et un nouveau rapport à la nature.

1. EH-Schiksal-1.

Le § 2 mentionne ainsi sa « nature dionysiaque » qui fait de lui « le premier *Immoraliste* » et « le *destructeur* par excellence ». Sa grande ennemie, la morale chrétienne, étant décrite au § 7 comme « *contre-nature* » et comme un « défaut de nature [*Mangel an Natur*] ».

Ce grand bouleversement dans notre manière de déterminer la vérité et la réalité (la nature) engendrera selon Nietzsche une crise politique, il « brisera l'histoire de l'humanité en deux parties[1] ». Or, dans un contexte de radicalité politique, la mention de la dynamite n'a rien d'anodin.

V. Une signature idéologique anarchiste

Technologie essentiellement utilisée dans un contexte civil, la dynamite ne fut que relativement peu employée par les militaires, qui lui préfèrent la poudre[2], puis le TNT, possédant pourtant un potentiel explosif brut moindre que le sien. À la fin du XIXe siècle, la dynamite est ainsi avant tout *l'arme des anarchistes*, de ceux qui, comme les caisses de dynamite destinées au Saint-Gothard, arboraient le drapeau noir.

Le mouvement anarchiste se sépara du mouvement marxiste/socialiste lors de la 5e Internationale en 1872 et prit de l'ampleur dans les décennies suivantes. Ce mouvement toucha l'Allemagne avec quelques années de retard par

1. EH-Schiksal-8.

2. Ainsi, Louis Figuier note qu'en 1891, l'armée française possède des stocks de poudre vingt fois plus élevés que ceux de dynamite : « 40 millions de kilogrammes de poudre et 2 millions de kilogrammes de dynamite » (*Les Merveilles de la science*, *op. cit.*, tome 2 des suppléments, p. 82).

rapport aux autres grands pays européens, France, Italie, Angleterre et Russie, ne prenant réellement son essor que dans la première moitié des années 1880[1]. Dans les autres pays, la dynamite n'avait commencé à attirer l'intérêt des anarchistes qu'au début de cette même décennie. En 1880, dans le journal *Le Révolté*, l'un des plus célèbres théoriciens anarchistes, Pierre Kropotkine, décrit ainsi le but de l'anarchisme : « la révolte permanente par la parole, par l'écrit, par le poignard, le fusil, la dynamite[2] ». C'est cette dernière qui eut la faveur des activistes. En 1882, plusieurs attentats à la dynamite furent commis par des anarchistes lors de la crise de l'industrie de la soie à Lyon[3]. Le 4 mai 1886, au Haymarket Square à Chicago, un attentat à la dynamite tua plusieurs policiers. Après une enquête et un procès iniques, huit militants anarchistes furent incriminés et condamnés à mort (trois d'entre eux virent leur peine commuée à perpétuité ; ils furent ensuite graciés). L'affaire connut un retentissement mondial. Les principaux journaux faisaient régulièrement leurs grands titres sur les attentats à la dynamite et leurs conséquences meurtrières, contribuant à forger l'opinion publique. Pour cette dernière, la dynamite devint synonyme d'attentat anarchiste, d'une technologie visant à détruire l'ordre établi. Instable lorsqu'elle était mal manipulée ou de mauvaise qualité, la dynamite tuait souvent les dynamiteurs eux-mêmes. Elle devint pour le grand public le symbole d'un nihilisme débridé, destructeur et autodestructeur.

Dans les milieux anarchistes, en revanche, la dynamite était glorifiée comme l'arme des opprimés, un « don de la

1. Hunter, *Violence and the Labour Movement*, *op. cit.*, p. 56.
2. Article non signé dans *Le Révolté*, Genève, 25 décembre 1880, n° 22, p. 1.
3. Hunter, *Violence and the Labour Movement*, *op. cit.*, p. 59.

science aux plus faibles » ayant le pouvoir de « détruire le capitalisme[1] ». Relativement facile à produire, à transporter et à mettre en œuvre, et possédant un pouvoir de destruction inédit, elle semblait donner aux ouvriers la capacité de rivaliser avec les armes des armées nationales. L'un des condamnés de Chicago, Louis Lingg, s'adressa ainsi en ces mots à la cour lorsqu'on le reconduisit à sa cellule après le verdict fatal : « Si vous nous attaquez à coups de canon, nous vous dynamiterons[2] ! » À partir des années 1880, la dynamite devient une *signature idéologique anarchiste*, note Zeev Ivianski. Tout attentat à la dynamite se voit immédiatement rattaché à la mouvance anarchiste, même lorsque l'acte n'est pas revendiqué[3].

On comprend qu'en 1886, Nietzsche ait eu peur d'attirer l'attention des polices : en mentionnant la dynamite et le drapeau noir, la recension de Widmann associait clairement son ouvrage à l'agitation anarchiste. Lorsqu'en 1888 il décrit ses ouvrages comme de la « dynamite » ou des « attentats », Nietzsche reprend à son compte cette association. Certains éléments ont pu favoriser ce rapprochement circonstancié entre sa philosophie proprement explosive pour la pensée[4] et les attentats anarchistes. Tout d'abord, Nietzsche savait que la Suisse, sa terre d'accueil, qui lui avait délivré un passeport provisoire lorsqu'il avait renoncé à sa nationalité allemande[5], avait dans les années 1870-1880 également servi

1. *Ibid.*, p. 69.

2. Louis Lingg cité par Hunter *in ibid.*, p. 70.

3. Zeev Ivianski, « Individual terror : Concept and typology », *Journal of Contemporary History*, 1977, vol. 12, p. 47.

4. Selon l'expression de Marc de Launay (« Quelque chose de proprement explosif pour la pensée », *Nietzsche contre le nihilisme*, *Magazine littéraire*, janvier 2000, n° 383, p. 43).

5. Voir Paolo D'Iorio, *Le Voyage de Nietzsche à Sorrente*, Paris, CNRS Éditions, 2012, p. 23 *sq.* Le passeport de Nietzsche y est reproduit p. 24.

de terre d'accueil aux anarchistes européens, persécutés dans les autres pays. Ainsi, Élisée Reclus s'y installa à partir de 1872, Bakounine y mourut en 1876, August Reinsdorf (l'auteur de l'attentat contre Guillaume Ier) y vécut quelques années et Pierre Kropotkine s'y réfugia en 1876 (il en fut expulsé en 1881). Les principales revues militantes anarchistes, *Die Freiheit* et *L'Avant-Garde*, furent fondées en Suisse[1]. La dynamite ayant causé l'explosion du fort de Joux, ainsi que celle ayant servi à assassiner le tsar Alexandre II, avait transité par les réseaux de contrebande suisses[2]. Tout cela fit du remous dans les journaux et finit par avoir des conséquences : à la suite de pressions exercées par l'Allemagne et l'Italie et d'une campagne de fausses accusations par lettres anonymes, la Suisse lança en février 1885 une enquête sur les activités anarchistes qui se solda par l'expulsion d'un certain nombre de militants anarchistes[3].

En 1888, Nietzsche fait intervenir la dynamite dans un contexte d'opposition à Bismarck et à Guillaume II. Or la dynamite avait justement été utilisée par les anarchistes comme un moyen de terrasser les empereurs. En Russie, le groupe nihiliste/anarchiste Narodnaïa Volia (La Volonté du Peuple) commit trois attentats à la dynamite contre le tsar Alexandre II. La Volonté du Peuple fit d'abord exploser le train impérial le 19 novembre 1879. Le tsar en réchappa car son train avait 30 minutes de retard : la bombe toucha

1. Regula Bochsler, « Dynamitage du Palais fédéral ce mois-ci. Tremblez ! », trad. K. Romy, site *swissinfo.ch*, www.swissinfo.ch/fre/politique/s%c3%a9rie-anarchistes-en-suisse-1-_-dynamitage-du-palais-f%c3%a9d%c3%a9ral-ce-mois-ci-tremblez/44688524, consulté le 23/01/2025.

2. Figuier, *Les Merveilles de la science*, *op. cit.*, tome 2 des suppléments, p. 109 *sq.* ; Edvard Radzinsky, *Alexander II. Emperor of Russia*, New York, Free Press, 2005, p. 315-319.

3. Mireille Piarotas, *Regards populaires sur la violence*, Saint-Étienne, Publications de l'Université de Saint-Étienne, 2000, p. 127-142.

le train de son personnel qui avait hérité de son créneau horaire et ne fit aucune victime[1]. Ensuite ce fut la salle à manger du palais d'Hiver qui fut dynamitée le 5 février 1880. La bombe tua onze personnes et fit de nombreux blessés, mais le tsar en réchappa également en raison d'un retard exceptionnel[2]. Le 1er mars 1881, le troisième attentat réussit, tuant le poseur de bombe, Ignati Grinevitsky, et Alexandre II[3].

En Allemagne, les anarchistes utilisèrent également la dynamite pour attenter à la vie du Kaiser Guillaume Ier. Le 28 septembre 1883, un groupe dirigé par August Reinsdorf tenta de faire exploser Guillaume Ier, le prince héritier et nombre d'aristocrates au mémorial du Niederwald. Toutefois, la mèche de la bombe exposée à la pluie ne fonctionna pas[4]. Le lendemain, en désespoir de cause, ils firent exploser une bombe à la dynamite contre la grande salle des fêtes de Rüdesheim, pensant à tort que le Kaiser s'y trouvait. L'explosion ne fit que des dégâts matériels[5]. Reinsdorf et deux de ses complices finirent par être démasqués et furent condamnés à mort le 22 décembre 1884. Ils furent exécutés à Halle le 7 février 1885. L'affaire eut un grand retentissement, engendra nombre de mesures de répression et désigna les anarchistes comme les ennemis publics numéro un dans l'Allemagne impériale.

1. Radzinsky, *Alexander II*, *op. cit.*, p. 315-319.
2. *Ibid.*, p. 329-335.
3. Franco Venturi, *Les Intellectuels, le Peuple et la Révolution : histoire du populisme russe au XIXe siècle*, trad. V. Pâques, Paris, Gallimard, « Bibliothèque des histoires », 1972, tome 2, p. 1124.
4. Hugo Friedländer, *Interessante Kriminal-Prozesse von kulturhistorischer Bedeutung*, vol. 7, Berlin, Hermann Barsdorf, 1912, p. 153-158.
5. *Ibid.*, p. 158.

VI. Le drapeau noir : un symbole de l'insubordination

On peut donc raisonnablement supposer que Nietzsche joue sur la symbolique de l'ennemi public anarchiste lorsqu'il manie la métaphore de la dynamite dans *Ecce Homo*. Widmann lui-même avait très certainement ce rapprochement en tête lorsqu'il compara *Par-delà bien et mal* à des chariots arborant le *drapeau noir*. Signalant au Moyen Âge un danger mortel[1], le drapeau noir devint dès l'époque moderne un signe d'insubordination vis-à-vis des États. Il fut ainsi le pavillon des pirates et des hors-la-loi. À partir des années 1880, il devint, tout comme les attentats à la dynamite, un symbole de l'anarchisme. Arboré à plusieurs reprises lors des luttes sociales au XIXe siècle notamment lors de la révolte des canuts à Lyon en 1831 et de la Commune de Paris en 1871, le drapeau noir ne s'est réellement imposé dans les milieux anarchistes qu'à partir de 1882, lorsque le drapeau rouge fut délaissé à son profit[2]. « Plus de drapeau rouge, mouillé du sang de nos soldats. J'arborerai le drapeau noir, portant le deuil de nos morts et de nos illusions », s'écrie ainsi Louise Michel le 18 mars 1882 lors d'un meeting à Paris[3]. L'année suivante, elle brandit fièrement un drapeau noir improvisé

1. Une des plus anciennes mentions connues du drapeau noir remonte au XIVe siècle en France où il était utilisé pour avertir de la présence de la peste (Barbara Tuchman, *Der ferne Spiegel*, Munich, DTV, 1986, p. 101-103).

2. Site *partage-noir.fr*, consulté le 27/12/2024, www.partage-noir.fr/drapeau-noir.

3. Jean-Louis Debré et Valérie Bochenek, *Ces femmes qui ont réveillé la France*, Paris, Arthème Fayard, 2013, p. 128.

avec un jupon lors d'une manifestation aux Invalides le 9 mars 1883, à l'occasion de laquelle trois boulangeries sont pillées. La une du *Monde illustré* du 17 mars 1883 immortalise l'événement :

Première page du *Monde illustré*, 17 mars 1883, 27e année, n° 1355, avec la légende : « PARIS – La manifestation du 9 mars – Pillage d'une boulangerie – Louise Michel » (photo : Gallica/BNF).

À partir de cet événement, le drapeau noir devint l'étendard international de l'anarchisme[1]. Pour l'aristocratie, la bourgeoisie et le clergé, il devint un véritable épouvantail, plus terrifiant encore que le drapeau rouge.

VII. La dynamite contre la poudre ?

Dans son optique d'opposition à Bismarck et aux Hohenzollern, il est également possible que Nietzsche joue de la symbolique de la dynamite, technologie à destination essentiellement civile, contre celle de la poudre, à destination militaire. La poudre étant en outre prise comme un explosif typiquement allemand : « les Allemands ont inventé la poudre[2] ». La citation peut paraître anecdotique, mais la fabrication de la poudre militaire allemande était liée à Bismarck : l'une des plus importantes poudreries allemandes, la Pulverfabrik Düneberg, fut fondée en 1876 sur une propriété appartenant à Otto von Bismarck : les Besenhorster Sandberge, près de Geesthacht, employant 150 ouvriers[3]. Cette propriété lui avait été offerte par le Kaiser Guillaume I

1. Peu après, le journal anarchiste *Le Drapeau Noir* fut fondé à Lyon (le 12 août 1883). Le drapeau noir fit également une apparition remarquée le 27 novembre 1884 dans une manifestation anarchiste à Chicago (Paul Avrich, *The Haymarket Tragedy*, Princeton, Princeton University Press, 1986, p. 145).

2. JGB-Vorrede. La victoire de la Prusse sur la France en 1870 était également due à sa supériorité technologique en matière d'explosifs, notamment de poudre : voir Figuier, *Les Merveilles de la science*, *op. cit.*, tome 2 des suppléments, p. 81.

3. Figuier, *Les Merveilles de la science*, *op. cit.*, tome 2 des suppléments, p. 90.

en personne, le 24 juillet 1871. Or cette poudrerie avait une grande « rivale » : elle faisait face à la toute première usine de dynamite créée par Alfred Nobel, située à environ 5 kilomètres de l'autre côté de Geesthacht. C'est dans cette usine, fondée en 1865 et initialement destinée à produire de la nitroglycérine, que Nobel mit au point la dynamite en 1867. La fabrique de dynamite faisait ainsi face à la fabrique bismarckienne de poudre militaire.

L'identification à la dynamite apparaît effectivement au moment où Nietzsche rédige trois brouillons de lettres destinées à l'empereur Guillaume II et à Bismarck. Le premier brouillon de lettre à Guillaume II[1] est textuellement très proche du § 1 de « Pourquoi je suis un destin ». Les deux autres brouillons, plus courts, sont des dédicaces hostiles, destinées à accompagner l'envoi d'un exemplaire de *Ecce Homo* au Kaiser[2] et à Bismarck.

> Son Altesse le prince Bismarck.
> Je fais l'honneur au premier homme d'État de notre temps de l'aviser, par la présentation du *premier* exemplaire de mon *Ecce Homo*, de mon hostilité. Je joins un deuxième exemplaire : déposer ce dernier entre les mains du jeune empereur allemand sera la seule prière qu'il me sera jamais donné d'adresser au prince Bismarck. –
>
> *L'Antichrist*
> Friedrich Nietzsche.
> Fromentin[3]

1. Brouillon de lettre à Guillaume II, début décembre 1888 (BVN-1888,1171).
2. Brouillon de lettre à Guillaume II, début décembre 1888 (BVN-1888,1172).
3. Brouillon de lettre à Otto von Bismarck, début décembre 1888 (BVN-1888,1173). Sur Fromentin, voir NF-1888,25[4] et [9].

Ces dédicaces sont conçues comme de véritables déclarations de guerre. Nietzsche rédige par ailleurs à la même période une « Proclamation aux cours européennes en vue de l'*anéantissement* de la maison Hohenzollern[1] », aujourd'hui perdue. Il prévoyait d'insérer cette proclamation à la fin de *Ecce Homo*, immédiatement après « Pourquoi je suis un destin » et juste avant le poème « Le marteau parle[2] ». Il avait également envoyé cette proclamation à Jean Bourdeau, début 1889, en espérant la faire publier dans le *Journal des Débats*[3]. Une ébauche du § 1 de « Pourquoi je suis un destin » associe similairement Bismarck et les Hohenzollern à la menace de la dynamite :

> « Grande Politique » [...] je n'ai pas de mot pour exprimer mon mépris devant le niveau [intellectuel], qui aujourd'hui, sous la forme du chancelier du Reich allemand et avec les attitudes d'officiers prus[siens] de la maison Hohenzollern, se croit ap[pelé] à gouverner l'histoire de l'humanité. [...] Qu'ils cons[truisent] leurs châteaux de cartes ! Pour moi, les « Reich » et les « Triples Alliances » sont des châteaux de cartes... [...] Il y a plus de dynamite entre le [cie]l et la terre que ces idiots empourprés ne peuvent rêver[4]...

Nietzsche joue ainsi du symbole anarchiste de la dynamite au moment où il entend s'opposer frontalement à Bismarck et à Guillaume II. Le philosophe ne semble effectivement avoir pris en compte le mouvement anarchiste qu'à la suite de la

1. Lettre à Heinrich Köselitz, 30 décembre 1888 (BVN-1888,1227). Colli et Montinari ont rassemblé sous la cote 25 (décembre 1888-début janvier 1889) des extraits issus de six carnets qui constituent sans doute les ébauches de cette « Proclamation ». Voir NF-1888,25, tout particulièrement le fragment 13 (NF-1888,25[13]).

2. EH-Inhalt.

3. Voir lettres à Jean Bourdeau, 29 décembre 1888 et 1er janvier 1889 (BVN-1888,1217 ; BVN-1889,1232).

4. NF-1888,25[6].

révélation de l'attentat contre Guillaume II. Le procès d'August Reinsdorf et de ses complices eut lieu en décembre 1884 et fit grand bruit en Allemagne. Dans les textes de Nietzsche, carnets et lettres compris, on ne compte que cinq mentions de l'anarchisme et des concepts dérivés avant 1880, seize mentions de 1880 à 1884 et soixante-seize de 1885 à fin 1888, dont cinq dans *Par-delà bien et mal*, six dans *Crépuscule des idoles* et huit dans *L'Antichrist*[1]. C'est également en 1885 que l'on retrouve dans les carnets de Nietzsche les trois seules mentions de l'« anarchisme allemand » ou l'« anarchiste allemand »[2].

N'en concluons cependant pas hâtivement qu'il assimilerait son combat à celui des anarchistes. Le philosophe n'affiche en effet jamais la moindre sympathie pour le mouvement anarchiste, qu'il considère comme une forme sécularisée du christianisme, allant jusqu'à qualifier Jésus de « saint anarchiste[3] ».

> On peut poser une équation parfaite entre le *chrétien* et l'*anarchiste* : leur fin, leur instinct, ne tend qu'à la destruction. [...] Le chrétien et l'anarchiste : tous deux décadents, tous deux incapables d'agir autrement qu'en dissolvant, en empoisonnant, en appauvrissant, *en suçant le sang*, tous deux sont l'instinct de *haine à mort* contre tout ce qui s'élève, se dresse dans sa grandeur, a de la durée, promet un avenir à la vie[4]...

1. JGB-188, 202, 204, 242 et 258 ; GD-Sprueche-36 ; GD-Sokrates-4 et 9 ; GD-Streifzuege-34 ; AC-25, 27, 57 et 58.

2. NF-1885,36[47] ; 40[70] ; 44[8]. Le lien avec l'affaire Reinsdorf paraît ici évident.

3. AC-27. Nietzsche reprend ce qualificatif à Renan qui écrit dans *Vie de Jésus* : « Jésus est, à quelques égards, un anarchiste, car il n'a aucune idée du gouvernement civil. [...] Il veut anéantir la richesse et le pouvoir, non s'en emparer » (Ernest Renan, *Vie de Jésus*, 13e édition revue et augmentée, Paris, Michel Lévy frères, 1867, p. 131 *sq.*).

4. AC-58. Voir également AC-57 : « L'anarchiste et le chrétien ont une seule provenance... »

Nietzsche rend en réalité aussi peu hommage aux anarchistes lorsqu'il manie la symbolique de la dynamite ou du drapeau noir qu'il rendait hommage au christianisme en imitant les formules évangéliques dans *Ainsi parla Zarathoustra*. Comme le note Paolo D'Iorio, la parodie est une composante essentielle de l'écriture de Nietzsche[1], qui adore détourner à son avantage les expressions et les symboles de ses adversaires. Quel est alors le sens de cette référence parodique aux anarchistes ?

L'anarchisme est, d'une part, conçu comme un phénomène médiatique. Un fragment l'assimile à « un moyen d'agitation du socialisme[2] ». Pour Nietzsche, les anarchistes et leur dynamite seraient un moyen pour le mouvement socialiste au sens large de se signaler au grand public. Ainsi, la mention de la dynamite dans *Ecce Homo* vient au moment où le philosophe pense qu'il est temps pour lui de se faire connaître.

D'autre part, Nietzsche associe souvent les anarchistes à la destruction[3]. La dynamite illustrerait ainsi *la part qui dit non* de sa philosophie, dirigée contre Bismarck et les Hohenzollern. L'aspect parodique est ici double, dans la mesure où Nietzsche détourne également, dans le § 1 de « Pourquoi je suis un destin », l'expression bismarckienne « grande politique ». Cette expression servait en effet à désigner la politique internationale de Bismarck, notamment ses systèmes d'alliances (*Bündnispolitik*).

En parodiant aussi bien la « grande politique » de Bismarck que les attentats de ses ennemis anarchistes, Nietzsche dénonce

1. Paolo D'Iorio, « Genèse, parodie et modernité dans *Ainsi parlait Zarathoustra* », *in* Gilbert Merlio (dir.), *Ainsi parlait Zarathoustra*, Paris, Éditions du Temps, 2000, p. 25-43.

2. NF-1887,10[82].

3. Voir par exemple AC-57, 58 ; NF-1887,10[31] et 10[82] ; NF-1888,14[182].

une double imposture. La « grande politique » de Bismarck n'est en réalité qu'une « petite politique »[1] et les attentats à la dynamite des anarchistes ne menacent pas réellement le système politique impérial, au contraire : « *Nuisons*-nous à la vertu ? – Aussi peu que les anarchistes aux princes. Ce n'est que depuis qu'on leur tire dessus qu'ils siègent à nouveau fermement sur leur trône[2]. » Dans plusieurs textes Nietzsche renvoie ainsi dos à dos le nationalisme et l'anarchisme[3]. Seuls ses livres-attentats, sa dynamite sont à même de renverser l'ordre établi délétère des Hohenzollern et d'instaurer une Grande Politique. Les anarchistes utilisent la dynamite, Nietzsche, lui, *est* dynamite. À ses yeux, c'est uniquement lui, son corps (« l'Antichrist », « Dionysos », « l'Immoraliste »[4]) et ses productions (*L'Antichrist*, *Ecce Homo*, *Crépuscule des idoles*) qui constituent le seul explosif à même de « briser l'histoire de l'humanité en deux parties[5] ».

VIII. La question de la technique

Que cette assimilation à la dynamite nous dit-elle du rapport de Nietzsche à la technique ? Aujourd'hui, la technique est associée à bien des maux. On la rend responsable de la crise écologique et de l'aliénation de l'être humain.

1. « […] nationalisme, cette *névrose nationale*, dont l'Europe est malade, cette perpétuation du morcellement de l'Europe en petits États, la *petite* politique : elles ont privé l'Europe de son sens et de sa *raison* – elles l'ont menée dans une impasse » (EH-WA-2).
2. GD-Sprueche-36. Voir NF-1887,10[107].
3. Voir notamment JGB-242.
4. Voir entre autres NF-1887,11[416].
5. EH-Schicksal-8.

Nombre de critiques contemporaines de la technique incriminent la modernité cartésienne. La révolution scientifique du XVIIe siècle aurait transformé la nature en artefact, en un objet extérieur à l'homme, destiné à être exploité par ce dernier[1]. Ses artisans, Descartes tout particulièrement, semblent être les auteurs d'un péché originel ayant coupé la science et l'homme de la nature[2]. La critique de la modernité cartésienne et le fantasme d'une conception ancestrale de la nature plus respectueuse sont un lieu commun d'une certaine pensée écologique contemporaine. En mathématisant intégralement la nature, en comprenant l'univers comme « écrit en langage mathématique[3] », l'homme se serait coupé de la nature et, grâce aux progrès scientifiques et techniques, aurait pris la place de Dieu pour façonner cette nature à sa convenance.

Après la Seconde Guerre mondiale, Heidegger a également fortement incriminé la modernité et la technique. Selon lui, l'essence de la technique serait oubli de l'être et dévoiement de la compréhension de la vérité comme *alétheia*[4]. Nous serions tous prisonniers de la technique en ce

1. Voir la critique de ce point de vue par Catherine et Raphaël Larrere, *Du bon usage de la nature. Pour une philosophie de l'environnement*, Paris, Aubier, 1997, p. 7-16.

2. Voir par exemple Philippe Descola, *Par-delà nature et culture*, Paris, Gallimard, 2015, p. 12-14, p. 324, p. 329, p. 337 ; Nastassja Martin, « Les montagnes, ces franges qui ont su résister à l'appropriation capitaliste », *Basta*, 25 juillet 2025, https://basta.media/les-montagnes-sont-des-lieux-ou-encore-possible-resister-a-appropriation-capitaliste-Nastassja-Martin ; Anaïs Maurer : « Le colonialisme nucléaire et le changement climatique sont le produit d'une vision cartésienne », *Médiapart*, 13 novembre 2024, https://www.mediapart.fr/journal/international/131124/anais-maurer-le-colonialisme-nucleaire-et-le-changement-climatique-sont-le-produit-d-une-vision-car.

3. Galilée, *L'Essayeur*, trad. C. Chauviré, Paris, Les Belles Lettres, tome I, p. 232.

4. Martin Heidegger, « Die Frage nach der Technik », *Gesamtausgabe*, vol. 7 : *Vorträge und Aufsätze*, Francfort sur le Main, Vittorio Klostermann, 2000, p. 13 *sq*.

que nous négligerions de nous pencher sur le problème de son essence.

> Aussi ne percevons-nous jamais notre rapport à l'essence de la technique, aussi longtemps que nous nous bornerons à nous représenter la technique et à la pratiquer, à nous en accommoder ou à la fuir. Nous demeurons partout enchaînés à la technique et privés de liberté, que nous l'affirmions avec passion ou que nous la nions pareillement. Quand cependant nous considérons la technique comme quelque chose de neutre, nous lui sommes livrés de la pire façon[1] [...]

Heidegger refuse toutefois de diaboliser la technique, « il n'y a rien de démoniaque dans la technique[2] ». Les optiques purement technophiles ou technophobes ne seraient pas à même de comprendre réellement ce qu'est la technique, car elles ne se pencheraient pas sur le problème de son essence. La question de la technique aurait essentiellement à voir avec la question de la vérité et de son dévoilement. L'essence de la technique impliquerait une erreur par rapport à la vérité, une manière erronée de la dévoiler. Cette erreur, qui trouve sa source en Grèce antique, n'éclaterait cependant que lors de la modernité cartésienne[3]. Heidegger établit en effet une différence fondamentale entre la technique prémoderne et la technique moderne. La technique moderne serait radicalement nouvelle en ce qu'elle serait une technique motorisée (*Kraftmaschinentechnik*) qui accumulerait (*speichern*) l'énergie de la nature[4]. Mais surtout, cette

1. *Ibid.*, p. 7. Pour cette citation, trad. A. préau (« La question de la technique », *in Essais et conférences*, Paris, Gallimard, 1958, p. 9 *sq.*).
2. *Ibid.*, p. 29.
3. *Ibid.*, p. 14-19.
4. *Ibid.*, p. 15. Heidegger établit une différence entre ces deux rapports à la nature antique et moderne que sont la production (*hervorbringen*) et la pro-vocation (*herausfordern*).

technique moderne se fonderait sur la science mathématique de la nature et réduirait cette dernière à un « complexe calculable de forces », à un fonds de ressources exploitables[1]. Dans une analyse faisant curieusement l'économie d'une critique du capitalisme, Heidegger accuse la science et la technique de tendre à ne considérer l'homme lui-même que comme fonds exploitable. La technique, en empêchant l'homme de revenir à une vérité et un dévoilement plus originel, représenterait un danger. Face à ce danger, il faudrait trouver « ce qui sauve [*Das Rettende*][2] ».

Comment se positionne Nietzsche par rapport à la conception galiléo-cartésienne de la nature et aux révolutions techniques qu'elle a rendues possibles ? Pour ce qui concerne directement la technique, aucun élément réellement probant dans ses textes ne penche vers une position technophile ou à l'inverse technophobe. N'en déplaise à Heidegger, il semble que Nietzsche considère la technique en elle-même comme quelque chose de neutre.

Quant à la science et la philosophie rationaliste moderne, l'extrait du *Discours de la méthode* placé « en guise de préface » à *Choses humaines, trop humaines*[3] et l'hommage appuyé que lui rend le fondamental § 14 de *L'Antichrist* montrent que Nietzsche ne tenait pas Descartes pour responsable de tous les maux. On trouve certes une critique du cartésianisme chez Nietzsche. Le mécanisme moderne lui apparaît comme une conception externe, erronée de la nature qui néglige le phénomène vital[4]. Or ce que Nietzsche reproche à Descartes, ce n'est pas la méthode scientifique,

1. *Ibid.*, p. 22.
2. *Ibid.*, p. 29.
3. MA-1878-Vorrede.
4. Voir notre étude « Und nichts außerdem », *Kairos*, juin 2004, n° 23, Toulouse, Presses Universitaires du Mirail, p. 229-242.

la mathématisation de la nature, c'est son *dualisme* et son recours à un dieu horloger. Ainsi, après avoir rendu hommage à Descartes, le § 14 de *L'Antichrist* regrette que ce dernier soit resté prisonnier du dualisme esprit/matière :

> Mais, nous ne mettons logiquement plus l'homme à part, comme le faisait encore Descartes : absolument tout ce que l'on a aujourd'hui compris de l'homme, va exactement aussi loin que ce que l'on a compris de lui en tant que machine [*als er machinal begriffen ist*][1].

Une telle caractérisation de l'homme va à l'encontre de toute l'anthropologie heideggérienne. La critique que produit Nietzsche de la modernité cartésienne porte non sur son mécanicisme et sa mathématisation de la nature, mais sur son dualisme et son finalisme cosmologique. Les coupables semblent toujours être en arrière-plan le christianisme et la métaphysique. C'est le dualisme et le supernaturalisme qui font de la nature un artefact, une entité extérieure à nous, non la science moderne. En la soumettant à une finalité extérieure, le dualisme considère la nature comme un objet moral. Or, pour Nietzsche, la conception de la nature produite par la révolution scientifique ne se résume pas à cet artefact, à cette « *natura naturata* » qui serait « prévisible parce qu'elle obéit à des lois éternelles, parce qu'elle est infinie répétition du même[2] ». Loin de réduire définitivement le vivant à un automate, la science moderne a rendu possible la biologie des XVIIIe et XIXe siècles, dont Nietzsche se sait l'héritier. L'animal-machine est juste une approximation grossière, non une erreur fondamentale.

1. AC-14.
2. Larrère, *Du bon usage de la nature*, *op. cit.*, p. 15.

IX. « Ces machines qui peuvent *exploser* »

Aucun élément probant ne nous permet donc de penser que Nietzsche interprète la technique comme une anti-nature. En se caractérisant comme une machine, Nietzsche rend certes hommage à Descartes, mais il le dépasse en affirmant son monisme naturaliste : l'homme est « volonté de puissance et rien en dehors[1] ! ». Toutefois, si l'être humain commun est machine, Nietzsche, lui, est une machine bien particulière : une « machine qui peut *exploser* », comme il l'écrit à Heinrich Köselitz le 14 août 1881. Toutes les machines humaines ne sont pas égales, certaines sont plus puissantes que d'autres, et Nietzsche se considère lui-même comme une machine exceptionnelle, un corps[2] exceptionnel. Il est remarquable de voir le philosophe s'assimiler à cette machine peu après avoir formulé la pensée fondamentale de l'éternel retour, début août 1881[3]. C'est dans la mesure où il est sans doute la seule machine capable d'incorporer cette « pensée des pensées[4] » qu'est l'éternel retour qu'il peut exploser. Dans cette lettre à Köselitz, il n'est ainsi nullement question de considérations techniques, mais de l'intensité de sa vie :

> Ah, mon ami, il me vient parfois à l'esprit que je vis, à vrai dire, une vie extrêmement dangereuse, car je suis de ces

1. JGB-36 et NF-1885,38[12].
2. Comme le fait remarquer David Simonin dans l'introduction de ce volume (note 2, p. 24), « machine » était le terme par lequel Pascal désignait le corps. Nietzsche avait lu les *Pensées* un an avant d'écrire cette lettre. Voir son exemplaire personnel : Blaise Pascal, *Gedanken, Fragmente und Briefe*, Leipzig, Wiegand, 1865, I (BN), p. 176 (avec un trait en marge).
3. NF-1881,11[141].
4. NF-1881,11[143].

machines qui peuvent *exploser* ! L'intensité de mes sentiments me fait frémir et rire[1] –

Quelques lignes auparavant, il évoquait avec enthousiasme la beauté et la puissance de la nature à Sils-Maria, qu'il chérissait plus que tout. On peut ainsi constater que chez Nietzsche la machine s'insère parfaitement dans un tout mêlant la plus profonde des pensées, la plus haute expression de la vie et la nature la plus formidable. C'est la vie, *sa* vie qui lui fait écrire cette phrase.

Heidegger postule qu'en assimilant la nature à un complexe calculable de forces, la technique et la science moderne auraient dévoyé le rapport de l'homme à la nature et aliéné l'homme. La technique réduirait la nature et l'homme compris comme être purement physique à quelque chose de parfaitement compréhensible, comptable et maîtrisable. Or, Nietzsche pense d'une part, anticipant Heisenberg, que la physique mathématique et son « victorieux concept de force », si pertinent qu'ils soient, ne peuvent rendre compte du « monde interne » de la volonté de puissance[2], et d'autre part que la technique ne domestique pas définitivement la nature, mais libère de nouvelles forces naturelles, insoupçonnées et indomptables. La dynamite est imprévisible. Une machine qui peut exploser est une machine que l'on ne maîtrise pas. La technique n'est pas pour Nietzsche un « arraisonnement » dénaturé de la réalité comme le veut Heidegger[3]. Une machine qui peut exploser n'est pas un artefact s'opposant à la vie, elle est l'expression de la force vitale de la volonté de puissance. Elle est la vie même, dans

1. Lettre à Heinrich Köselitz, 14 août 1881 (BVN-1881,136).
2. NF-1885,36[31].
3. Voir Heidegger, « Die Frage nach der Technik », *op. cit.*, p. 20.

son caractère effréné et parfois autodestructeur. La machine peut exploser, de manière imprévisible, la dynamite tuer celui qui la pose. Loin de contrôler, d'aseptiser la nature, la technique, en révélant des forces monstrueuses et incontrôlables, poursuit l'œuvre dionysiaque de la nature et de l'homme.

Nous n'avons que très peu d'indices sur ce que Nietzsche pensait de la technique en tant que telle. Son monisme et son anthropologie naturalistes nous indiquent cependant que dans la mesure où il ne conçoit pas l'homme comme un être s'opposant à la nature (il n'oppose ni le corps et l'« esprit », ni la nature et la culture), le philosophe ne semble pouvoir concevoir la technique en elle-même comme tournée contre la nature. Il demeure possible que des techniques soient instrumentalisées à des fins antinaturelles par des idéaux moraux nihilistes mais, en soi, la technique n'est pas un pouvoir antinaturel au service d'un homme tourné contre la nature. L'homme et la technique sont au service de la vie.

En esquissant la théorie des quanta sur l'île de Helgoland, Heisenberg n'a pas définitivement placé la réalité sous notre contrôle, mais a au contraire ouvert un abîme que tout le TNT du monde ne saurait jamais combler. Plus encore qu'Einstein avec la théorie de la relativité, il a fait exploser la mécanique classique. Soufflant les ratiocinations des esprits chagrins qui, aujourd'hui encore, accusent la science de vouloir entièrement soumettre et aliéner la nature, il a définitivement établi que la physique ne pouvait décrire le monde tel qu'il est, mais juste décrire ce que nous savons du monde[1].

Pour Nietzsche, la technique ne s'oppose pas à la vie. Elle n'est qu'une expression supplémentaire du pouvoir

1. Carlo Rovelli, *Helgoland*, *op. cit.*, p. 85.

de la nature. Il est égal à Nietzsche de se comparer à un animal (le lion), à une force naturelle déifiée (Dionysos) ou à une invention technologique (la dynamite), car les trois expriment de la même manière la réalité ; les trois sont *Wille zur Macht*, volonté *de puissance*[1]. La dynamite, innovation majeure de son époque, n'est pas rejetée, ni pour son aspect technologique, ni pour son aspect dangereux. Elle est utilisée, assimilée en tant qu'elle exprime un pouvoir de la nature. La dynamite ne nous coupe pas de la nature, elle est nature, elle est corps. Tout comme Nietzsche, la dynamite est volonté de puissance.

1. Le mot dynamite est issu du grec *dynamis* signifiant en français « puissance » ou « pouvoir », deux concepts désignés en allemand par le même mot : *Macht*.

CHAPITRE 4

Nietzsche et l'électricité. En quête de l'éclair de la grande santé

Guillaume Métayer

Au commencement était le vers. C'est pourquoi la première idée de l'électricité que puisse avoir un lecteur de Nietzsche sera certainement moins technique que naturelle. Elle concerne les innombrables apparitions de la foudre dans la poésie du philosophe. Cette présence du phénomène naturel penche du côté d'un usage de l'électricité qui serait plus topique, inscrit dans la grande tradition romantique, que scientifique. Sans doute peut-on même y percevoir une tendance anti-technique dont le vers de Nietzsche serait porteur, à mi-chemin, si l'on veut, entre Hölderlin et Heidegger. Cette importance de la foudre contraste avec la présence discrète de l'électricité (une petite trentaine d'occurrences du sème *elektr-*, une fois Elektra – Électre – retranchée[1]), alors même que le lien entre le phénomène naturel et son utilisation pratique existe fortement dans la mémoire collective, tout particulièrement à travers le récit de sa découverte par Benjamin Franklin et son célèbre cerf-volant, son *Drachen* – dragon, en allemand. Franklin n'apparaît pourtant pas chez Nietzsche, sinon implicitement dans les notes qu'il avait

1. Sur *nietzschesource.org*, c'est-à-dire sans prendre en compte les écrits de jeunesse.

prises jeune homme sur le Voltaire de Hermann Hettner[1]. La jonction, toute pragmatique, entre le déchaînement de l'orage et son terrestre usage, ce geste symbole qui incarne le passage de l'éclair aux Lumières, ne semble pas présent dans l'œuvre du philosophe. Dans un seul cas, l'électricité sert à créer un vrai court-circuit historique qui est en même temps une opération de résurrection toute technique. Grâce à un conducteur, Nietzsche tente une opération de transfert des bien nommées Lumières de la fin du XVIIIe siècle, celles de la mort de Voltaire en 1778, aux « nouvelles libertés de l'esprit » de *Choses humaines, trop humaines*[2]. Sinon, les forces naturelles de la foudre n'ont pas été converties, à la faveur d'une image d'Épinal, en énergie réutilisable, calculable, exploitable. Le romantisme de sa poésie aurait-il clivé les images pour refuser leur usage ? Sans doute mais l'éclair n'en fait pas moins, dans ses vers, l'objet d'une élaboration

1. À travers l'expression « *God and liberty* » reprise de Hermann Hettner, *Geschichte der französischen Literatur im achtzehnten Jahrhundert*, Braunschweig, Friedrich Vieweg und Sohn, 1860 (BN), p. 137 ; l'historien de la littérature cite bien le nom de Franklin, absent de la prise de notes de Nietzsche. Voir leur première transcription – en traduction française – dans Guillaume Métayer, « Un manuscrit du jeune Nietzsche sur Voltaire », *Revue d'Histoire littéraire de la France*, 2002, 102 (1), p. 115-122, repris dans Guillaume Métayer, *Nietzsche et Voltaire. De la liberté de l'esprit et de la civilisation*, préf. Marc Fumaroli, Paris, Flammarion, 2011. La version de F. Nietzsche, *Nachgelassene Aufzeichnungen : Herbst 1862 – Sommer 1864*, éd. Johann Figl, Hans Gerald Hödl, Berlin, De Gruyter, 2006, est émaillée d'erreurs, notamment dans la retranscription des noms propres français (« Sanfray » [*sic*] pour Lanfrey et « Ménage et Tinances [*sic*] » pour « Finances », p. 215 ; « l'histoire de Jeanlalas [*sic*] » pour Jean Calas, p. 218, etc.).

2. Voir l'épilogue non retenu de MA, NF-1877,24[10] : « tendre par-dessus tout un siècle un pont électrique, menant d'une chambre mortuaire à celle qui sera le berceau de nouvelles libertés de l'esprit » [*ein elektrisches Band über ein Jahrhundert hin zu spannen, aus einem Sterbezimmer heraus bis in die Geburtskammer neuer Freiheiten des Geistes*].

métaphorique qui confine au philosophique. Ainsi, dans l'une des rares didascalies – au second degré – de cette œuvre qui a fait l'éloge de la scène sans la pratiquer, le passage d'un avant à un après, l'épiphanie de la figure divine centrale de sa philosophie, Dionysos, est symbolisé par le surgissement d'un éclair : « Un éclair. Dionysos devient visible dans une beauté d'émeraude[1] ». Telle la dynamite qui le fascine, l'éclair est pensé comme le résultat d'une longue attente car l'aboutissement d'une lente charge éclatant, de manière soudaine, en une grande violence[2] volontiers tournée vers des adversaires caractérisés, *a contrario*, par leur pleutrerie[3] :

> Méfiant, pestant, chagrin,
> un long guetteur –,
> mais soudain, *un éclair*,
> clair, effrayant, un coup
> vers le ciel depuis l'abîme :
> – jusqu'aux entrailles de la montagne
> en ont été secouées...
> Où haine et *foudre*
> sont une fois advenues, une malédiction –
> sur les montagnes loge à présent la colère de Zarathoustra,

1. [*Ein Blitz. Dionysos wird in smaragdener Schönheit sichtbar.*] Voir Friedrich Nietzsche, *Poèmes complets*, éd., trad. et préf. Guillaume Métayer, Paris, Les Belles Lettres, « Bibliothèque allemande », 2019 [rééd. 2022], p. 70.

2. À ce sujet, je me permets de renvoyer à mon article « Nietzsche, puissance et violence. Portrait du philosophe en terroriste », *in* David Simonin (dir.), *Figures de la puissance dans la philosophie de Nietzsche*, Paris, Rue d'Ulm, 2023, p. 31-48.

3. Autre exemple de « coup » dans les derniers fragments poétiques posthumes, face au monde froid, craintif et feutré de l'université que Nietzsche a quitté : « Sont-ils froids, ces érudits ! / Puisse un foudre frapper leur repas ! / Qu'ils apprennent à bouffer du feu ! » [*Sind sie kalt, diese Gelehrten ! / Daß ein Blitz in ihre Speise schlüge ! / Daß sie lernten Feuer fressen !*] (NF-1888,20[98]), Nietzsche, *Poèmes complets*, *op. cit.*, p. 432.

en nuage d'orage il se fraie son chemin.
Que celui qui a sa dernière couverture se cache !
Au lit, bandes de tendrons !
À présent les tonnerres roulent au-dessus des voûtes,
tremble à présent tout ce qui est charpente et mur,
à présent sursautent *les éclairs* et les vérités jaune soufre[1] –. [je souligne]

La référence à la charge, thématisée par le début du poème sous la forme d'un long guet après un long couvage[2], montre l'ancrage scientifique de la métaphore, électrique malgré tout, de l'éclair. Signe des jeux de regard et de sens que Nietzsche multiplie avec la foudre, ces vers présentent sa fulgurance comme « un coup » inversé : « vers le ciel depuis l'abîme ». Cette *Umkehrung* est un hapax qui permet de lier expressément la vision nietzschéenne de la terre dynamitée au motif obsédant de la foudre. Le couple du nuage et de l'éclair figure, quant à lui, la menace de la vérité et sa puissance lumineuse :

— Silence !
Une vérité erre sur moi

1. « Renommée et éternité », *Dithyrambes de Dionysos*. Voir Nietzsche, *Poèmes complets*, *op. cit.*, p. 70. [*Misstrauisch, geschwürig, düster, / ein langer Lauerer –, / aber plötzlich, ein Blitz, / hell, furchtbar, ein Schlag / gen Himmel aus dem Abgrund : / – dem Berge selber schüttelt sich / das Eingeweide... / Wo Hass und Blitzstrahl / Eins ward, ein Fluch –, / auf den Bergen haust jetzt Zarathustra's Zorn, / eine Wetterwolke schleicht er seines Wegs. / Verkrieche sich, wer eine letzte Decke hat ! / Ins Bett mit euch, ihr Zärtlinge ! / Nun rollen Donner über die Gewölbe, / nun zittert, was Gebälk und Mauer ist, / nun zucken Blitze und schwefelgelbe Wahrheiten –.*]

2. Le poème commence ainsi : « Depuis combien de temps es-tu assis / sur ton infortune ? / Prends garde ! Tu me couves encore / un œuf, / un œuf de basilic, / né de ta longue plainte. / Pourquoi Zarathoustra se faufile-t-il le long de la montagne ? – » (*ibid.*).

pareille à un nuage, –
elle m'atteint de foudres invisibles[1].

Ailleurs, par exemple dans la série de distiques mise au service de la dualité de « Pin et éclair » (« *Pinie und Blitz* »), le feu du ciel imminent tombera bien de haut en bas, pour sanctionner, à la fin du poème, l'arbre grandi trop seul et trop haut [*Zu einsam wuchs ich und zu hoch*], comme une réécriture romantique de la fable « Le chêne et le roseau » de La Fontaine, ou, plus vraisemblablement peut-être « Le roseau et l'olivier » grec originel d'Ésope :

Trop près de moi les nues ont leur repaire :
J'attends le premier éclair[2].

L'attente, figure de la charge, est habilement mise en scène suivant la tradition épigrammatique redéfinie par Lessing, en une énigme – ici une question – [*Ich warte : worauf wart' ich doch ?*] qui reçoit sa résolution dans la pointe finale [*Ich warte auf den ersten Blitz*][3]. Le dispositif métaphorique fait de l'électricité le lien létal entre la plus grande hauteur terrestre et le ciel, c'est-à-dire qu'elle souligne le danger qui menace le « lyrisme ascensionnel[4] » et, plus généralement,

1. « De la pauvreté du plus riche » / « *Von der Armut des Reichsten.* » : « *– Still ! / Eine Wahrheit wandelt über mir / einer Wolke gleich, – / mit unsichtbaren Blitzen trifft sie mich* », *ibid.*, p. 76.

2. [*Zu nah ist mir der Wolken Sitz, – / Ich warte auf den ersten Blitz*], NF-1882,3[2]. Voir Nietzsche, *Poèmes complets*, *op. cit.*, p. 369.

3. Sur les enjeux historiques, esthétiques et philosophiques de l'épigramme nietzschéenne, je me permets de renvoyer à mon article : « Nietzsche poète du Gai savoir, ou la folie de l'épigramme. À propos d'une traduction récente », *Études germaniques*, 2012, 266 (2), p. 333-350.

4. Voir Gaston Bachelard, « Nietzsche et le psychisme ascensionnel », *L'Air et les Songes*, Paris, José Corti, 1943, p. 146-185.

tout accroissement de puissance conduisant au passage d'un seuil, au franchissement inhérent au préfixe *über* de l'*Übermensch*, indissociable d'un péril. Paradoxalement, la décharge électrique du nuage constitue la réponse du ciel – inversée encore, en ce sens – à la croissance de l'arbre.

Parfois, comme dans ce quatrain dédicace particulièrement réussi d'*Aurore* au musicien Bungert, Nietzsche associe la charge du nuage à l'éclair qui va en jaillir – cette fois la chute n'épouse pas topiquement l'impact de la foudre mais elle porte sur le consentement à une longue attente dans le nécessaire état gazeux, nébuleux, avant l'illumination :

> Qui porte un profond message,
> Doit savoir longtemps se taire
> Qui un jour allumera l'éclair
> Doit longtemps – être nuage[1].

Souvent, le couple dynamique, moins complexe, relie plus simplement tonnerre et éclair :

> ne te méprends pas !
> Il rit bien
> comme un éclair :
> mais derrière
> gronde la colère de son long tonnerre[2].

Cette fois, c'est un autre type d'inversion – ou de métamorphose – qui est mise en lumière, celle qui, dans la nature, retourne le grondement sourd de l'orage en

1. Dédicace à August Bungert sur un exemplaire d'*Aurore*, 14 mars 1883, BVN-1883,388a. [*Wer viel einst zu verkünden hat, / Schweigt viel in sich hinein : / Wer einst den Blitz zu zünden hat, / Muss lange – Wolke sein*], *in* Nietzsche, *Poèmes complets*, *op. cit.*, p. 371.

2. NF-1888,20[21]. [*verkennt ihn nicht ! / Wohl lacht er / wie ein Blitz : / aber hinterdrein / grollt zornig sein langer Donner*], *ibid.*, p. 413.

cinglement lumineux de la foudre, permettant, sous la plume de Nietzsche, de représenter l'opposition entre murmure et rire. La métaphore de l'électricité naturelle permet ainsi de formaliser les renversements propres à sa philosophie, dont le jeu de bascule du dionysiaque et de l'apollinien constitue l'incarnation matricielle. Plus que l'aspect scientifique, c'est donc la richesse polygonale de l'image poétique, mise au service de l'opulence de sa métaphorique philosophique, qui semble arrêter Nietzsche, et la violence de la foudre plus que l'utilité de l'électricité :

> ma sagesse devint un éclair ;
> de son épée diamantine elle me dissipa toute ténèbre[1] !

Épée de la sagesse, la foudre est aussi parfois le fouet du vent, le mistral admiré :

> Quand sur le dos de tes coursiers
> Comme un éclair ton fouet jaillit[2] –

La puissance destructrice de la foudre sert aussi à Nietzsche à figurer des regards martiaux, par exemple dans « Dernière volonté », jouant sur l'homophonie de *Blitze* (éclairs) et *Blicke* (regards) :

> Mourir ainsi,
> comme je le vis mourir jadis –,
> l'ami, qui coups de foudre, coups d'œil

1. NF-1888,20[75]. [*ein Blitz wurde meine Weisheit ; / mit diamantenem Schwerte durchhieb sie mir jede Finsterniß*], *ibid.*, p. 426.
2. « Au mistral », « Chants du prince Aiglefin » [*Wenn sie auf der Rosse Rücken / Blitzesgleich die Geissel schlägt –*] : « An den Mistral », *Lieder des Prinzen Vogelfrei*], *ibid.*, p. 40.

divins jeta dans ma sombre jeunesse.
Vaillant et profond,
danseur dans la bataille[1] –

On retrouve la même image dans la « Plainte d'Ariane » :

Pourquoi regardes-tu à nouveau
jamais las de la torture humaine,
avec des yeux pleins d'éclairs divins et de joie maligne[2] ?

Dans ce fragment elle est associée, de façon moins topique, au trésor gardé par quelque Fafner :

Yeux lents,
qui aiment rarement :
mais s'ils aiment, s'élèvent des éclairs
comme de mines d'or,
où un dragon veille sur l'amour[3]...

Cette richesse s'enracine dans un imaginaire de la nature à l'œuvre depuis les poèmes de jeunesse, où l'isotopie électrique est surtout peinture romantique de l'orage et du paysage. Les exemples en sont innombrables, depuis la « Tempête [*Gewitter*] » des fragments de début 1856 à janvier 1857[4] jusqu'à l'étrange poème rituel inachevé au dieu Wotan :

1. « Letzter Wille ». [*So sterben, / wie ich ihn einst sterben sah –, / den Freund, der Blitze und Blicke / göttlich in meine dunkle Jugend warf. / Muthwillig und tief, / in der Schlacht ein Tänzer –* », *ibid.*, p. 59.

2. [*Was blickst du wieder / der Menschen-Qual nicht müde, / mit schadenfrohen Götter-Blitz-Augen ?*], *ibid.*, p. 67. Dans ce même poème, il est question d'un « éteignoir-d'éclair » [*Blitz-Verhüllter*] qui montre bien l'importance de cette imagerie philosophique (*ibid.*, p. 69).

3. NF-1888,20[61]. [*Langsame Augen, / welche selten lieben : / aber wenn sie lieben, blitzt es herauf wie aus Goldschächten, / wo ein Drache am Hort der Liebe wacht*], *ibid.*, p. 423.

4. *Ibid.*, p. 94.

Quand les nuages sombres sombrement s'agglomèrent
et que des foudres tressaillent lumineuses et que
des tonnerres en rage éclatent[1]

Bien sûr, cette imagerie se retrouve dans la prose philosophique de Nietzsche, par exemple dans *Schopenhauer éducateur* dans une écriture épigrammatique du même ordre : « Mais voyons ce qui naît de tous ces nuages amoncelés – ce n'est certes pas l'éclair[2] ! »

Sans surprise, cette élaboration poétique apparaît aussi dans cet entre-deux entre prose philosophique et poétique qu'est *Ainsi parlait Zarathoustra*. Le plus frappant est peut-être le chapitre « De l'arbre sur la montagne » [« *Vom Baum*

1. NF-1859,6[53]. [*Wenn düstere Wolken sich düster zusammenballen / und zukenden Blitze leuchten und / wüthende Donner krachen, so war auch*], *in ibid.*, p. 225. Voir aussi janvier-septembre 1858 où la foudre est encore l'attribut d'un Dieu rémunérateur et vengeur (« Dans le feu de l'éclair porte au pécheur l'effroi » [*In Blitzesflammen er den Sünder schrecket*], p. 165.), ou janvier-septembre 1858 (« Et les jours de son tout jeune âge / Défilent devant ses regards / Que la sombre nuée d'orage / À coups d'éclairs lui déchira » [*Und der frühen Jugend Tage / Zeigen sich vor seinen Blicken / Die die dunkle Wetterwolke / Ihn entriß mit Blitzeszücken*], 1858,4[56Z], *ibid.*, p. 185, ou encore le cauchemar d'une tempête d'où le narrateur s'éveille : « Les nuées [...] / Se contractent de colère / Et lancent les flammes de leurs éclairs / Vers ici-bas, et le ciel pleure » [*Die Wolken [...] / Sie ballen sich im Zorn zusammen / Und senden ihrer Blitze Flammen / Hernieder u. der Himmel weint*], 1859,6[29], *ibid.*, p. 216 ; un peu plus tard, bien avant la mélancolie et l'Amazone de 1871, Nietzsche évoque une « reine » « Assembleuse de nues et lanceuse d'éclairs » [*Wolkenauftürmende Blitzeentstehende*], la crainte de l'abandon du tout-puissant face au tressaillement de ces « flammes acérées » [*hinzukenden Flammen*] et la « menace » [*Dröhnen*] du tonnerre [*Donner*], 1859,6[37], *ibid.*, p. 220.

2. SE-4. *In* Friedrich Nietzsche, *Œuvres philosophiques complètes. Considérations inactuelles*, III et IV, trad. Henri-Alexis Baatsch, Paris, Gallimard, NRF, 1988, p. 47 [*Nun sehe man aber darauf hin, was aus alle diesem angesammelten Gewölk entsteht – gewiss kein Blitz !*].

am Berge »] du premier livre, qui reprend presque mot pour mot les distiques de « *Pinie und Blitz* » :

> Cet arbre se dresse là, solitaire, sur la montagne ; il a poussé bien au-dessus des hommes et des animaux.
> Et s'il voulait parler, il n'aurait personne qui le comprenne : tant il a poussé haut.
> Il attend et attend – que peut-il attendre ? Il séjourne trop près du siège des nuages : attend-il vraiment le premier éclair[1] ?

Du reste, dès la 3e partie du « discours préliminaire », il était précisé que le suprahumain est « cet éclair » (« qui vous lèche de sa langue[2] »), ce qui est confirmé par la 4e partie (« cet éclair s'appelle le suprahumain[3] »), qui précise que Zarathoustra n'en est que l'annonciateur comme « une lourde goutte tombée du nuage ». Finalement, la 7e partie du *Vorrede* ramasse l'image à l'aide d'une métaphore maxima : « *der Übermensch, der Blitz aus der dunklen Wolke Mensch* » (« Le Suprahumain, l'éclair du sombre nuage Homme[4] »), ce qui suggère que la question de la charge et de la détonation, métaphorisées dans le nuage et la foudre, trouve son incarnation la plus essentielle pour la philosophie de Nietzsche dans le passage de l'humain au suprahumain. Or, à ce moment-là, un aspect intéressant apparaît qui reprend ce qui, dans la

1. Friedrich Nietzsche, *Œuvres*, trad. Marc de Launay, Paris, Gallimard, « Bibliothèque de la Pléiade », 2023, vol. 3, p. 33. Za-I-Baum [*Dieser Baum steht einsam hier am Gebirge ; er wuchs hoch hinweg über Mensch und Thier. / Und wenn er reden wollte, er würde Niemanden haben, der ihn verstünde : so hoch wuchs er. / Nun wartet er und wartet, – worauf wartet er doch ? / Er wohnt dem Sitze der Wolken zu nahe : er wartet wohl auf den ersten Blitz ?*]. Cette ressemblance génétique n'a pas échappé au *Kommentar* de la KSA. Voir vol. 14, p. 288-289.
2. Za-I-Vorrede-3.
3. Za-I-Vorrede-4.
4. Za-I-Vorrede-7.

poésie, n'avait été exprimé que fugacement, par de simples adjectifs : la notion d'invisibilité ou d'insensibilité de l'électricité, des « foudres invisibles » dans « De la pauvreté du plus riche[1] » au fait que Dionysos devienne « visible » précisément après l'éclair[2] : « Mais je suis encore éloigné d'eux et mon sens ne parle pas à leurs sens[3] ». Du reste, le début de « *Vom Baum am Berge* » reprend le même thème :

> Si je voulais, maintenant, secouer cet arbre de mes mains, je n'y parviendrais pas.
> Mais le vent, que nous ne voyons pas, le malmène et le courbe à son gré. Ce sont des mains invisibles qui nous plient et nous malmènent le plus terriblement[4].

Or ce caractère d'invisibilité de l'électricité naturelle n'est pas une simple image poétique mais elle est l'une des pierres d'achoppement de la construction nietzschéenne de la relation du sujet et de l'objet. La première remarque sur ce point se trouve dans un fragment posthume de la fin 1876-été 1877 :

> *Une boule de courants électriques* qui s'inversent en certains points serait perçue comme quelque chose de matériel, comme *une* chose solide : et l'atome chimique est justement une telle figure, qui est circonscrite par les points finaux de différents mouvements[5].

1. DD-Armut.
2. Voir plus haut, p. 155.
3. Nietzsche, *Œuvres*, trad. de Launay, *op. cit.*, p. 13 [*Aber noch bin ich ihnen ferne, und mein Sinn redet nicht zu ihren Sinnen*].
4. Za-I-Baum, trad. de Launay, *op. cit.*, p. 32 [*Wenn ich diesen Baum da mit meinen Händen schütteln wollte, ich würde es nicht vermögen. Aber der Wind, den wir nicht sehen, der quält und biegt ihn, wohin er will. Wir werden am schlimmsten von unsichtbaren Händen gebogen und gequält*].
5. NF-1876,23[150] [*Ein Ball von elektrischen Strömungen, welche an bestimmten Punkten umkehren, würde sich als etwas Materielles, als ein*

Il s'agit pour Nietzsche de démontrer la manière dont la construction des objets – et singulièrement ici de « la matière » – obéit à un « préjugé ancestral profondément ancré », qui prête involontairement aux « points de résistance » ressentis des qualités imaginaires de « plans continus opposés ». C'est là le premier brouillon d'une réflexion qui fait de l'électricité le cœur d'une démonstration par l'absurde de ce que la construction des objets doit aux inductions spontanées et erronées de la perception humaine. L'année 1881 semble, à cet égard, particulièrement riche :

> Nous ne pouvons comprendre que des processus intellectuels : donc, ne comprendre de la matière que ce qui en devient *visible*, *audible*, *palpable* – *peut* le devenir ! c'est-à-dire nous ne comprenons que *nos propres* modifications qui se produisent dans la vision, l'audition, le toucher. Ce pour quoi nous n'avons pas de *sens n'*existe *pas* pour nous – mais ce n'est pas une raison pour que le monde se termine là. Électricité – par exemple, nos sens très faiblement développés. De même d'une passion, d'une impulsion ne comprenons-nous rien que le processus *intellectuel* – non pas le physiologique, l'essentiel, mais la faible part de sensation qui l'accompagne. Réduire *tout* en volonté – fort naïf retournement ! – alors bien sûr, tout serait plus intelligible ! Mais cela c'était depuis toujours la tendance à tout RÉDUIRE à un processus intellectuel ou sensible – par exemple à des fins, etc[1].

---

festes Ding anfühlen : und das chemische Atom ist ja eine solche Figur, welche von den Endpunkten verschiedener Bewegungen umschrieben wird].

1. Nietzsche, *Le Gai Savoir. Fragments posthumes été 1881 – été 1882*, trad. Pierre Klossowski. Édition revue, corrigée et augmentée par Marc de Launay, Gallimard, NRF, 1982, p. 340-341. NF-1881,11[75]. [*Wir können nur intellektuelle Vorgänge begreifen : also an der Materie das, was* sichtbar hörbar fühlbar *wird – werden* kann *! d.h. wir begreifen* unsere *Veränderungen im Sehen, Hören, Fühlen, welche dabei entstehen. Wofür wir keine* Sinne *haben, [das] existirt für uns* nicht *– aber deshalb braucht*

Malgré son invisibilité et son caractère inorganique, l'électricité fait partie de nos déterminations : « L'inorganique nous *conditionne* totalement : l'eau, l'air, le sol, la configuration du terrain, l'électricité, etc. Nous sommes des plantes dans de telles conditions[1]. » Nietzsche pousse la réflexion plus loin encore, toujours à partir d'une électricité soit invisible, soit incorrectement perçue car assimilée à n'importe quel autre stimulus extérieur, cette fois par un organisme primaire qu'il évoque souvent, le protoplasma, et qui fonde – de l'extérieur, par le caractère obtus de la perception de l'objet elle-même – le préjugé de l'identité du sujet :

> Pour qu'il puisse seulement y avoir un *sujet*, il faut qu'il existe quelque chose de persistant et de même beaucoup d'identité et de similitude. *Ce qui est absolument différent* dans le changement perpétuel ne serait point maintenable, ne se maintiendrait à rien et s'écoulerait comme la pluie sur les pierres. Et sans quelque chose de persistant il n'y aurait point de miroir dans lequel se puisse montrer une juxtaposition et une succession : le miroir suppose bien quelque persistance. Or, voici ce que je pense : le sujet pourrait se former à mesure que se formerait l'erreur du Même, par exemple lorsqu'un protoplasme ne reçoit qu'une seule excitation provoquée par différentes forces (lumière, électricité, pression, etc.) et d'une seule excitation conclut à l'identité des causes : *ou lorsqu'il*

die Welt nicht zu Ende zu sein. Elektricität – z.B. unser Sinn sehr schwach entwickelt. – Auch an einer Leidenschaft, einem Triebe begreifen wir nur den intellektuellen *Vorgang daran – nicht das physiologische, wesentliche, sondern das Bischen Empfindung dabei.* Alles *zu Willen aufzulösen – sehr naive Verdrehung ! – da freilich wäre alles verständlicher ! Das war aber immer die Tendenz, alles in einen intellektuellen oder empfindenden Vorgang zu* ***reduziren*** *– z.B. auf Zwecke usw.*]

1. *Ibid.*, p. 392. NF-1881,11[210]. [*Das Unorganische* bedingt *uns ganz und gar : Wasser Luft Boden Bodengestalt Elektricität usw. Wir sind Pflanzen unter solchen Bedingungen.*]

n'est susceptible que d'une excitation éprouvant tout ce qui en diffère comme identique – et c'est sans doute ainsi que cela se passe dans l'organisme du degré le plus bas. D'abord naît la croyance à la persistance et à l'identité hors de nous – et ce n'est qu'ultérieurement, pour nous être longuement exercés au contact de cet *en-dehors-de-nous*, que nous arrivons à nous concevoir *nous-mêmes* en tant que *quelque chose de persistant et d'identique à soi-même*, d'absolu. *La croyance* (le jugement) se serait ainsi formée ANTÉRIEUREMENT à la conscience de soi : durant le processus d'*assimilation* de l'organique cette croyance existe déjà – c'est-à-dire cette *erreur* ! – Là est le mystère : comment l'organique en est-il venu à juger ce qui est identique, semblable, persistant ? Le plaisir et l'aversion ne sont que *consécutifs* à ce jugement et à son incorporation, ils présupposent par eux-mêmes les habituelles excitations de la nutrition à partir de l'identique et du semblable[1] !

1. *Ibid.*, p. 410. NF-1881,11[268]. [*Damit es überhaupt ein* Subjekt *geben könne, muß ein Beharrendes da sein und ebenfalls viele Gleichheit und Ähnlichkeit da sein.* Das unbedingt Verschiedene *im fortwährenden Wechsel wäre nicht festzuhalten, an nichts festhaltbar, es flösse ab wie der Regen vom Steine. Und ohne ein Beharrendes wäre gar kein Spiegel da, worauf sich ein Neben- und Nacheinander zeigen könnte : der Spiegel setzt schon etwas Beharrendes voraus. – Nun aber glaube ich : das Subjekt könnte entstehen, indem der Irrthum des Gleichen entsteht z.B. wenn ein Protoplasma von verschiedenen Kräften (Licht Elektricität Druck) immer nur Einen Reiz empfängt und nach dem Einen Reiz auf Gleichheit der Ursachen schließt : oder überhaupt* nur Eines Reizes fähig ist und Alles Andere als Gleich empfindet – *und so muß es wohl im Organischen der tiefsten Stufe zugehen. Zuerst entsteht der Glaube an das Beharren und die Gleichheit* außer uns – *und später erst fassen wir* uns selber *nach der ungeheuren Einübung am Außer-uns als ein* Beharrendes und Sich-selber-Gleiches, *als Unbedingtes auf.* Der Glaube *(das Urtheil) müßte also entstanden sein* **vor** *dem Selbst-Bewußtsein : in dem Prozeß der* Assimilation *des Organischen ist dieser Glaube schon da – d.h. dieser* Irrthum *! – Dies ist das Geheimniß : wie kam das Organische zum Urtheil des Gleichen und Ähnlichen und Beharrenden ? Lust und Unlust sind erst* Folgen *dieses Urtheils und seiner Einverleibung, sie setzen schon die gewohnten Reize der Ernährung aus dem Gleichen und Ähnlichen voraus !*]

L'invisibilité du « courant électrique » est encore mentionnée par Nietzsche l'année suivante, toujours pour décrire la complexité du sujet :

> Le *moi* contient également une *pluralité* d'êtres (comme dans un troupeau), ce qui n'est pas contradictoire. Aussi comme majorité des *forces*. Parfois *faisant une pause – invisibles*, comme le courant électrique[1].

Quand, quelques années plus tard, en 1885, la référence à l'électricité reparaît, c'est toujours pour développer une démonstration par l'absurde de la construction subjective de l'objet. Seule différence, cette fois l'électricité de l'objet n'est pas seulement invisible mais plus généralement en dehors de notre aperception [*welche wir nicht wahrnehmen*] :

> Une chose = ses propriétés = mais celles-ci sont identiques à tout ce qui *nous concerne* dans cette chose : une unité sous laquelle nous regroupons les relations qui nous *intéressent*. En substance, les changements que nous *percevons* (à l'exception de ceux que nous ne percevons pas, par exemple son électricité). En résumé : un objet est la somme des *inhibitions* expérimentées dont nous avons pris *conscience*. Une propriété exprime donc toujours quelque chose d'« utile » ou de « nuisible » pour nous[2].

1. NF-1882,4[189]. [*Das* Ich *enthält auch eine* Mehrzahl *von Wesen (wie in der Heerde) kein Widerspruch. Ebenso als Mehrheit von* Kräften. *Mitunter* pausirend – unsichtbar, *wie der Strom der Elektricität.*]

2. NF-1885,2[77]. [*Ein Ding = seine Eigenschaften = diese aber gleich allem, was* uns *an diesem Dinge* angeht : *eine Einheit, unter der wir die für uns in* Betracht kommenden *Relationen zusammenfassen. Im Grunde die an uns* wahrgenommenen *Veränderungen (– ausgelassen die, welche wir nicht wahrnehmen z.B. seine Elektrizität). In summa : Objekt ist die Summe der erfahrenen* Hemmungen, *die uns* bewußt *geworden sind. Eine Eigenschaft drückt also immer etwas von „nützlich" oder „schädlich" für uns aus.*]

L'électricité contribue bien à la description du caractère grossier de notre relation au monde qui nous entoure, fondée sur l'utilitarisme des sens (« *nützlich* », « *unnützlich* »). L'idée est martelée encore dans ce fragment de la même époque, qui fait un pas de plus encore dans la question du Sujet, au point d'ériger l'électricité insensible en pivot d'une démonstration de la contingence de la conscience :

> Nos perceptions, telles que nous les comprenons : càd. la somme de toutes *les* perceptions dont la *venue à la conscience* a été utile et essentielle pour nous et pour tout le processus organique qui nous a précédés : ce n'est donc pas l'ensemble des perceptions en général (par ex., pas les perceptions électriques). Cela veut dire : nous n'avons de *sens* que pour un choix de perceptions – celles dont nous devons tenir compte pour subsister. *La conscience n'existe que dans la mesure où la conscience est utile*[1].

Certes, quelques années plus tôt, pendant la grande année de réflexion sur ces phénomènes, l'idée d'une perception de l'électricité avait été effleurée par Nietzsche :

> *cf.* Analyse de [la] r[éalité]
>
> Nous pouvons *ressentir* le même mouvement en tant que son, couleur, chaleur, électricité. C'est notre *sensation* qui donne aux qualités des choses tant de coloris et de diversité. En vérité, tout pourrait être autre et beaucoup plus simple !

1. *Fragments posthumes. Automne 1885 – automne 1886*, trad. Julien Hervier, Paris, Gallimard, 1978, p. 114. NF-1885,2[95]. [*Unsere Wahrnehmungen, wie wir sie verstehen : d.i. die Summe aller* der *Wahrnehmungen, deren* Bewußtwerden *uns und dem ganzen organischen Prozesse vor uns nützlich und wesentlich war : also nicht alle Wahrnehmungen überhaupt (z.B. nicht die elektrischen) Das heißt : wir haben* Sinne *nur für eine Auswahl von Wahrnehmungen – solcher, an denen uns gelegen sein muß, um uns zu erhalten.* Bewußtsein ist so weit da, als Bewußtsein nützlich ist.]

> Comme nous distinguons entre le rouge et le bleu, comme ces tons agissent différemment sur notre affectivité, notamment celle des aliénés[1] !

Rien là de surprenant car le philosophe a commencé à tenir un discours sur l'électricité atmosphérique qui fait le lien entre sa vision poétique, son approche philosophique et le souci climatique et météorologique lié à sa propre santé. Il écrit ainsi à son ami Köselitz le 23 juin 1881 :

> Il est *difficile* pour mon tempérament de trouver sur les hauteurs et dans les vallées ce qui lui convient ; au fond, je *tâtonne* et des facteurs entrent en jeu, qui ne se laissent pas rigoureusement définir (par exemple l'électricité des nuages qui passent et l'action des vents : je suis persuadé que quatre-vingts fois sur cent, c'est à *ces* influences que je dois mes tortures)[2].

Les réflexions d'épistémologie du sujet sur les causes inaperçues – l'électricité en tête – s'inscrivent dans la symptomatologie du malade que son corps fragile rend nomade. Nietzsche développe semblablement pour sa sœur, quelques jours plus tard, cette théorie d'une cause à la fois extérieure

1. Nietzsche, *Œuvres philosophiques complètes, Le Gai Savoir, op. cit.*, p. 398. NF-1881,11[236]. [*v. Analysis d[er] W[irklichkeit] / Wir können dieselbe Bewegung als Ton Farbe Wärme Elektricität* empfinden. *Die* Empfindung *macht die Eigenschaften der Dinge für uns so bunt und mannigfaltig. In Wahrheit könnte alles viel einfacher und anders sein ! Wie unterscheiden wir zwischen roth und blau, wie wirkt es anders auf das Gemüth, nam[entlich] von Irren !*]

2. Friedrich Nietzsche, *Correspondance*, vol. IV, trad. Jean Lacoste, Paris, Gallimard, 2015, p. 103. Lettre à Heinrich Köselitz du 23 juin 1881, BVN-1881,119. [*Es ist* schwer *für meine Natur das Rechte in der Höhe und Tiefe zu finden, im Grunde ist es ein* Tasten, *es sind Faktoren dabei, die sich nicht streng fassen lassen (z.B. die Elektricität der ziehenden Wolken und die Wirkungen der Winde : ich bin überzeugt, daß achtzigmal von 100 ich* diesen *Einflüssen meine Qualen zu danken habe.)*]

et toute personnelle, vraisemblable et presque occulte, de son mauvais état physique – les conditions « de l'électricité atmosphérique » :

> Mais maintenant, j'en suis réduit à expérimenter les endroits, la plupart me font périr – entrent en effet en considération des conditions qui ne sont décisives que pour ma constitution particulière (comme l'électricité atmosphérique) ; c'est en fonction de ces critères que je dois faire l'épreuve des différents endroits. Bâle, Naumburg, Genève, Baden-Baden, presque tous les lieux en montagne que je connais, Marienbad, les lacs italiens, etc. sont pour moi des lieux qui mettent ma vie en danger[1].

Ces observations, réitérées devant Overbeck, le conduisent à lui commander une traduction allemande de la *Météorologie* de Pierre Foissac, un livre saturé de considérations sur l'électricité[2] :

> (C'est à cause des terribles influences sur moi de l'électricité atmosphérique – elles vont me pousser à parcourir la Terre entière, il doit bien exister des lieux qui offrent à ma personne des conditions de vie plus favorables, par exemple les hauts plateaux du Mexique, du côté de l'océan Pacifique (la

1. Lettre à Elisabeth Nietzsche du 7 juillet 1881, BVN-1881,121 (*ibid.*, p. 104-105). [*Aber mit den Orten ist es jetzt bei mir ein reines Experimentiren, an den meisten gehe ich zu Grunde – es kommen Bedingungen in Betracht, die eben nur bei meiner Art von Natur so entscheidend sind (die der atmosphärischen Elektricität) ; darauf hin muß ich die Orte ausprobiren. Basel Naumburg Genf Baden-Baden, fast alle Gebirgsorte, die ich kenne, Marienbad, die italiänischen Seen u. s. w. sind Orte zum Zugrundegehen.*]

2. Pierre Foissac, *Meteorologie mit Rücksicht auf die Lehre vom Kosmos und in ihren Beziehungen zur Medicin und allgemeinen Gesundheitslehre. Ein von dem Institute zu Paris gekröntes Werk von P. Foissac Professor der Medicin an der medicinischen Facultät zu Paris, Ritter etc. Mit Zustimmung des Verfassers deutsch bearbeitet und mit Anmerkungen versehen von Dr. A. H. Emsmann Professor in Stettin*, Leipzig, O. Wigand, 1859 (BN).

colonie suisse de « Neubern »). Très, très, très torturé, jour après jour[1].

Un peu plus de deux semaines plus tard, Nietzsche rend compte de sa déception :

> Cette météorologie médicale, bien que couronnée par l'Académie, n'est malheureusement qu'une science dans l'enfance et ne fait qu'ajouter une douzaine de points d'interrogation à ma détresse personnelle. Peut-être en sait-on *aujourd'hui* davantage – j'aurais dû être à l'Exposition de Paris sur l'électricité, en partie pour y apprendre quelque chose de nouveau, et en partie comme objet d'exposition, car je rivalise avec les singes dans l'art de deviner les modifications électriques[2] et comme « prophète du temps » je suis probablement un « cas spécial »[3].

L'intérêt du philosophe pour ces phénomènes rencontre l'actualité puisque l'Exposition d'électricité à laquelle il fait référence, la première du genre, associée à un congrès

1. Lettre (carte postale) à Franz Overbeck, de Gênes, le 28 octobre 1881, BVN-1881,163 (*ibid.*, p. 143). [*(Es ist von wegen der fürchterlichen Einflüsse der atmosphärischen Elektrizität auf mich – sie werden mich noch auf der Erde herumtreiben, es muß bessere Bedingungen des Lebens für meine Natur geben. Z.B. in den Hochebenen Mexicos, auf der Seite des stillen Ozeans (schweizerische Colonie „Neu-Bern"). Sehr, sehr, sehr gequält, Tag um Tag.*]

2. Nous corrigeons la traduction de J. Lacoste qui marque « météorologiques » pour *elektrischen.*

3. Lettre à Franz Overbeck, de Gênes, le 14 novembre 1881, BVN-1881,167 (Nietzsche, *Correspondance*, *op. cit.*, p. 145-146). [*Diese medizinische Meteorologie, obschon von der Academie gekrönt, ist aber leider eine Wissenschaft in der Kindheit und für meine persönliche Noth eben nur ein Dutzend Fragezeichen mehr. Vielleicht weiß man* jetzt *mehr – ich hätte in Paris bei der Elektrizitäts-Ausstellung sein sollen, theils um das Neueste zu lernen, theils als Gegenstand der Ausstellung : denn als Witterer von elektrischen Veränderungen und sogenannter Wetter-Prophet nehme ich es mit den Affen auf und bin wahrscheinlich eine „Spezialität".*]

international de caractère scientifique et fréquentée par plus de 800 000 visiteurs, s'est tenue à Paris au palais de l'Industrie entre le 11 août 1881 et le 20 novembre 1881. La référence aux singes – y a-t-il trace de cet aspect dans *Zarathoustra* ? – provient peut-être des expériences électriques d'Eduard Hitzig sur le cerveau, évoquées par un fragment posthume : « *Hitzig Untersuchungen über das Gehirn Berlin 1874*[1] » et qui présente en effet l'article original de Hitzig et Fritsch sur la stimulation électrique du cortex frontal, incluant des expériences sur le chien, le singe et l'être humain[2].

Cette lettre fait ensuite référence aux travaux du collègue bâlois de Nietzsche, Eduard Hagenbach, dont sa bibliothèque conserve un ouvrage[3] :

> *Hagenbach* peut peut-être dire par quel vêtement (par quelles chaînes, quels anneaux, etc.) l'on peut le mieux se protéger de ces influences trop puissantes ? Je ne peux tout de même pas passer mon temps suspendu dans un hamac en soie ! Mieux vaut se pendre, et de manière radicale[4] !

1. NF-1882,1[99] [« Hitzig Recherches sur le cerveau »].
2. Voir Dr Eduard Hitzig, *Untersuchungen über das Gehirn, Abhandlungen physiologischen und pathologischen Inhalts*, Berlin, A. Hirschwald, 1874, en particulier le chapitre « Über äquivalente Regionen am Gehirn des Hundes, des Affen und des Menschen », p. 126-147. On notera que Hitzig est un disciple d'un savant qui a beaucoup intéressé Nietzsche, Emil Du Bois-Reymond, l'un des fondateurs de l'électrophysiologie. Sur certains aspects de cette rencontre, je me permets de renvoyer à nouveau à ma thèse, Métayer, *Nietzsche et Voltaire*, *op. cit.*, *passim.*
3. Eduard Hagenbach et Julius Piccard, *Festschrift zur Einweihung des Bernoullianums der Anstalt für Physik, Chemie und Astronomie in Basel am 2. Juni 1874, im Auftrag der Universitaetsregenz verfasst von Eduard Hagenbach, Professor der Physik und Julius Piccard, Professor der Chemie*, Bâle, C. Schultze (Universitätsbuchdruckerei), 1874 (BN).
4. BVN-1881,167, *op. cit.* Je retraduis.

Nietzsche vise peut-être ici les travaux de Hagenbach sur l'électricité qui, avant sa *Fortpflanzung der Elektrizität im Telegraphendraht*, de 1886, ont touché notamment l'électrodynamique[1]. Aucune de ces recherches, aucun de ces expédients ne semble toutefois faire effet. Il se plaint encore et toujours du même mal électrique, sensible le jour où la machine à écrire[2] s'est bloquée :

> La machine à écrire refuse depuis avant-hier de reprendre du service ; très mystérieux ! Tout est en ordre ! Mais *aucun* caractère n'est reconnaissable. – Plusieurs mauvais jours ! Ah, la maudite électricité des nuages ! Serais-je assez fou pour me rapprocher à nouveau des *montagnes* ? C'est pourtant la mer que je supporte le mieux. Mais quel est l'endroit au bord de la mer qui m'offre assez d'*ombre* ? *È una miseria*[3] !

Et de manière intéressante, lorsque Zarathoustra inverse cette malédiction nerveuse en joie de vivre, il le fait en même temps qu'il célèbre le mistral, tant en juin-juillet 1883...

> Le plaisir du vent mistral / du soc / de la hauteur / de la vie / du changement des saisons (anneau) Organique / du courant /

1. Eduard Hagenbach, « Untersuchung der Gramme'schen elektrodynamischen Maschine » (*Aus d.* Arch. d. sciences physiques etc. *1876, Märs, vom Hrn. Verf. mitgeteilt*) [« Recherche sur la machine électrodynamique de Gramme » (extrait des *Arch. D. sciences physiques*, etc. Mars 1876, communiqué par l'auteur)].

2. Voir le chapitre de Paolo D'Iorio dans ce volume, p. 205-251.

3. Lettre à Paul Rée du 23 mars 1882, BVN-1882,216 (Nietzsche, *Correspondance*, *op. cit.*, p. 191). [*Die Schreibmaschine verweigert seit vorgestern den Dienst ; ganz rätselhaft ! Alles ist in Ordnung ! aber* kein *Buchstabe ist zu erkennen. – Mehrere böse Tage ! Ach die verfluchte Wolken-Elektrizität ! Soll ich wirklich so verrückt sein, mich wieder den* Bergen *zu nähern ? Am Meere geht es mir doch am erträglichsten. Wo ist aber der Meer-Ort, der* Schatten *genug für mich hat ! È una miseria !*]

de l'aurore / du ciel pur / de l'électricité. / Le plaisir comme mère des douleurs[1].

... que plus tard lors du même été :

Zarathoustra dit « je suis / le plaisir » / du vent mistral / de l'électricité / de la hauteur / du changement des saisons (anneau) / du ciel pur / de l'aurore / du courant / de la vie organique / la soif du soleil pour [la] mer / le soc de la charrue[2].

Pourtant, Nietzsche n'en a pas fini avec l'électricité et la médecine. Une référence passée inaperçue dans son œuvre y revient ainsi à quelques reprises. Le *Nietzsche Kommentar*, ouvrage de référence, passe totalement sous silence l'allusion subtile que fait le philosophe à un certain type de cure dans *Aurore*. Voici ce qui est écrit en tout et pour tout concernant le § 376 où ce clin d'œil apparaît :

246, 9 *Beaucoup dormir*. La recette « *dormir beaucoup*, au sens propre et au sens figuré » (246, 13) renvoie à la nécessité d'un mode de vie sain, sur laquelle N. revient sans cesse en raison de son état de crise et surtout de sa fatigue souvent déplorée, due à un manque de sommeil : un « régime » au sens premier du terme. Suivant la tradition antique de l'exhortation à soi-même, il s'adresse à lui-même en ces termes : « mon cher mélancolique ». Dans une série d'aphorismes, N. réfléchit aux dangers de la mélancolie (*cf.* par exemple M 382, M 384),

1. NF-1883,10[42]. [*Lust des Windes Mistral / der Pflugschaar / der Höhe / des Lebens / des Jahreszeitenwechsels (Ring) Organisch / des Stroms / der Morgenröthe / des reinen Himmels / Elektrizität. / Lust als Mutter der Schmerzen.*]

2. NF-1883,13[24]. [*Zarathustra sagt „ich bin die Lust" des Windes Mistral der Elektrizität der Höhe des Jahreszeitenwechsels (Ring) des reinen Himmels der Morgenröthe des Stromes des organischen Lebens Durst der Sonne nach [dem] Meere Pflugschaar (als Überredung) Lebensweise : so sich zu nähren, daß wir uns nach unserem Bilde schaffen.*]

qui a toujours été considérée comme le destin des érudits (« *morbus litteratorum* ») et des génies (*cf.* NK M 14)[1].

Certes, le sommeil est central dans la philosophie de Nietzsche – cette note a, bien sûr, toute sa raison d'être, d'autant plus que « beaucoup dormir » donne son titre au texte. Toutefois, revenons à cet aphorisme d'*Aurore* :

> *Beaucoup dormir*. – Que faire pour se stimuler lorsque l'on est fatigué et dégoûté de soi ? L'un recommande la table de jeu, l'autre le christianisme, le troisième l'électricité. Mais le mieux, mon cher mélancolique, reste encore : *beaucoup dormir*, au sens propre et au sens figuré ! Ainsi, l'on retrouvera son matin ! Le tour d'adresse de l'art de vivre consiste à intercaler au bon moment le sommeil sous toutes ses formes[2].

Au fond, le thème, en tout cas le problème, de cet aphorisme n'est peut-être pas tant le sommeil que la fatigue, et surtout

1. Jochen Schmidt, *Kommentar zu Nietzsches Morgenröthe*, Berlin, Boston, De Gruyter, 2015, p. 353. [246, 9 Viel schlafen.*] Das Rezept „*viel schlafen, *eigentlich und uneigentlich" (246, 13) gilt der von N. aufgrund seiner eigenen krisenhaften Zustände und insbesondere aufgrund seiner vielfach beklagten Müdigkeit infolge mangelnden Schlafs immer wieder reflektierten Notwendigkeit einer zuträglichen Lebensweise : einer „Diät" im ursprünglichen Sinn des Worts. Der antiken Tradition der Selbstermahnung folgend redet er sich selbst an : „mein lieber Melancholiker". In einer Reihe von Aphorismen reflektiert N. die Gefahren der Melancholie (vgl. etwa M 382, M 384), die seit jeher als Schicksal des Gelehrten („morbus litteratorum") wie des Genies galt (vgl. NK M 14).*]

2. M-376, *in* Friedrich Nietzsche, *Œuvres complètes*, trad. Julien Hervier, Paris, Gallimard, 1980, p. 317. [Viel schlafen. – *Was thun, um sich anzuregen, wenn man müde und seiner selbst satt ist ? Der Eine empfiehlt die Spielbank, der Andere das Christenthum, der Dritte die Electricität. Das Beste aber, mein lieber Melancholiker, ist und bleibt :* viel schlafen, *eigentlich und uneigentlich ! So wird man auch seinen Morgen wieder haben ! Das Kunststück der Lebensweisheit ist, den Schlaf jeder Art zur rechten Zeit einzuschieben wissen.*]

l'idée d'une cure électrique n'est pas une invention fantaisiste ou quelque hyperbole loufoque du philosophe, mais une référence précise à une pratique et une doctrine existantes, celle d'un comte bolonais, dont Nietzsche possède l'ouvrage, en français, édité à Nice, dans sa bibliothèque : Cesare Mattei, *Électro-homéopathie. Principes d'une science nouvelle découverte par le comte César Mattei, de Bologne. Première édition française par l'inventeur*, Nice, E. Gauthier et C., 1879 (BN)[1].

Le philosophe s'est d'ailleurs ouvert à sa sœur sur sa tentative de suivre le traitement en question :

> Depuis samedi, une violente attaque, *intolérable*, dimanche alité toute la journée. La cure Mattei m'est bien connue. Je l'ai commencée à deux reprises, à Sorrente, puis à Genève, ce printemps, je transporte encore un *flacon* avec moi, dans le porte-monnaie. Mais c'est un traitement qui dure des *années*, il faut prendre une cuillerée pleine toutes les 15 minutes, *toute* la journée. J'ai lu à Bex le livre de C. M. – On ne peut s'approcher du lac Léman sans en entendre parler. Ah, chère Lisbeth, il y a un nombre infini de gens qui ont été *guéris* de leurs maux de tête grâce à *toutes sortes* de traitements. Cela ne prouve rien pour moi[2] ! –

Nietzsche n'est pas le seul sur lequel cette homéopathie, cette forme du « remède dans le mal » cher au Rousseau de

1. HAAB C 420.

2. Lettre (carte postale) à Elisabeth Nietzsche de Saint-Moritz, le 1er septembre 1879, BVN-1879,878 (Nietzsche, *Correspondance*, *op. cit.*, vol. III, p. 413). [*Seit Samstag* unausstehl[ich] *heftiger Anfall, Sonntag ganz zu Bett. – Mattei-Kur mir wohl bekannt. Schon zweimal angefangen, in Sorrent und dann in Genf, dieses Frühjahr, trage ein flacon noch im Porte-monnaie herum. Aber es ist eine Kur von* Jahren, *alle 15 Minuten den* ganzen *Tag über einen Löffel voll nehmen. Das Buch der C. M. las ich in Bex. – Man kann nicht in die Nähe des Genfersees kommen, ohne davon zu hören. Ach, liebe Lisbeth, Leute, die von Kopfschmerzen* geheilt *worden sind, giebt es Ungezählt-Viele, nach* allen *Kur-Methoden. Das beweist für mich nichts ! –*]

Jean Starobinski, ne s'est pas montrée efficace[1]. Il partage ce privilège avec un diable, et non des moindres : celui qui, à Ivan Karamazov, confesse souffrir de rhumatismes car „*satan sum, nihil humanum a me alienum puto*“ :

> — Quelle philosophie ? J'ai tout le côté droit paralysé ! Je ne puis que geindre. J'ai consulté toute la Faculté. Oh ! ils sont très-forts pour diagnostiquer sur la maladie ; mais guérir ? Ils ont un très-joli système : ils envoient le malade chez un spécialiste : nous autres, nous diagnostiquons, lui, il nous guérira [...]. J'ai recouru aux remèdes des bonnes femmes, mais un médecin allemand m'a conseillé de prendre un bain après m'être fait enduire de miel salé. J'ai suivi l'ordonnance en pure perte. En désespoir de cause, je m'adresse au comte Mateï, à Milan, il m'envoie une brochure et des globules... Que Dieu lui pardonne ! Enfin, c'est l'extrait de Hoff qui m'a guéri[2].

Certes, Nietzsche semble ne pas avoir lu ce texte, qui n'a paru en traduction française, par E. Halpérine-Kaminsky et Charles Morice, qu'en 1888. Pire, le comte Eugène Melchior de Voguë, l'auteur du *Roman russe* et introducteur décisif de cette littérature en France et, par-là, en Europe, médisait de ce roman. La rencontre n'est pas moins révélatrice d'un monde commun de valeurs et d'interrogations. Elle suggère que, contre toute attente, à part lorsqu'il parle de Heine[3],

1. Voir aussi NF-1888,14[2] « Homoeopathica / L'effet des doses infinitésimales est spécifique chez les malades nerveux : ego. » [*Homoeopathica / Die Wirkung von Infinitesimal-Dosen ist spezifisch bei Nervenkranken : ego.*]

2. Th. Dostoïevsky [*sic*], *Les Frères Karamazov*, traduit et adapté par E. Halpérine-Kaminsky et Ch. Morice, Paris, E. Plon, Nourrit et Cie, [1888], 2 vol. Ici chap. IX, « Le Diable – Hallucination d'Ivan Fiodorovitch », vol. 1, p. 206.

3. Voir NF-1873,27[29] : « Chez Hegel, le gris le plus insignifiant, chez Heine, le scintillement des jeux de couleurs électriques qui agressent

et point du tout pour évoquer son propre style, pourtant souvent perçu comme énergisant, voire électrisant, Nietzsche a surtout utilisé l'électricité comme une figure poétique et philosophique non seulement de la charge mais aussi de la fulguration soudaine, surgissement épiphanique aux causes invisibles, ainsi que celle, météorologique, sanitaire et épistémologique, d'une puissance qui pèse sur sa santé et qui témoigne, par l'absurde, de tout ce que nous interpolons grossièrement dans les choses, c'est-à-dire de tout ce que nous ignorons encore pour découvrir « la grande santé » philosophique.

---

terriblement les yeux, tout comme ce gris. Imaginez tout cela de manière mimique, chez Hegel et chez Heine. L'un est un facteur, l'autre un farceur » [*Bei Hegel das nichtswürdigste Grau, bei Heine das Schimmern der elektrischen Farbenspiele, die die Augen fürchterlich angreifen, wie auch jenes Grau. Denkt euch nur alles mimisch, bei Hegel und Heine. Jener ein factor, dieser ein farceur.*] Presque le même fragment : NF-1876,15[10]. [*Bei Hegel ist alles nichtswürdiges Grau, bei Heine electrisches Farbenspiel, das aber die Augen eben so fürchterlich angreift, als jenes Grau sie abstumpft. Hegel als Stilist ist ein factor, Heine ein Farceur.* –]

Chapitre 5

Machine et exploitation chez Nietzsche

Frédéric Porcher

En dépit d'un regard acéré sur son propre temps, Nietzsche ne semble pas avoir isolé la technique en tant que système ou forme spécifique de rationalité. Pour autant et contrairement à ce qu'on a pu soutenir[1], la technique n'est pas absente de sa pensée. De façon latérale, Nietzsche décrit et évalue les effets du développement de la technique moderne, concentrant notamment son attention sur le phénomène complexe de la culture, qu'il comprend comme « civilisation » mais aussi, et surtout, au sens intensif de formation de types humains. Autrement dit, la technique apparaît le plus souvent de façon « parathématique[2] » dans la philosophie de Nietzsche, ce qui veut dire qu'elle y est interrogée par le truchement d'autres phénomènes connexes comme la science et l'art, le travail et l'esclavage, la domination de la nature et la maîtrise de la terre. S'agissant de ces phénomènes, la présente étude entend approfondir un réseau conceptuel spécifique portant sur le rapport que

1. Par exemple : « la question de la technique semble tout simplement ne pas exister chez lui » (Alexis Philonenko, *Nietzsche. Le rire le tragique*, Paris, Librairie générale française, 1995, p. 7-8).

2. *Cf.* Ernst Oldemeyer, « Friedrich Nietzsche, Technik – eine Leerstelle in seinem Denken ? » *in Leben und Technik. Lebensphilosophische Positionen von Nietzsche zu Plessner*, Munich, Fink, 2007, p. 19-41.

Nietzsche établit entre la machine et la culture : par exemple, lorsqu'il caractérise notre civilisation moderne comme « la civilisation de la machine[1] » ou quand il assimile le type de l'homme moyen ou standard à un type machinal[2]. Dans ce contexte, nous verrons que le diagnostic nietzschéen n'est pas sans flirter avec celui de Marx dans la mesure où, loin de favoriser le progrès humain, la machine accélère en réalité l'exploitation de l'homme moderne devenu simple rouage impersonnel d'une société dominée par l'activité mécanique et absurde du travail sans fin. Mais, à la différence de Marx, le machinisme moderne réfère non seulement à un système économique global mais aussi à une forme d'existence et de civilisation que la machine permet là aussi d'exprimer et de comprendre. Tout se passe donc comme si la civilisation et ses institutions modernes avaient finalement transformé l'homme en machine et, ce faisant, abaissé le type de l'homme au statut d'« outil » ou d'« instrument » d'une société gaspillant, telle une grande machinerie, des forces innombrables sans véritablement parvenir à créer un sens et un but à son activité.

Afin d'approfondir les relations qui nouent la machine à la civilisation et l'exploitation, nous commençons par établir le double statut de la machine (I) avant de nous tourner vers les formes d'exploitation que Nietzsche dégage du modèle de la machine pour en produire une critique interne (II), laquelle culmine dans la notion de « machinalisation » de l'humanité (III).

1. WS-220 ; trad. P. Wotling, Paris, Flammarion, 2019.

2. NF-1887,10[11]. Sauf mention contraire, nous citons la traduction des œuvres complètes de Nietzsche dans la grande édition Giorgio Colli et Mazzino Montinari : Friedrich Nietzsche, *Œuvres philosophiques complètes*, Paris, Gallimard, 1968-1997, 18 volumes.

Machine et exploitation chez Nietzsche

I. La machine en tant que modèle et repoussoir

Les réflexions nietzschéennes sur la machine s'inscrivent dans le cadre plus général de la culture comprise comme transformation du type de l'homme au sens où « en l'homme s'unissent créateur et créature[1] ». D'un côté, l'homme agit en créateur et, de l'autre, il est la matière voire le chaos sur lequel s'exerce une telle création que Nietzsche assimile tantôt à l'activité la plus sublime des artistes et des législateurs, tantôt à la plus cruelle mise en esclavage, usant de la violence extrême des bêtes de proie et des tyrans. Pour le dire dans les termes d'*Éléments pour la généalogie de la morale* : le « problème *de* l'homme[2] » implique, à titre de présupposition préhistorique, un « véritable travail accompli par l'homme sur lui-même[3] » le plaçant tour à tour en position d'objet et de sujet de sa propre activité. Or une telle approche praxique ou poïétique de la culture – et c'est ce qui justifie en partie les débats contemporains autour du « transhumanisme nietzschéen[4] » – suscite une difficulté : est-ce que Nietzsche ne réduit pas l'humain à un problème technique ? S'agit-il d'agir sur l'homme comme on agit sur la nature à des fins de maîtrise et de domination ? Et Nietzsche d'aggraver son cas en défendant l'hypothèse

1. JGB-225 ; trad. P. Wotling, Paris, Flammarion, 2000.
2. GM-II-1 ; trad. P. Wotling, Paris, Livre de poche, 2000.
3. GM-II-2.
4. Parmi de nombreux exemples : Stephan Lorenz-Sorgner, « Nietzsche éducateur. D'Héraclite au transhumanisme », *in* Dorian Astor et Alain Jugnon (dir.), *Pourquoi nous sommes nietzschéens*, Paris, Les Impressions nouvelles, 2016, p. 229-238. Pour une bonne synthèse de ces débats : Arnaud Sorosina, « L'humanisme du dernier homme : une lecture nietzschéenne du transhumain », *Estudos Nietzsche*, 2002, 13 (2), p. 123-148.

d'un dressage (*Züchtung*) de l'humanité au sens d'une véritable « anthropoculture[1] ». Pourtant, le statut de la machine invite à tempérer une approche unilatéralement *techniciste* ou *prométhéenne*[2]. Au regard de la pluralité de ses usages dans le corpus nietzschéen, on se rend compte en effet que la *valeur* de la machine demeure éminemment contrastée puisque si elle sert le plus souvent de « modèle », c'est pour penser l'exploitation des êtres humains en un sens qui n'est pas neutre mais critique. Bien qu'il affirme par ailleurs que la vie soit « à tout le moins exploitation [*Ausbeutung*][3] », Nietzsche articule en effet un discours critique sur l'exploitation dont l'unité repose sur la technique moderne et les formes d'organisation socioculturelles qui en découlent.

Rappelons à titre préalable que, quel que soit son niveau de complexité, une machine se présente toujours comme un assemblage artificiel de parties (séparables, déformables) tenant leur mouvement de la configuration du tout[4]. La machine articule donc un double processus dont le premier s'avère individualisant (*partes extra partes*) et l'autre spécifiant (le tout). Bien que cette bipolarité soit normalement réglée par le mécanisme interne à la machine, Nietzsche se plaît à creuser cette tension, au sein de toute machine, entre les parties et le tout. Ce qui signifie que le problème de la machine ne repose pas tant dans son fonctionnement (le plus souvent infaillible ou parfait) que dans sa configuration

1. NF-1881,11[276].

2. Pierre Klossowski évoque à ce titre l'idée de « prométhéisme idiosyncrasique » à propos de la pensée nietzschéenne de la technique, lequel culmine dans une sorte de « phantasme conspirationniste » (Pierre Klossowski, *Nietzsche et le cercle vicieux*, Paris, Mercure de France, 1969, p. 187).

3. JGB-259.

4. Georges Canguilhem, « Machine et organisme », *in La Connaissance de la Vie* [1965], Paris, Vrin, 2009, p. 131.

interne où la part d'individualité et d'indépendance des éléments qui la composent semble presque réduite à néant.

> La machine enseigne par son exemple comment engrener ensemble des masses d'hommes, lors d'action où chacun n'a qu'une seule chose à faire : elle donne le modèle de l'organisation d'un parti et de la conduite de la guerre. En revanche, elle n'enseigne pas la souveraineté individuelle [*individuelle Selbstherrlichkeit*] : de plusieurs elle fait *une seule* machine et de chaque individu un instrument [*Werkzeug*] d'une fin *unique*. Son effet le plus général est d'enseigner l'utilité de la centralisation[1].

Dans cet aphorisme tiré du second livre de *Choses humaines, trop humaines*, on voit que Nietzsche s'intéresse moins à la machine pour sa portée technique que pour sa valeur exemplaire ou édifiante. Il en tire à ce titre deux leçons plus ou moins contradictoires. La première valorise la machine en tant qu'elle enseigne « l'utilité de la centralisation » – ce qui explique qu'elle puisse servir de « modèle » pour « l'organisation d'un parti et de la conduite de la guerre ». Là où la seconde leçon dévalorise la machine au motif qu'elle ne saurait enseigner « la souveraineté individuelle ». En d'autres termes : la machine enseigne mais elle n'éduque pas ; comme le précise Nietzsche dans une note préparatoire, « la machine *ne forme pas* la volonté à la maîtrise de soi [*die Maschine* erzieht nicht *den Willen zur Selbstbeherrschung*][2] ». Or cette ambivalence de la machine entre organisation et déficit d'instruction, entre modèle et repoussoir, traverse en première approximation ses différents usages dans le corpus nietzschéen.

1. WS-218. Voir aussi NF-1879,40[4].
2. NF-1879,40[4].

Au plan organisationnel tout d'abord, « l'utilité de la centralisation » que nous enseigne la machine revêt un sens très concret puisque ce sont les machines modernes (chemin de fer, télégraphe) qui, aux yeux de Nietzsche, ont presque remplacé « la croyance aux dieux et aux ancêtres » dans la façon de produire « des êtres qui soient durablement *de la même sorte*[1] », de telles innovations technologiques ayant réussi à synchroniser l'espace et le temps de telle sorte que nous avons l'impression de vivre à l'unisson. Ce qui fait dire à Nietzsche que les machines modernes, à la façon des anciennes coutumes et religions, ont finalement permis la « *centralisation* d'une quantité prodigieuse d'intérêts différents dans une seule âme[2] ». Par où l'on peut entendre que les machines ont favorisé l'unification des êtres humains, la reproduction d'un même type humain au détriment des différences individuelles. Aussi la machine apparaît-elle comme une forme d'organisation qui tend à égaliser les parties dont elle est composée et, ce faisant, à les assujettir dans ce qu'elles ont de particulier.

Cet aspect proprement assujettissant de la machine s'accuse nettement dans un autre usage qui n'est plus directement technologique mais analogique[3]. Où la machine fait ici référence à l'organisation sociale en tant que discipline et dressage des êtres humains sur un temps long. Plus exactement, la machine sociale résulte des hommes d'État qui mobilisent « généralement beaucoup d'hommes » pour

1. NF-1884,25[210].
2. *Ibid.*, c'est nous qui soulignons.
3. Sans ignorer l'importance de la métaphore dans la pensée nietzschéenne, l'usage de la machine dans ce contexte n'est pas métaphorique pour cette bonne raison que Nietzsche vilipende justement le style de David Strauss lorsqu'il use et abuse de la « métaphore moderne » de la machine pour penser la structure mécaniste du monde (DS-11).

réaliser leurs objectifs sociaux et politiques. Or, ce qui est très intéressant, c'est que l'ambivalence de la machine est cette fois transposée dans le choix des grands hommes d'État, lesquels peuvent eux-mêmes sélectionner ceux qui servent au mieux leur projet (et leur laisser une certaine marge d'initiative) ou, au contraire, choisir aveuglément n'importe qui en l'assujettissant de façon violente et brutale. Dans cette seconde hypothèse, le paradoxe est que la machine fonctionne généralement mieux que dans le premier cas.

> Cette dernière espèce est la plus violente des deux, elle demande aussi des instruments [*Werkzeuge*] plus dociles ; sa connaissance des hommes est d'ordinaire beaucoup plus restreinte, son mépris des hommes plus grand que chez les esprits mentionnés en premier, mais la machine qu'ils construisent fonctionne communément mieux que la machine sortie des ateliers de la première espèce[1].

Cette tension interne à la machine sociale qui fonctionne d'autant mieux qu'elle demeure indifférente aux éléments qu'elle organise, on la retrouve enfin dans le diagnostic nietzschéen de la « civilisation de la machine » dans laquelle nous vivons. Soit une civilisation qui n'a pas seulement pour caractéristique le développement sans précédent des machines technologiques, mais une sorte de hiatus entre l'énergie qu'il a fallu pour y parvenir et la pauvreté voire la stérilité du résultat obtenu.

> Réaction contre la civilisation de la machine. – La machine, qui est elle-même le produit de la plus haute capacité intellectuelle, ne met presque en mouvement chez les personnes qui la servent, que les forces les plus rudimentaires et dépourvues de pensée. Elle déchaîne de ce fait une somme énorme de force

1. MA-458 ; trad. P. Wotling, Paris, Flammarion, 2019.

qui, sinon, resterait en sommeil, c'est vrai ; mais elle n'incite pas à monter plus haut, à faire mieux [*Bessermachen*], à devenir artiste [*Künstlerwerden*]. Elle rend *actif* et *uniforme*[1].

Autrement dit, la machine comprise ici comme type de civilisation mobilise un très grand nombre de forces (physiques, intellectuelles, humaines) travaillant à son service. Mais, ce faisant, elle entrave aussi la possibilité d'une élévation ou d'un accomplissement du type de l'homme (vers le mieux). On l'a dit plus haut : rendre égal et semblable semble bien être la modalité d'action que produit une machine. Cette tendance à l'égalisation et au nivellement du type humain confère alors à la machine un statut critique qui rapproche son fonctionnement du phénomène de l'exploitation, l'activité machinale ayant pour ressort une forme extrême d'assujettissement.

II. La machine en tant que symptôme et source d'exploitation

C'est tout d'abord dans le cadre de l'opposition entre la culture (*Bildung*) et l'inculture contemporaine (le « philistinisme ») que le jeune Nietzsche en vient à mettre en question l'assujettissement de la civilisation moderne à une culture de type technique qui se traduit, en particulier, dans la spécialisation à outrance des hommes de science risquant de mettre en péril la culture authentique. À titre de symptômes, Nietzsche opère une série de comparaisons saisissantes entre

1. WS-220.

la science et l'usine, entre l'homme de science et le rouage d'une machine, tout se passant comme si l'érudition savante avait pour seul équivalent « l'ouvrier d'usine qui toute sa vie ne fait rien d'autre que fabriquer certaine vis ou certaine poignée pour un outil ou une machine déterminés[1] ». À ce point, l'hyperspécialisation des savants et la division accrue du travail scientifique ont pour conséquence l'« exploitation de l'homme au profit des sciences[2] ». Toutefois le modèle de l'usine et de ses machines devient de plus en plus concret dans la mesure où ce que l'on attend des « nouveaux » savants, c'est bel et bien un « travail d'usine [*Fabrikarbeit*][3] » au sens où c'est le mode d'organisation du travail scientifique qui prend pour modèle le fonctionnement de la machine afin de rendre le savant toujours plus productif. Ce qui lui ôte pour ainsi dire toute forme d'autonomie ou de souveraineté individuelle, pour utiliser le langage de Nietzsche, lorsqu'il pointe, on l'a vu, l'insuffisance structurelle de toute machine.

Dans ce contexte, les analyses nietzschéennes ne sont pas très éloignées de celles de Marx lorsqu'il met en cause la réorganisation du travail provoquée par l'introduction du machinisme dans la grande industrie. D'un côté comme de l'autre, c'est en effet la division du travail intellectuel et manuel qui devient caduque : pour le premier au motif que la civilisation de la machine rend uniformes toutes les activités, et pour le second parce qu'une telle division n'a plus lieu d'être du fait de la restructuration du travail par les machines. Mais là où la critique de Nietzsche rejoint plus directement les analyses du *Capital*, c'est que Marx

1. BA-1 ; « Sur l'avenir de nos établissements d'enseignement », dans *La Philosophie à l'époque tragique des Grecs*, trad. J.-L. Backès, Paris, Gallimard, 1975, p. 100.
2. *Ibid.*
3. NF-1873,29[57].

y décrit de façon analogue l'introduction du système des machines dans les fabriques (le « machinisme ») en termes de « tendance à l'égalisation, au nivellement des tâches que les auxiliaires affectés à la machinerie ont à exécuter[1] ». Certes, il s'agit ici de la fabrique industrielle et là du travail scientifique. Mais la différence des deux considérations repose moins sur la forme que sur le contenu de leur critique. En effet, Marx articule sa critique du machinisme sur une *critique sociale* (*Sozialkritik*) dont le ressort, d'ordre socio-économique, consiste à dénoncer le mode d'organisation capitaliste du travail comme la cause de l'exploitation de millions d'hommes. Nietzsche, de son côté, fait de la machine un élément central de sa *critique de la culture* (*Kulturkritik*). Ce qui, à la différence de la critique sociale marxiste, revient à mettre moins l'accent sur les inégalités sociales et économiques que sur les *formes de vie* de la civilisation industrielle moderne comme l'uniformité, le nivellement, la répression de l'individualité, la montée des valeurs utilitaires ou encore la barbarie moderne[2]. Bien qu'ils empruntent des voies très différentes, on observe donc que Nietzsche et Marx mettent tous deux en cause ce qui s'apparente à une technicisation du travail moderne, la critique nietzschéenne se focalisant sur le type d'homme qui en résulte, là où la critique marxienne s'attache à ses causes économiques et sociales (antagonisme de classe). Pour autant, Nietzsche dénonce le « dogme d'économie politique[3] » qui commande la machine

1. Karl Marx, *Le Capital. Livre premier*, trad. J.-P. Lefebvre, Paris, Puf, 1993, p. 471.

2. Pour plus de précisions sur cet écart entre critique sociale (Marx) et critique de la culture (Nietzsche) : Georg Bollenbeck, *Eine Geschichte der Kulturkritik von Rousseau bis Günther Anders*, Munich, C. H. Beck, 2007, p. 155-198.

3. BA-1 ; « Sur l'avenir de nos établissements d'enseignement », *op. cit.*, p. 99.

d'État lorsque celle-ci vise à assujettir et, à terme, à détruire toute culture véritable. Aussi Nietzsche préconise-t-il logiquement de se libérer de l'État et, ce faisant (comme en écho à Marx et Feuerbach), de réhabiliter « l'être humain complet [*volle Mensch*][1] » contre l'utilisation de la culture à des fins utilitaires.

Ce que l'on retiendra à ce stade de la pensée nietzschéenne de la machine, c'est qu'elle fait de la machine un symptôme de sa critique culturelle. Ce qui est mis en question, c'est donc moins le fonctionnement interne à la machine que son résultat[2]. Mais il y a plus, car dans ses analyses ultérieures, Nietzsche reconsidère la machine dans le cadre plus général d'une généalogie critique de la morale ascétique telle qu'elle s'est propagée à l'ensemble de la civilisation christiano-européenne. Dans ce contexte, la fonction de la machine ne se limite plus à décrire un symptôme de l'exploitation des hommes mais devient le ressort permettant d'expliciter le phénomène de l'exploitation de l'homme par l'homme[3]. Ce que nous voulons dire par là, c'est que la dimension proprement exploitatrice des machines réapparaît très nettement lorsque Nietzsche appréhende le mouvement de la civilisation moderne et ascétique comme la tentative de *transformer l'homme en machine*. Dès lors Nietzsche attribue une nouvelle fonction à la machine que l'on peut qualifier de psychotechnique puisque ce sont les techniques de dressage des corps et de conditionnement psychique qui

1. NF-1871,14[25].
2. *Ibid.*
3. Sur les origines de cette formulation (Babeuf et les saints-simoniens) que Marx reprend à son propre compte tout en lui donnant un nouveau sens, non plus moralisant (injustice) mais matérialiste et économique (extraction de la plus-value) : Emmanuel Renault, *Abolir l'exploitation*, Paris, La Découverte, 2023, p. 87-169.

vont viser l'incorporation *machinale* des valeurs morales pour « faire de l'homme une machine ».

> « Quelle est la mission de tout enseignement supérieur ? » – Faire de l'homme une machine. – « Quel est le moyen pour y parvenir ? » – Il faut lui apprendre à s'ennuyer. – « Comment y parvient-on ? » – Par la notion de devoir. – « Qui est son modèle pour cela ? » – Le philologue : il enseigne le bœuf. – « Qui est l'homme parfait ? » – Le fonctionnaire d'État. – « Quelle philosophie donne la formule la plus élevée pour le fonctionnaire de l'État ? » – Les kantiens : le fonctionnaire d'État en tant que chose en soi posé en juge sur le fonctionnaire d'État en tant que phénomène[1].

Notons tout d'abord que l'argumentation reprend de façon synthétique l'ensemble du mouvement ayant conduit l'enseignement supérieur (*Bildung*) au nivellement du type de l'homme devenu « machine ». Mais le processus de nivellement est ici moins envisagé dans ses conséquences que dans son principe. Ce qui fait de la machine un type de conditionnement relevant, dans ce contexte, d'un apprentissage technique et psychique de la « vertu-machine [*Maschinen-Tugend*][2] ». Tandis que le devoir moral était défini par Kant comme un acte de la volonté libre, il se métamorphose ici en activité involontaire et mécanique, produit machinal et inconscient d'une incorporation des valeurs morales[3]. Par

1. GD-Streifzuege-29 ; trad. E. Blondel et P. Wotling, Paris, Flammarion, 2005.

2. NF-1888,12[1].

3. L'une des sources de cette conception machinale de la vertu provient certainement de l'ouvrage *Le Peuple* (1846) de l'historien Jules Michelet et dont Nietzsche possède un exemplaire dans sa bibliothèque : *Das Volk*, Mannheim, H. Hoff, 1846 (BN) (voir Giuliano Campioni, Paolo D'Iorio, Maria Cristina Fornari, Francesco Fronterrotta, Andrea Orsucci (dir.), *Nietzsches persönliche Bibliothek*, Berlin, New York, W. De Gruyter, 2003,

extension, « remplir machinalement son devoir[1] » devient le leitmotiv de la forme d'existence machinale la plus honorable, que ce soit pour les fonctionnaires d'État, les soldats, les bureaucrates, les ouvriers, etc.

Le deuxième traité d'*Éléments pour la généalogie de la morale* évoque pour cette raison la « mnémotechnique[2] » ayant conditionné l'émergence de la mémoire et par suite de la conscience morale. Mais c'est surtout dans le troisième traité de *La Généalogie* que le prêtre ascétique apparaît comme le principal médiateur d'un tel travail mécanique d'incorporation des valeurs – « l'activité machinale » ayant fait passer les valeurs morales dans la vie du corps.

> Il ne fait aucun doute qu'elle facilite dans une mesure non négligeable une existence de souffrance : on appelle aujourd'hui ce fait, un peu malhonnêtement, « la bénédiction du travail » [...]. L'activité machinale et ce qui en fait partie – comme la régularité absolue, l'obéissance ponctuelle sans réfléchir, le mode de vie une fois pour toutes, le remplissage du temps, une certaine permission, voire un entraînement à l'« impersonnalité », à l'oubli de soi, à l'« *incuria sui* »[3].

Ce que finalement l'activité machinale parvient ainsi à produire, c'est ce que Nietzsche nomme ailleurs la « mise à profit [*Nutzbarmachung*] de l'homme par la vertu[4] »,

---

p. 390). La critique de l'extension du machinisme à l'ensemble de la société s'y trouve développée en termes de « servitudes » sur un plan très englobant comprenant le machinisme industriel (le « petit peuple d'hommes-machine ») mais aussi le machinisme moral où la vertu morale, dans le sillage du jésuitisme, tend à se mécaniser et à occulter la morale du cœur. Voir : Jules Michelet, *Le Peuple* (1846), Paris, Calmann-Levy, 1877 (5e éd.).

1. NF-1887,10[11].
2. GM-II-3.
3. GM-III-18.
4. NF-1888,12[1].

autant dire l'exploitation de l'homme à des fins morales de domestication (*Zähmung*). La « forme d'existence machinale [*machinale Existenzform*][1] » caractérise ainsi le type de l'homme animal de troupeau devenu simple rouage d'une machine que Nietzsche assimile tantôt à la vertu, tantôt au travail, tantôt à la civilisation moderne en son ensemble. De même que pour son bon fonctionnement une machine technologique implique, on l'a vu, qu'une grande quantité d'énergie soit dirigée vers une seule et même fin, de même la vertu machinale peut se comprendre comme la libération d'une grande puissance dont la particularité est de se retourner finalement contre soi-même. Ce qui se profile dans cet usage de la machine, c'est donc un profond renversement des valeurs que Nietzsche va s'efforcer d'approfondir dans une série de notes posthumes de l'automne 1887 dans lesquelles le grégarisme moral résulte du processus de « machinalisation de l'humanité ». Par où s'opère, comme on va le voir, une sorte de passage à la limite du modèle de la machine puisque ce n'est plus la culture qui permet d'expliquer l'activité machinale, mais l'activité machinale (l'humanité comme machinerie) qui semble désormais expliquer le processus même de la civilisation moderne et nihiliste. Comment interpréter cette nouvelle modalité de compréhension de la machine qui n'est plus seulement technologique ou analogique mais anthropomorphique, tournée qu'elle est vers l'humanité dans sa globalité ?

1. NF-1887,10[11].

III. La machinalisation de l'humanité

On doit aux analyses de Wolfgang Müller-Lauter d'avoir mis au jour les sources économiques des dernières réflexions de Nietzsche issues notamment de la lecture critique de l'ouvrage d'Emmanuel Herrmann *Cultur und Natur* (1887)[1]. Or ces analyses mettent en évidence non seulement l'importance de l'économie, mais jettent aussi un regard en creux sur certains aspects de la pensée nietzschéenne de la technique. Herrmann offre en ce sens des outils conceptuels de nature économique permettant à Nietzsche de préciser la manière dont il conçoit la technique moderne.

Rappelons que le chapitre XII de *Cultur und Natur*, intitulé « Technique et économie », se présente comme un hymne au progrès technique et culturel. Dans le sillage d'un certain darwinisme, l'hypothèse générale de Herrmann consiste à inscrire la pensée économique et le développement technique dans l'histoire de l'évolution de la vie. Ce qui revient à pronostiquer, et c'est la thèse qui retient l'attention de Nietzsche, la future domination globale de la terre par l'humanité au motif que l'homme devient *économiquement* maître de la nature par le travail social et les progrès de la technique. Autrement dit, l'histoire de la technique participe d'une histoire de la vie dans laquelle

1. Emmanuel Herrmann, *Cultur und Natur. Studien im Gebiete der Wirthschaft*, Berlin, Allgemeiner Verein für Deutsche Literatur, 1887 (BN). *Cf.* Wolfgang Müller-Lauter, « La volonté de puissance comme organisation, mise en forme, machinalisation », dans *Nietzsche. Physiologie de la volonté de puissance*, trad. J. Champeaux, Paris, Allia, 1998, p. 165-181. Voir aussi : « De l'économie et de la culture chez Nietzsche », *Revue germanique internationale*, 11/1999, p. 122-135 ; et surtout : *Interpretationen II. Über Freiheit und Chaos*, Berlin, Boston, W. De Gruyter, 1999.

le rapport économique fondamental entre profits et pertes devient, pour l'humanité, de plus en plus excédentaire grâce aux avancements de la technique moderne. Le présupposé de Herrmann apparaît donc double, reposant d'une part sur un raisonnement téléologique de nature économique orienté vers la maîtrise de la terre et, d'autre part, sur une approche biologique de la technique entendue comme offrant à l'homme une meilleure adaptation que les autres vivants et, à terme, le moyen de transformer le principe vital de la lutte pour la survie en principe social de paix et de solidarité porté par le progrès social. Discutant expressément le pronostic herrmannien, voici comment Nietzsche en radicalise le sens et la portée :

> une fois que nous aurons en main cette gestion totale de l'économie de la terre [*Wirthschafts-Gesammt-Verwaltung der Erde*] qui interviendra inévitablement, alors l'humanité *pourra* trouver son meilleur sens en tant que machinerie [*Maschinerie*] au service de cette économie : comme un énorme engrenage de roues de plus en plus fines, de plus en plus subtilement « adaptées » ; comme un devenir superflu de plus en plus croissant de tous les éléments qui dominent et commandent ; comme une totalité de forces énormes dont les facteurs isolés représentent *des forces et des valeurs minimales*[1].

Il semble possible de discuter chacun des éléments de cet extrait dans la mesure où ils dérivent de la conception de la machine développée précédemment. Dans l'hypothèse où l'humanité deviendrait machinerie au service de l'économie, les forces et les valeurs des individus composant cette machinerie ne seraient plus que « minimales ». De sorte que la relation de domination et de commandement

1. NF-1887,10[17].

qui structure toute hiérarchie des valeurs deviendrait elle-même « superflue ». Ce faisant, on ôterait ainsi à l'humanité toute possibilité de « devenir meilleure », laquelle est, on l'a vu, le point aveugle de la machine. Aussi, de promesse de libération pour Herrmann, Nietzsche fait de la machinerie moderne un « maximum de l'exploitation[1] » des êtres humains. En d'autres termes, l'humanité n'est donc plus le sujet de la gestion économique de la terre mais son objet même : tel est le sens du renversement nietzschéen de la position herrmannienne. Cette sorte de téléologie à l'envers, Nietzsche en établissait déjà le non-sens dans *Choses humaines, trop humaines*.

> L'humanité emploie sans ménagement tout individu comme matériau de chauffage de ses grosses machines : mais à quoi bon les machines si tous les individus (c'est-à-dire l'humanité) ne servent qu'à les entretenir ? Des machines qui sont leur propre but – est-ce là l'*umana commedia*[2] ?

Le thème dantesque de l'*umana commedia* sert ici pour l'essentiel à décrire l'absurdité d'une telle instrumentalisation des individus par les machines, là où les notes tardives de l'automne 1887 entendent inscrire ce phénomène dans l'histoire européenne du nihilisme. L'accent une fois de plus marxien des analyses nietzschéennes retient l'attention dans la mesure où Nietzsche critique la science économique en démystifiant son optimisme ainsi que sa conception idéologique du progrès technologique.

> On voit que ce que je combats, c'est l'optimisme *économique* : comme si, avec les frais croissants *de tous* devait nécessairement croître aussi le profit de tous. Le contraire me semble

1. *Ibid.*
2. MA-585.

être notre cas : *les frais de tous se soldent par un déficit total* : l'être humain *s'avilit* : si bien que l'on ne sait plus seulement *à quelle fin* a bien pu servir cet énorme processus. À quelle fin ? un *nouveau* « à quelle fin » – voilà ce qui est nécessaire à l'humanité[1]...

Il est vrai que l'attitude de Marx envers le progrès technique a toujours été ambivalente puisqu'il semble louer la « grande influence civilisatrice du capital[2] » tout en théorisant l'aliénation et l'exploitation inhérentes au procès de valorisation du capital. Dans le même esprit, Nietzsche voit dans le « travail-machine [*Maschinearbeit*][3] » une nouvelle forme d'esclavagisme impersonnel et anonyme, la mécanisation du travail moderne finissant par lui ôter « sa parcelle d'humanité[4] ». En comparaison des analyses de Marx, la machine devient cependant plus qu'un « moyen de production » puisqu'elle dénote, on l'a dit, une forme de vie dont les marqueurs sont l'uniformité, l'humiliation, l'anonymat, l'absurdité – une telle montée en généralité se révélant absolument solidaire du problème du nihilisme qui grève la civilisation moderne. En conséquence, le phénomène de l'exploitation ne se limite donc pas au sens neutre de l'exploitation de la terre par l'humanité et ses techniques (optimisme économique), mais s'applique de façon critique à l'humanité : exploitation *par* et *sur* l'humanité elle-même. Tout se passe donc comme si cette *exploitation de l'homme par l'homme* était l'envers ultime et nihiliste de la *production de l'homme par l'homme* telle qu'elle définit

1. NF-1887,10[17].
2. Karl Marx, *Manuscrits de 1857-1858 dits « Grundrisse »*, trad. J.-P. Lefebvre, Paris, Les Éditions sociales, 2018 (rééd.), p. 371.
3. WS-288.
4. *Ibid.*

le « travail de la culture[1] » comme travail de l'homme sur lui-même. Aussi est-ce la raison pour laquelle l'humanité ne saurait se soustraire à la machinerie économique globale, le progrès technique ne rendant pas l'humanité plus solidaire (comme le croyait Herrmann) mais plus machinale : « moralement parlant, cette machinerie collective, la solidarité de tous les rouages, représente un maximum dans l'exploitation de l'homme[2] ». Où l'on reconnaît ici de façon implicite la structure de la machine qui est incapable, aux yeux de Nietzsche, d'enseigner l'autonomie individuelle. Dans ce contexte économique au sens élargi, la « machinalisation de l'humanité [*Machinalisirung der Menschheit*][3] » et son impuissance à élever le type de l'homme appellent un « contre-mouvement » visant à remédier à l'exploitation de l'humanité.

> *Nécessité* de démontrer que par rapport à une consommation de plus en plus économique de l'être humain et de l'humanité, par rapport à une machinerie des intérêts et des réalisations de plus en plus enchevêtrée, il faut un *contre-mouvement* [*Gegenbewegung*]. Je désigne celui-ci en tant qu'*élimination d'un luxe excédentaire de l'humanité* : en elle, une espèce *plus forte*, un type plus élevé doivent surgir à la lumière, ayant d'autres conditions de formation et de conservation que l'homme moyen. Mon concept, ma *parabole* de ce type humain est, comme l'on sait, le terme « surhomme » [*Übermensch*][4].

1. À propos de ce « travail de la culture [*Kulturarbeit*] » chez Nietzsche, nous nous permettons de signaler notre étude : Frédéric Porcher, « Nietzsche, penseur du travail ? », *in* Franck Fischbach, Anne Merker, Pierre-Marie Morel et Emmanuel Renault (dir.), *Histoire philosophique du travail*, Paris, Vrin, 2022, p. 269-288.
2. NF-1887,10[17].
3. *Ibid.*
4. *Ibid.*

Prendre appui sur la thèse herrmannienne consiste, on le voit, à chercher un levier pour sa *réévaluation* en introduisant le terme de « surhomme ». Revenons brièvement sur ce que Nietzsche entend par cette hypothèse. En ce qui concerne la notion de type humain, elle ne se confond pas avec un individu isolé, mais désigne une certaine configuration axiologique et pulsionnelle résultant d'une forme de culture comprise comme discipline et dressage visant l'incorporation d'un complexe de valeurs. Par exemple, l'homme-machine désigne une telle forme de civilisation devenue dominante, même si celle-ci se révèle incapable d'élever le type de l'homme au sens de « devenir artiste ». *A contrario*, le surhumain désigne non pas tant un type humain déjà réalisé (ou alors seulement sous forme d'ébauches) qu'une capacité de surpassement de soi [*Selbst-Überwindung*] que Nietzsche situe à l'entrecroisement du psychique et du culturel, de la domination de soi et du surpassement du type de l'homme moyen ou grégaire. Parvenu à ce point, la question se pose dès lors de savoir finalement quels liens rattachent l'exploitation de l'humanité (dont résulte le type de l'homme devenu machine) et le « surhumain » en tant que possibilité de son surpassement. Dans le cadre limité de cette étude, nous nous contenterons d'esquisser non pas une réponse mais une clarification du problème pouvant aider à sa résolution : 1) bien distinguer d'abord entre civilisation et culture supérieure, 2) ensuite entre exploiter et dominer, 3) et enfin entre proposition politique à caractère abolitionniste ou simplement limitatif.

1) La perspective d'ensemble adoptée par Nietzsche se présente de toute évidence comme se situant à un niveau *axiologique* et non pas empirique. Quant à la critique de Herrmann, on ne peut l'abstraire de la transvaluation des valeurs portée par l'histoire du nihilisme. Ce qui veut dire que l'exploitation de l'humanité par les machines pose avant

tout un problème de valeur issu lui-même de « l'antagonisme abyssal[1] » que Nietzsche établit entre culture (*Cultur*) et civilisation (*Civilisation*). Aussi l'exploitation se rattache-t-elle prioritairement à notre civilisation moderne et morale qui tend à instrumentaliser les individus pour les besoins d'une économie portée par la productivité technique. La question reste alors de savoir si l'hypothèse du surhumain – et donc d'une culture supérieure – ajoute un tour de plus à l'exploitation[2] ou bien si, au contraire, elle l'abolit[3]. Autrement dit, est-ce que Nietzsche critique l'exploitation de l'homme au nom de sa condamnation ou de sa radicalisation ?

2) La question implique par conséquent de clarifier en second lieu le rapport entre l'exploitation et la domination, qu'on a généralement tendance à tenir pour équivalents voire synonymes. Pourtant, force est d'admettre que la domination peut s'exercer sur soi-même (c'est d'ailleurs le sens que Nietzsche tend à privilégier) tandis que l'exploitation s'exerce nécessairement sur quelque chose d'autre que soi (terre, animal, humain...) : au sens littéral, elle désigne

1. NF-1888,16[10].

2. Le surhumain aurait alors pour conséquence une exploitation de l'humanité au second degré, c'est-à-dire exercée par un type supérieur sur un type inférieur. Ce qui contrevient pourtant à ce qu'affirme Nietzsche : « *point de vue principal* : que l'on se garde de considérer la *tâche* de l'espèce supérieure comme si elle consistait à *diriger* l'inférieure (ainsi par exemple le fait Comte –) mais bien l'inférieure en tant que base sur laquelle une espèce supérieure vit pour sa tâche *propre*, sur laquelle base elle *puisse* tout d'abord *tenir* » (NF-1887,9[44]). Pour plus de précisions : Thomas H. Brobjer, « The absence of political ideals in Nietzsche's writings. The case of the laws of Manu and the Associated Caste-Society », *Nietzsche-Studien*, 1999, 27, p. 300-318.

3. Nietzsche chercherait en ce sens à promouvoir une *culture* supérieure de la vie contre l'exploitation des hommes par la *civilisation*. Voir : Vanessa Lemm, « Cultura e economia em Nietzsche », *Cadernos Nietzsche*, 2019, 40 (1), p. 67-91.

l'extraction des ressources d'un sol avant de désigner, par péjoration, l'utilisation d'autrui à des fins économiques ou instrumentales. Partant de ce bref repérage, l'une des conséquences de l'hypothèse de la volonté de puissance est de considérer toute forme d'organisation (simple ou complexe, biologique ou sociale) comme « *quantum* de domination[1] », ou mieux comme « configurations de domination [*Herrschaftsgebilde*][2] » où domination désigne avant tout une structure hiérarchique de nature affective et pulsionnelle. Et c'est implicitement en raison de cette hypothèse interprétative que Nietzsche s'en prend à la machinalisation de l'humanité au motif qu'elle tend à promouvoir un type inférieur d'organisation qui nie les éléments dont elle est composée et, par suite, rend inopérante la dynamique pulsionnelle entre commandement et obéissance qui conditionne toute hiérarchie des valeurs. On le voit, la domination structure le phénomène de la vie. Or il n'en va absolument pas de même pour l'exploitation, Nietzsche allant au contraire jusqu'à légitimer le fait de lui résister au nom d'un « instinct de légitime défense de la vie », surtout si l'exploiteur se révèle « inférieur à soi »[3].

3) Faut-il alors interpréter politiquement la critique nietzschéenne de l'exploitation machinale comme étant abolitionniste ou limitative ? L'abolitionnisme apparaît sinon idéaliste, du moins en contradiction avec la vie comprise comme volonté de puissance, résistance et tyrannie, lutte et assujettissement. Mais cela n'interdit pas que le

1. NF-1888,14[182].

2. Voir NF-1885,2[87], 1886,5[61], 1887,9[8] ; 1888,13[3], 14[138]. À propos de cette formulation (tardive dans le corpus nietzschéen) et sa force de récapitulation : Müller-Lauter, *Interpretationen II. Über Freiheit und Chaos*, *op. cit.*

3. NF-1885,2[191] ; 1883,14[2].

discours nietzschéen sur l'exploitation ait pour ambition de contrecarrer le « maximum de l'exploitation » (porté par la machinerie économique) en réduisant celle-ci à son minimum possible. Telle pourrait être la portée politique et sociale du « contre-mouvement » : infléchir l'exploitation en neutralisant sa portée destructrice et nihiliste pour l'élévation du type de l'homme. Aussi la culture technique moderne n'est-elle pas d'emblée discréditée, sa maîtrise par l'homme ne pouvant finalement s'exercer que dans le cadre du surhumain, c'est-à-dire là où de nouvelles configurations de puissance et de domination pourront transformer la machinalisation de l'humanité et la réorganiser en y introduisant des forces nouvelles.

Conclusion

Si Nietzsche essaie d'élargir la problématique économique héritée de Herrmann, c'est avant tout parce qu'il en fait un soutien en vue de poser à nouveaux frais le problème de l'exploitation de l'humanité par un système économique et technique devenu de plus en plus impersonnel et machinique. Certains ont décelé dans cette auto-exploitation de l'humanité une anticipation de la société de consommation contemporaine où les acteurs sociaux sont à des degrés divers asservis par la satisfaction de leurs propres besoins[1]. Au demeurant, ce que Nietzsche semble avant tout refuser, c'est que le progrès technique des machines puisse se concevoir comme une sorte de prolongement naturel et endogène

1. Klossowski, *Nietzsche et le cercle vicieux*, *op. cit.*, p. 231.

de la vie. Bien que l'hypothèse de la volonté de puissance aille jusqu'à s'appliquer au monde mécanique, Nietzsche nous semble maintenir un écart fécond sinon entre la machine et l'organisme, à tout le moins entre la technique et la vie, entre la grande machinerie des intérêts économiques et les « intérêts » immanents à l'intensification de la puissance de la vie. Disant cela, nous ne souscrivons donc pas jusqu'au bout aux analyses de Müller-Lauter pour qui les notes posthumes de l'automne 1887 substituent finalement le modèle de la machinerie (la « mécanique ») à celui de l'organisme (« le corps comme fil directeur ») pour décrire les organisations sociales. Au regard de la technique et de ses enjeux, il apparaît clairement que Nietzsche ne subordonne pas l'organique au machinique (ou inversement) pour cette raison que son hypothèse de la volonté de puissance ne se réduit ni à l'un ni à l'autre. Par conséquent, la pensée nietzschéenne ne saurait souscrire à une conception biologique de la technique comme celle d'un Spengler qui pourtant se réclame de lui[1]. De même qu'elle infléchit considérablement l'interprétation de Heidegger de la technique moderne comme réalisation d'une volonté de puissance illimitée. Il est vrai que Nietzsche tente avec le surhumain de donner à l'exploitation de l'humanité un « sens » ou une « fin ». Mais il est vrai aussi qu'il ne peut le faire sans parodier l'idée de

1. Oswald Spengler, *L'Homme et la Technique*, trad. Anatole Petrowsky, Paris, Gallimard, 1958. Lorsqu'elle défend l'hypothèse que tout organe résulte d'une succession de processus de domination et d'assujettissement constitutifs de l'histoire de la volonté de puissance (GM-II-12), on pourrait croire que la pensée nietzschéenne défend une position organologique. Mais, justement, le philosophe ne va pas jusqu'à étendre ce processus aux machines, à tout le moins pas pour des raisons *biologiques* : d'une part, il récuse l'assimilation de la vie aux seules lois de la mécanique et, d'autre part, le corps ne se réduit nullement au corps biologique puisqu'il désigne, au sens large, toute configuration de domination et de puissance.

finalité ou de téléologie dont il n'a de cesse par ailleurs de contester la pertinence conceptuelle[1] : si le type supérieur ou « l'homme synthétique » s'avère dominant, c'est uniquement parce qu'un type *supérieur* se présente comme une forme d'organisation *irréductible* à celle d'une machine, même la plus intelligente.

1. Parmi de nombreux exemples : GM-II-12 et 13 ; NF-1885,34[55] ; 1887,11[72].

Chapitre 6

La machine à écrire des poèmes joyeux

Paolo D'Iorio

I. L'annonce

« Samedi après-midi. Hourra ! La *machine* vient de faire son entrée dans mon appartement ; elle fonctionne de nouveau à merveille. – Je ne sais encore pas ce que la réparation a coûté. L'ami Rée n'a pas voulu me le dire[1]. » C'est ainsi que Nietzsche écrit, à la plume, à sa sœur Elisabeth le 11 février 1882 depuis Gênes pour lui annoncer qu'il commence à utiliser sa nouvelle machine à écrire. Depuis des mois, il attendait ce moment. Le 13 juillet 1881, de Sils-Maria, il avait envoyé une carte postale à son ami Overbeck pour s'excuser de l'illisibilité de son écriture : « Pardonne, mon cher et bon ami ! Mais oui, mon écriture est impossible, personne ne peut plus me lire, pas même moi ! (Pourquoi fais-je imprimer mes pensées ? Mais pour pouvoir les lire *moi-même*. Pardonne-moi cela aussi !)[2] » Quelques jours plus tard, à la fin du mois de juillet, le philosophe avait probablement lu dans la *Kölnische Zeitung* l'annonce publicitaire d'un nouveau modèle de machine à écrire qui avait

1. Lettre à Elisabeth Nietzsche du 11 février 1882, BVN-1882,199.
2. Lettre à Franz Overbeck du 13 juillet 1881, BVN-1881,127.

reçu une médaille d'or à l'Exposition universelle de Paris. Une machine légère et rapide, qui semblait particulièrement adaptée aux philosophes errants et malvoyants :

> Machine à écrire Malling-Hansen.
> Médaille d'or Paris 1878.
> La vitesse d'écriture est 3 à 4 fois supérieure
> à celle de la plume.
> Tout le monde peut dès à présent écrire seul,
> même les aveugles.
>
> Cette machine à écrire, qui avait déjà attiré l'attention lors des expositions de Vienne et de Paris, a encore été améliorée sur de nombreux points. Elle est particulièrement utile pour les personnes souffrant de crampes ou de tremblements de la main. La machine pèse 6 livres. Des brochures d'information sont disponibles gratuitement. Prix : 350 reichsmarks. Pour toute commande, veuillez contacter Ritzau, Kjøbmagergade 26, Copenhague K[1].

Deux semaines plus tard, le 14 août, Nietzsche annonce à Peter Gast son intention d'acheter une machine à écrire et il l'informe qu'il est déjà en contact avec Rasmus Malling-Hansen à Copenhague, l'inventeur de la machine hémisphérique appelée *Skrivekugle*. Une semaine plus tard, il en parle de manière plus détaillée à Overbeck :

> J'ai eu un échange de lettres avec M. Malling-Hansen de Copenhague, l'inventeur de la machine à écrire – un instrument qui, après une semaine de pratique, peut être utilisé

1. L'annonce est parue dans la *Kölnische Zeitung mit Wirtschafts- und Handelsblatt*, numéros 206, 207, 208 des 27, 28 et 29 juillet 1881. Dans la seconde moitié du XIXe siècle, la *Kölnische Zeitung* était l'un des journaux allemands les plus populaires et Nietzsche l'a également mentionnée dans sa correspondance.

même sans utiliser les yeux, serait inestimable pour moi, mais ce n'est pas une chose pour les « pauvres gens » comme moi – avec la mallette et « déjà emballé pour l'expédition », donc sans calculer les frais de transport, il coûte 375 reichsmarks. Il pèse 6 livres et mesure 8 pouces de long. Je joins un échantillon d'écriture[1].

Annonce publicitaire de la machine à écrire danoise Malling-Hansen publiée dans la *Kölnische Zeitung* du 27, 28 et 29 juillet 1881.

Hans Rasmus Johan Malling-Hansen est né le 15 septembre 1835 à Hunseby, dans la province de Lolland,

1. Lettre à Overbeck des 20 et 21 août 1882, BVN-1881,139. Les lettres de Nietzsche à Malling-Hansen ne sont pas conservées, mais le philosophe mentionne cette correspondance dans la lettre précitée et dans celles adressées à Gast le 14 août et à sa sœur le 21 août et le 5 décembre 1881 (BVN-1881,136, 141 et 175). Pour estimer le coût de la machine à écrire, on peut considérer qu'il équivalait à près de deux mois de la pension mensuelle de Nietzsche, qui s'élevait à 300 francs suisses, soit environ 200 Deutschemarks.

au Danemark, et est décédé le 27 septembre 1890 à Copenhague. À partir de 1859, il travaille comme enseignant à l'école des sourds-muets de Copenhague et, dès 1865, il commence à concevoir des machines à écrire. L'idée de son invention la plus célèbre, la machine à écrire hémisphérique, est née de son observation de la vitesse de la langue des signes par rapport à l'écriture manuscrite. Au cours de son travail avec des sourds-muets, il s'est rendu compte que le langage des doigts permettait de représenter un plus grand nombre de symboles phonétiques dans le même laps de temps que l'écriture traditionnelle. Il devait donc être possible de construire une machine à écrire capable d'exploiter la vitesse des doigts. Malling-Hansen a expérimenté différentes dispositions des lettres de l'alphabet sur un clavier hémisphérique en porcelaine et a ainsi construit son clavier idéal. Sur celui-ci, les voyelles étaient placées à gauche, les consonnes à droite, et la disposition des voyelles et des consonnes individuelles était basée sur leur fréquence, de sorte que les touches les plus utilisées se trouvaient au centre, au niveau des doigts les plus agiles. Cela permettait d'apprendre à écrire rapidement, en alternant les deux mains, et sans avoir à regarder le clavier. De 1870 à 1878, Malling-Hansen construisit plusieurs modèles, déposa les brevets correspondants et fut le premier au monde à lancer la production commerciale de machines à écrire[1].

1. *Cf.* Dieter Eberwein, *Nietzsches Schreibkugel. Ein Blick auf Nietzsches Schreibmaschinenzeit durch die Restauration der Schreibkugel*, 2e édition augmentée et révisée, Schauenburg, Typoskript-Verlag Eberwein, 2005, p. 17-25.

II. La machine danoise et la machine américaine

Le modèle produit à partir de 1878 se compose d'un dôme hémisphérique en laiton, semblable à un grand coussin à épingles, avec 52 touches disposées radialement. Chaque touche était reliée à une barre qui frappait directement le ruban encré, imprimant le caractère sur la feuille de papier. Un chariot mécanique déplaçait la feuille horizontalement, assurant un espacement correct entre les caractères et entre les lignes. Ce mécanisme était plus silencieux que le mécanisme à levier adopté par les machines à écrire concurrentes, et le groupe de barres était en outre recouvert d'une protection qui atténuait encore davantage le bruit. La machine était également équipée d'une barre d'espacement, d'une cloche pour signaler la fin de la ligne, d'un mécanisme de retour automatique du chariot et de la possibilité de produire des copies sur papier carbone.

La concurrente était la machine à écrire « Remington Number 1 », produite à partir de 1873, qui utilisait un système de marteaux actionnés par levier. En plus d'être plus bruyant, ce système était plus lent et, par conséquent, si des marteaux proches les uns des autres étaient actionnés en succession rapide, ils se coinçaient, bloquant la machine. Pour résoudre ce problème, l'inventeur de la Remington, le typographe et éditeur américain Christopher Latham Sholes originaire de Milwaukee dans le Wisconsin, avait établi une liste des lettres les plus utilisées en anglais et avait modifié la disposition des touches du clavier, passant d'un agencement alphabétique à un agencement dans lequel les paires de lettres les plus fréquemment utilisées étaient physiquement éloignées les unes des autres, de manière à réduire la possibilité que deux marteaux soient actionnés presque simultanément. En d'autres termes, le clavier encore aujourd'hui le plus répandu, le clavier dit QWERTY, a été conçu par Sholes pour *ralentir* la frappe et éviter que les touches ne se bloquent en raison de la vitesse d'écriture, tandis que le clavier hémisphérique de Malling-Hansen a, au contraire, été pensé pour permettre d'écrire le plus rapidement possible.

Malgré l'originalité de sa conception et la qualité de sa réalisation technique, Malling-Hansen perdit la bataille commerciale. En 1882, Remington vendit plus de 3 000 machines, tandis que le modèle de Malling-Hansen, breveté en 1878, ne s'est vendu, pendant toute sa période de commercialisation, qu'à seulement 180 exemplaires[1]. Le succès commercial de la Remington s'explique par le fait qu'elle pouvait s'appuyer sur un vaste réseau de distribution et de magasins partenaires, alors que la machine de Malling-Hansen devait être commandée directement auprès du fabricant par le client. En effet, Remington était une société fondée en 1816 qui produisait des armes, des munitions, des outils agricoles et des machines à coudre. Lorsqu'elle commença à commercialiser des machines à écrire, en 1873, elle put les exposer et les vendre dans tous ses magasins aux États-Unis et en Europe. En revanche, il n'existait aucun magasin où l'on pouvait admirer et essayer la machine à écrire hémisphérique : chaque machine devait être commandée à Copenhague, auprès de l'atelier mécanique de Malling-Hansen. Il n'est donc pas surprenant que la mort prématurée du fondateur en 1890 ait également marqué la fin de la production et de la distribution de la machine danoise. Aujourd'hui, le *Skrivekugle* reste un

1. *Cf.* Eberwein, *Nietzsches Schreibkugel*, *op. cit.*, p. 82.

objet de collection précieux en raison de sa valeur et de sa beauté. Les trente-cinq exemplaires connus, dont cinq seulement sont en des mains privées, sont recherchés par des collectionneurs du monde entier qui sont prêts à payer des fortunes pour posséder l'une des plus belles machines à écrire jamais fabriquées. En septembre 2021, une Malling-Hansen, qui n'avait pas appartenu à l'un des philosophes les plus importants du monde, a été vendue pour 170 000 euros par l'Auction Team Brecker. En septembre 2024, un autre exemplaire, sans la mallette en acajou, a été vendu pour 100 000 euros chez Christie's. La machine de Nietzsche, si elle était mise en vente, serait probablement la machine à écrire la plus chère au monde[1].

III. Une machine portable pour un philosophe voyageur

Nietzsche choisit donc la machine danoise pour sa portabilité et, le 5 décembre, charge Elisabeth d'organiser l'achat : « Ma chère sœur, je connais très bien la machine de Hansen, M. Hansen m'a écrit deux fois et m'a envoyé des échantillons d'écriture, des illustrations et les avis des professeurs de Copenhague à ce sujet. C'est *celle-ci* que je veux (*pas* l'américaine qui est trop lourde)[2] ».

1. Voir https://auction-team.de et www.christies.com/en/lot/lot-6495017.
2. Lettre à Elisabeth Nietzsche du 5 décembre 1881, BVN-1881,175. Voir aussi la lettre de la veille, BVN-1881,173 et la lettre à Overbeck du 17 septembre 1881, BVN-1881,149 : « Non, une telle casserole ne convient *pas* à mon équipement ménager, qui doit être rapide et facile à transporter, tout comme moi-même (tout comme la machine à écrire dont il a été question). »

La découverte récente d'un exemplaire de la machine à écrire Malling-Hansen nous donne une idée du matériel que Nietzsche avait reçu de Copenhague. Cette machine, qui porte le numéro de série 124, est la « sœur » de la machine de Nietzsche, qui porte le numéro de série 125. Parfaitement conservée, elle comprend la mallette d'origine en acajou et deux documents importants rédigés en allemand. 1) Un feuillet d'information daté de « juillet 1881 » énumérant les prix internationaux remportés par la machine à écrire et donnant les appréciations de trois acheteurs célèbres : Carl Valentin Holten (1818-1886), professeur à l'université polytechnique de Copenhague ; Poul Sophus Vilhelm Heegaard (1835-1884), professeur de philosophie à l'université de Copenhague ; Franz Herman Wolf, consul d'Allemagne à Carlskrona, en Suède. 2) Le second document est un manuel d'instruction en allemand contenant des indications précises et détaillées sur l'utilisation et l'entretien de la machine[1].

Il ressort de la lettre citée que Nietzsche connaissait également le modèle américain, mais qu'il avait choisi la machine danoise parce qu'elle était plus silencieuse et plus facile à transporter. En effet, la machine à écrire américaine, la Remington, pesait 12,3 kilos (plus une malle en fer-blanc avec un socle en bois pesant 4 kilos) tandis que la Malling-Hansen était une machine petite et maniable, facile à transporter, de 21,6 centimètres de haut et 18 centimètres de large, qui ne pesait que 3,5 kilos. Nous ne

1. Voir l'article de Jørgen Malling Christensen à l'adresse www.malling-hansen.org/the-writing-ball/writing-ball-no-124-found.html. Un échantillon d'écriture en danois a été envoyé par Nietzsche à Overbeck, joint à sa lettre des 20-21 août 1881, BVN-1881,139 ; il est conservé à la bibliothèque universitaire de Bâle et reproduit dans Eberwein, *Nietzsches Schreibkugel*, *op. cit.*, p. 80.

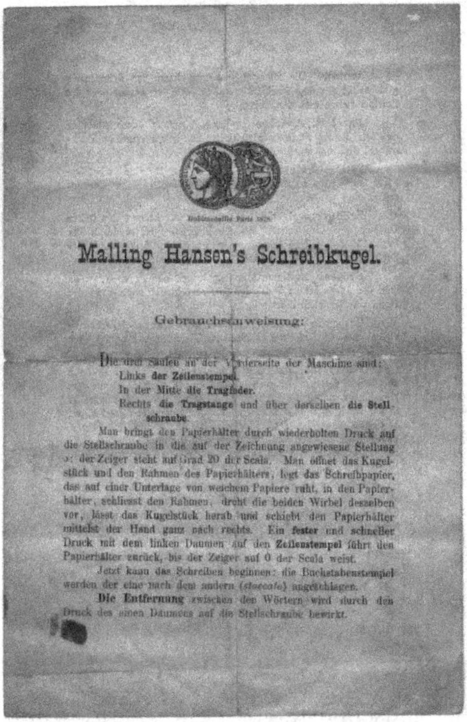

Malling Hansen's Schreibkugel.

Gebrauchsanweisung:

Die drei Säulen an der Vorderseite der Maschine sind:
Links **der Zeilenstempel**.
In der Mitte **die Tragfeder**.
Rechts **die Tragstange** und über derselben **die Stellschraube**.

Man bringt den Papierhälter durch wiederholten Druck auf die Stellschraube in die auf der Zeichnung angewiesene Stellung : der Zeiger steht auf Grad 20 der Scala. Man öffnet das Kugelstück und den Rahmen des Papierhälters, legt das Schreibpapier, das auf einer Unterlage von weichem Papiere ruht, in den Papierhälter, schliesst den Rahmen, dreht die beiden Wirbel desselben vor, lässt das Kugelstück herab und schiebt den Papierhälter mittelst der Hand ganz nach rechts. Ein **fester** und **schneller** Druck mit dem linken Daumen auf den **Zeilenstempel** führt den Papierhälter zurück, bis der Zeiger auf 0 der Scala weist.

Jetzt kann das Schreiben beginnen: die Buchstabenstempel werden der eine nach dem andern (*staccato*) angeschlagen.

Die Entfernung zwischen den Wörtern wird durch den Druck des einen Daumens auf die Stellschraube bewirkt.

Première page du manuel d'instructions accompagnant la Malling-Hansen numéro de série 124, probablement identique à celui reçu par Nietzsche avec sa machine à écrire numéro de série 125 (The International Malling-Hansen Society ; www.malling-hansen.org).

savons pas où Nietzsche a obtenu des informations sur la machine américaine. Mais à l'époque il existait des agences Remington dans plusieurs grandes villes européennes, dont Gênes, où le représentant, l'expéditeur Carlo Fantoni, avait un bureau au 13 via San Lorenzo, à dix minutes à pied du domicile du philosophe, salita delle Battistine 8,

La machine à écrire danoise avec l'élégante mallette
en acajou qui rendait la machine portable.

interno 6. Un témoignage contemporain nous informe de la présence de machines Remington dans le bureau de Fantoni :

> Vers 1880, Giuseppe Ravizza eut l'occasion de voir la première machine à écrire « Remington ».
> Dans une page du journal de Ravizza – sur laquelle nous reviendrons – il écrit : « Je vois maintenant la machine Remington : elle est certes un prodige de solidité, de précision et de beauté, mais elle demande beaucoup d'énergie et d'efforts, les touches sont deux fois plus dures que celles d'un piano et ont une course très longue, de 2 centimètres. Cependant, M. Fantoni fils affirme qu'il la manie longtemps et rapidement sans se fatiguer. Elle fait en outre beaucoup de bruit[1]. »

1. G. Aliprandi, « Giuseppe Ravizza e il suo "cembalo scrivano" », dans *Bollettino storico per la provincia di Novara. Rivista della Società storica novarese*, 1932, p. 56-58. L'adresse de Fantoni se trouve dans *Lunario*

Giuseppe Ravizza (1811-1885) a été l'une des figures de proue de l'histoire des machines à écrire dès 1855. En 1883, il a breveté, avec Fantoni, le « clavecin écrivain à écriture visible ». Dotée d'un clavier de 32 touches placées sur deux rangées superposées, c'était la première machine qui permettait de voir « ce qui s'écrit au fur et à mesure », une caractéristique qui ne sera reprise qu'en 1898 par la Underwood.

La machine à écrire « Remington numéro 1 », concurrente de la machine danoise.

genovese compilato dal Sig. Regina e C. per l'anno 1885, Gênes, Pagano, 1885, p. 458. Voir également l'entrée sur Ravizza dans le *Dizionario biografico degli Italiani*, volume 86 (2016).

IV. Par Elisabeth *via* Rée

Alors que Nietzsche se renseignait à Copenhague, Elisabeth se rendit de son côté à Leipzig début décembre où elle eut l'occasion de voir une machine hémisphérique en fonctionnement et probablement de la commander directement au fabricant[1]. Certaines lettres d'Elisabeth à son frère datant de cette période ayant été perdues, nous ne savons pas où elle a eu l'occasion d'essayer la machine à écrire. Nous ne disposons pas non plus de la lettre dans laquelle Elisabeth annonçait qu'elle voulait en faire cadeau à son frère. En revanche, nous connaissons la réponse reconnaissante et embarrassée du philosophe : « Eh bien, comment puis-je te répondre maintenant, ma sœur bien-aimée ? Je n'arrive pas encore à croire que tu veuilles m'offrir la machine à écrire ; quand nous nous reverrons, je te dirai ce que je ne saurais t'écrire[2] –. »

La machine fut donc achetée par la sœur de Nietzsche et envoyée de Copenhague, ou de Leipzig, à Naumburg en janvier 1882. Nietzsche demanda à Elisabeth de ne pas l'envoyer à Gênes, mais de la faire porter par son ami Rée qui se trouvait alors à Leipzig, avait déjà rendu visite deux fois à la mère et à la sœur de Nietzsche à Naumburg et prévoyait d'aller voir le philosophe à Gênes. Voici les instructions catégoriques de Nietzsche :

1. Lettre de Nietzsche à Overbeck, 6 décembre 1881, BVN-1881,176 : « La machine à écrire est devenue une nécessité, je l'ai commandée, ma sœur est allée spécialement à Leipzig, et en a vu une en fonctionnement. »

2. Carte postale à Elisabeth Nietzsche du 30 janvier 1882, BVN-1882,193.

Bien sûr, la machine à écrire m'est *indispensable* (étrange ! Je n'y avais plus pensé, alors que mes yeux me font tant souffrir ! *Ils sont très sollicités* à chaque attaque !). Donc : *j'ai l'intention d'acheter la machine* – À CONDITION que mon ami Rée me l'apporte (afin qu'elle ne soit pas envoyée par la poste !). Je ne voudrais pas non plus de celle que tout le monde a testée[1].

Une fois l'achat effectué, en attendant que Rée arrive à Gênes lui apporter le beau cadeau de sa sœur, Nietzsche écrit à sa famille une petite lettre de Noël dans laquelle il se plaint à nouveau de l'état de ses yeux. Après la machine à écrire, il espère que quelqu'un inventera, pour les quasi-aveugles comme lui, une machine à lire.

Ma vue baisse, je ne peux pas le cacher. Maintenant, il m'arrive souvent de renverser et de casser quelque chose, ou de trébucher. Où puis-je trouver une autre ville aussi parfaitement pavée avec des pierres aussi larges que Gênes, où même si je me promène, je trouve toujours des pierres dures et lisses (et avec des rainures quand le chemin monte ou descend) ? [...]
Maintenant mes yeux refusent de continuer – et peut-être ne pourrez-vous même pas *lire* ces gribouillis.
Après la machine à écrire, une machine à lire à haute voix serait une très belle invention. Tout lecteur *humain* est une perturbation pour un animal pensant et sensible, tel que je suis[2].

1. Lettre à Elisabeth Nietzsche, 4 décembre 1881, BVN-1881,173. Eberwein suppose que Nietzsche a bénéficié d'une remise parce qu'il a acheté un modèle d'exposition qui, en tant que tel, porte un « b » à côté du numéro de série 125, *cf.* Eberwein, *Nietzsches Schreibkugel*, *op. cit.*, p. 82 et la figure 15 à la p. 33.

2. Lettre à la famille, 21 décembre 1881, BVN-1881,181, un concept réitéré en plaisantant dans la lettre dactylographiée à Overbeck du 17 mars : « Il faut maintenant que mes amis inventent une machine qui lise pour moi : sinon, je perds mon élan et je manque de la nourriture nécessaire à l'esprit. Ou

Quelques jours plus tôt, il avait écrit à Gast pour lui annoncer la rédaction de ce qu'il pensait être son dernier manuscrit, la suite d'*Aurore*. Au lieu de cela, comme nous le verrons, après une brève expérience avec la machine à écrire, le philosophe retournera à la plume et, de plus, la suite d'*Aurore* se transformera en *Le Gai Savoir*[1].

V. Six semaines de dactylographie

Mais procédons dans l'ordre. Le 5 février, deux lettres partent de Gênes pour annoncer l'arrivée de la machine à écrire, survenue la veille. Une lettre est envoyée par Nietzsche à l'adresse de Peter Gast à Venise :

> Hier, le Dr Rée est arrivé ; il habite à côté et restera un mois. Ce soir, nous serons tous les deux au théâtre Carlo Felice, pour voir *Sarah Bernhardt* dans *La Dame aux camélias* (Dumas *fils*). La machine à écrire (500 francs) est *ici*, mais – en cours de route – elle a été endommagée : peut-être faudra-t-il la renvoyer à Copenhague pour la faire réparer, je saurai quelque chose de précis aujourd'hui par le meilleur mécanicien d'ici[2].

La seconde lettre, beaucoup plus détaillée, est écrite par Rée et adressée à Elisabeth Nietzsche à Naumburg. Nous en citons des extraits.

---

plutôt : j'ai besoin d'une jeune personne à côté de moi qui soit assez intelligente et cultivée pour *travailler* avec moi. Dans ce but, je serais même prêt à me marier pour quelques années – ce qui nécessiterait bien sûr d'autres conditions – », BVN-1882,210.

1. Lettre à Peter Gast, 18 décembre 1881, BVN-1881,180.
2. Lettre à Peter Gast, 5 février 1882, BVN-1882,195.

> Mademoiselle ! Je suis dans un tel état de ravissement et d'exubérance [...] Son cher frère se porte si bien et, ce qui compte presque davantage, il est de si bonne humeur comme je ne l'avais plus vu depuis mon premier séjour à Bâle (vers 1872). [...] Il dispose d'une chambre confortable au centre de la ville, mais tout à fait silencieuse, car elle se trouve près d'un monastère devant lequel les voitures ne peuvent pas passer. [...] Mais il n'y a pas de rose sans épine – cette fois-ci, l'épine, c'est la machine à écrire. Elle est un peu déformée. Mais un mécanicien d'ici m'assure qu'il la réparera parfaitement. Figurez-vous que les cales dans lesquelles elle était fixée se sont détachées ; incroyable, elles étaient mal collées. En réalité, elles auraient dû être encastrées ou clouées. C'est pour cette raison que la machine a été ballottée dans la mallette. Mais ne vous inquiétez pas. Je la livrerai dans son état d'origine, *quoi qu'il en coûte*. Dès que le mécanicien aura terminé, je vous écrirai de nouveau[1].

Le voyage en train et la course en carrosse avaient endommagé la machine à écrire, mais le mécanicien génois trouvé par Rée réussit à la réparer en une semaine, du 4 au 11 février. En fait, comme nous le verrons, il aurait mieux valu la renvoyer au fabricant, à Copenhague, car le Génois ne connaissait évidemment pas ce tout nouvel instrument

1. Paul Rée à Elisabeth Nietzsche, le 5 février 1882, dans Ernst Pfeiffer (dir.), *Friedrich Nietzsche, Paul Rée, Lou von Salomé. Correspondance*, Paris, PUF, 1979, p. 81. La faiblesse des cales stabilisatrices présentes dans l'élégante mallette en acajou était en effet un défaut de fabrication déjà signalé par d'autres acheteurs. Par exemple, pour résoudre ce problème, dans l'exemplaire conservé au Musée norvégien de la technologie à Oslo, les cales ont été fixées à l'aide d'une vis, voir https://digitaltmuseum.no/011024254403/skrivemaskin, en particulier l'image 7/8, ainsi que Eberwein, *Nietzsches Schreibkugel*, *op. cit.*, p. 83-84. Le volume d'Eberwein fournit, aux p. 43 à 49, une chronologie fiable et une description détaillée des réparations.

d'écriture et n'avait pas pu le réparer de manière définitive. Cependant, le 11 février, la machine fonctionnait à nouveau. Nietzsche et Rée étaient ravis et ont tous deux exprimé leur joie à Elisabeth. Nous avons cité la carte postale de Nietzsche au début de notre article, lisons maintenant la lettre de Rée.

> Mademoiselle ! Elle bouge, elle marche ! J'avais tout de suite eu le pressentiment que les voyages en carrosse ne lui convenaient pas. Mais à présent elle est *complètement* réparée ; et c'est incroyable à dire, elle marche même mieux qu'avant. Les caractères étaient un peu trop espacés sur le papier lorsqu'on ne plaçait pas un petit morceau de papier d'une certaine épaisseur sous un des ressorts. Ce défaut a disparu grâce à la réparation effectuée ici. En outre, autre avantage, Monsieur votre frère dispose ici même d'une personne initiée au cas où il devrait encore arriver quelque chose. Nous étions hier tous les deux si heureux. J'aurais presque embrassé la machine à écrire, lorsqu'elle s'est vraiment mise à fonctionner, mais aujourd'hui, hélas, hélas, Monsieur votre frère a eu de nouveau une attaque. À part cela, il nourrit lui aussi les plus beaux espoirs concernant la machine[1].

Nietzsche étant malade, en ce samedi 11 février 1882, c'est probablement Paul Rée qui testa la machine en tapant quelques lettres sur une feuille de papier sur laquelle on peut encore lire : « SAU REE. » Selon la chronologie établie par Eberwein, il s'agit non seulement de la première feuille dactylographiée, mais aussi de la dernière car les lettres presque illisibles qui forment le nom de Nietzsche dans le coin supérieur gauche ont été écrites le 24 mars 1882, date à laquelle le philosophe a dû finalement se rendre compte

1. Pfeiffer, *Correspondance*, *op. cit.*, p. 82-83.

que la machine était désormais inutilisable[1]. Après cette feuille d'essai, Nietzsche utilisera la machine pour écrire des lettres et surtout des poèmes. La première lettre, envoyée à Gast le 17 février, réunit ces deux genres car elle contient des rimes plaisantes qui seront en partie reprises dans cette poignée de vers allemands ouvrant *Le Gai Savoir* sous le titre « Plaisanterie, ruse, vengeance ».

Glace sans pli, paradis
Pour le danseur averti.

Si les yeux et l'esprit tu ne veux t'épuiser :
Même après le soleil cours dans l'obscurité !

Ne sois pas trop prodigue, c'est obscène :
Chier tout le temps, c'est bon pour un chien.

Mieux vaut inimitié d'un bloc
Qu'amitié de bric et de broc.

La pauvreté est modeste, le bonheur sans valeur,
C'est pourquoi je m'assieds sur mon cul, pas sur de l'or.

Cette montagne, comment au mieux l'escalader ?
Monte dessus sans y songer !

Il faut la rouille aussi, le tranchant seul n'est rien !
Ou toujours l'on dira de toi : « C'est un gamin »[2].

1. *Cf.* Eberwein, *Nietzsches Schreibkugel*, *op. cit.*, p. 86 et 210, et la reproduction en fac-similé de cette première et dernière feuille d'épreuve publiée dans DFGA/Mp-XVIII-3,46.

2. Lettre à Gast du 17 février 1882, texte dans eKGWB/BVN-1882,201, fac-similé dans DFGA/FBVN-1882-201. Pour la plupart des textes que nous avons utilisés, la traduction est de Guillaume Métayer : Friedrich Nietzsche, *Poèmes complets*, Paris, Les Belles Lettres, 2019, p. 11-12.

Gast répond en louant la force des sentences de Nietzsche et en se lançant dans une réflexion plus générale sur l'influence des outils d'écriture sur le style et la pensée d'un auteur :

> Maintenant, je voudrais voir comment on manipule l'appareil d'écriture ; je m'imagine que cela demande beaucoup d'exercice avant que les lignes ne coulent d'elles-mêmes. Peut-être même qu'avec cet instrument vous vous habituerez à une nouvelle façon de vous exprimer ; – pour ma part, cela pourrait bien m'arriver ; je ne nie pas que mes « pensées », en musique comme dans le langage, dépendent souvent de la qualité de la plume et du papier, – avec quoi on a probablement déjà tout dit sur ces « pensées »[1].

Nietzsche répond avec surprise à l'appréciation de ces vers, qui n'étaient rien d'autre pour lui qu'un divertissement dont il se délectait au cours de ses promenades. En revanche, il donne entièrement raison à Gast en ce qui concerne l'influence des outils d'écriture sur la pensée : « Vous avez raison – nos instruments d'écriture participent à l'élaboration de nos pensées. Quand parviendrai-je à forcer mes doigts à imprimer une phrase longue[2] ! »

Cette célèbre phrase de Nietzsche, « nos instruments d'écriture participent à l'élaboration de nos pensées », est souvent citée par les interprètes, en particulier ceux qui se sont intéressés à l'histoire de la machine à écrire du philosophe, mais aussi par de nombreux spécialistes des médias. Cependant, il arrive parfois que les interprètes ne tiennent pas compte de la lettre de Gast, oublient de citer le début de

1. Texte : BAN-1882,107, fac-similé : FBAN-1882-107.
2. Lettre à Peter Gast, vers fin février 1882, BVN-1882,202, FBVN-1882-202.

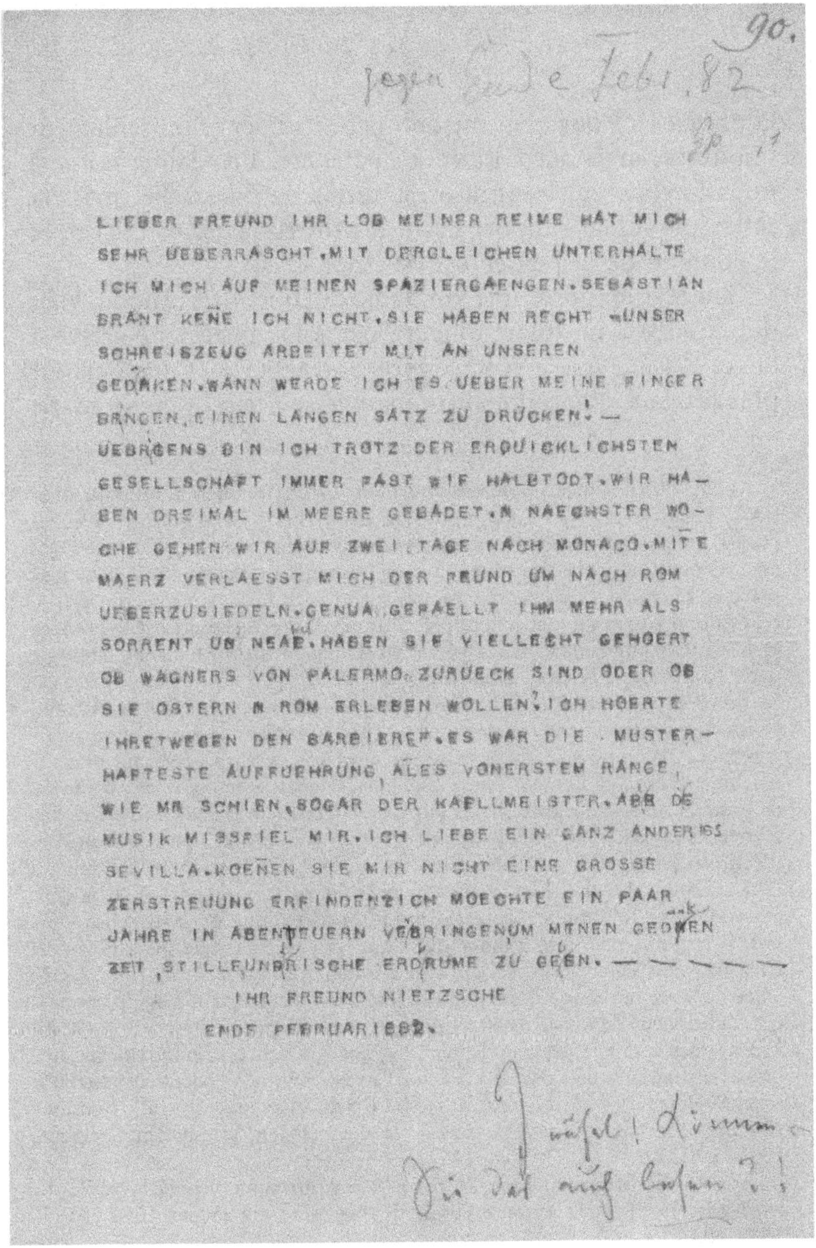

Lettre à Peter Gast contenant la célèbre phrase :
« nos instruments d'écriture participent à l'élaboration
de nos pensées » (FBVN-1882-202,1).

la phrase (« Vous avez raison ») et attribuent non seulement la phrase, mais aussi l'idée à Nietzsche. En réalité, comme nous l'avons vu, la phrase est certes de Nietzsche, mais la réflexion sur le rapport entre les instruments d'écriture et le contenu de la pensée est de Peter Gast[1].

Fin février, après une vingtaine de jours de pratique, bien que limitée à un quart d'heure par jour, Nietzsche arrive à la conclusion que « pour le moment, taper à la machine est plus fatigant que toute autre manière d'écrire[2] ». Le 6 mars,

1. Friedrich Kittler, *Grammophon, Film, Typewriter*, Berlin, Brinkmann & Bose, 1986, p. 293 : « C'est pourquoi c'est Nietzsche lui-même, avec sa phrase philosophiquement scandaleuse sur les technologies médiatiques, qui est responsable de la transvaluation de toutes les valeurs. En 1882, à la place de l'homme, de sa pensée, de son rôle d'auteur, deux genres ont pris le relais : le texte, et un instrument d'écriture aveugle. Nietzsche est le premier et le dernier philosophe mécanisé » ; Wolfgang Ernst, « Medienarchäologie nach Nietzsche », *Nietzscheforschung*, 2008, 15, p. 117 : « Sur la base de sa brève expérience avec la sphère d'écriture de marque Malling-Hansen, Nietzsche a expérimenté et décrit vers 1880 comment la machinerie typographique recompose le corps et ses propres pensées, transformant ainsi la machine à écrire en l'auteur Nietzsche. Nietzsche est le témoin par excellence de toute la théorie des médias. La lettre de Nietzsche à Heinrich Köselitz, fin février 1882, dans laquelle il déclare : "Vous avez raison – nos instruments d'écriture participent à l'élaboration de nos pensées", est à mi-chemin de l'intuition de Marshall McLuhan "*the médium is the message*". Tout a déjà été écrit sur l'importance de cette intuition canonique de Nietzsche. » En fait, il faudrait peut-être ajouter que ce n'est pas Nietzsche mais Heinrich Köselitz, *alias* Peter Gast, qui anticipe McLuhan et est le témoin par excellence de toute la théorie des médias… Jörg H. Gleiter, quant à lui, reconnaît que l'idée vient de Gast, mais soutient néanmoins que Nietzsche « a donné à cette idée une perspective épistémologique qui ne correspondait pas aux intentions initiales de Köselitz », *cf.* « „Tanzenkönnen" – Nietzsches literarischer Widerruf der Maschine », *in* Gerhard Schweppenhäuser (dir.), *Bild und Gedanke. Hermann Schweppenhäuser zum Gedenken*, Wiesbaden, Springer, 2017, p. 237.

2. Voir le diagramme sur les temps d'écriture quotidiens à la p. 72 du livre d'Eberwein et la lettre à Elisabeth Nietzsche, fin février 1882, BVN-1882,203.

la machine cesse d'écrire parce que le ruban est arrivé à son terme et doit être rembobiné en sens inverse. Cette opération demande une certaine compétence technique. Les deux amis rapportent la machine au mécanicien, qui parvient à rembobiner le ruban, mais cause d'autres dommages qu'il répare de manière approximative. Le lendemain, Nietzsche informe sa sœur que « la machine a été à nouveau réparée[1] ».

Le lundi 13 mars, Paul Rée quitte Gênes pour Rome. En passant par Monte-Carlo, il s'arrête au casino où il perd tout son argent et, en arrivant à Rome, il doit demander à Malwida von Meysenbug de régler ses frais de voyage. Ce jour-là, la machine à écrire doit être rapportée chez le mécanicien, car elle est de nouveau en panne. Cette fois, le mécanicien ne change pas le sens du ruban, mais le déroule entièrement et recoud une déchirure survenue vers le milieu.

Le 17 mars, Nietzsche écrit à Overbeck à propos d'un article de journal le concernant : « Il y a une description de ma vie à Gênes, dans le "Berliner Tageblatt", qui m'a amusé – ils n'ont même pas oublié ma machine à écrire. Cette machine est délicate comme un petit chien et me donne bien du souci – et quelque divertissement[2]. » En effet, le 28 février, un article signé par b.f. paraît non pas dans le *Berliner Tageblatt*, mais dans le *Deutsches Tageblatt* de Berlin.

– b.f. Le célèbre philosophe et écrivain Friedrich Nietsche [*sic*], que son affection oculaire a contraint, il y a environ trois ans, à renoncer à sa chaire à Bâle, séjourne actuellement à Gênes et, en dehors de son mal – qui s'est approché d'une cécité totale –, se porte mieux qu'auparavant. À l'aide d'une

1. Lettre à Elisabeth Nietzsche, BVN-1882,206, FBVN-1882-206, la date plausible de la lettre est le 7 et non le 4 mars 1882.
2. Lettre à Franz Overbeck, 17 mars 1882, BVN-1882,210.

> machine à écrire, il est de nouveau actif sur le plan littéraire, et l'on peut donc s'attendre à un nouveau livre dans le style de ses œuvres les plus récentes. Comme on le sait, ses derniers écrits contrastent fortement avec ses premières œuvres de grand mérite, en particulier le brillant ouvrage *La Naissance de la tragédie* et les quatre fascicules des *Considérations inactuelles*. Toutefois, nous pensons que ce savant noble et réfléchi pourrait encore en venir à une nouvelle transformation de sa vision philosophique. À son âge – il est au milieu de la trentaine – un Allemand n'a, en règle générale, pas encore « achevé » son développement[1].

Comme l'a indiqué Hauke Reich, l'auteur de l'article est probablement Bernhard Förster, antisémite notoire, président de l'Association wagnérienne de Berlin et futur gendre de Nietzsche. Entre fin 1881 et fin 1882, Förster a écrit dans ce journal une vingtaine d'articles signés B. Förster, b.f. et B.F. et avait déjà cité Nietzsche, avec la même orthographe incorrecte, dans un article du 10 décembre 1881 sur l'origine de l'art et de la culture en Grèce[2]. Mais surtout, ajoutons-nous, Nietzsche lui-même nous informe que sa sœur s'était rendue début mars « à l'Architecten-Haus (de Berlin) pour assister à une conférence du Dr Förster, qui s'est exprimé à deux reprises en termes même excessifs à mon égard[3] ». Ainsi, il est très probable que Förster ait construit son article

1. *Deutsches Tageblatt*, Berlin, 28 février 1882, n° 59, 28 février 1882, p. 2.

2. Voir Hauke Reich, « Nachweis aus Deutsches Tageblatt (28. Februar 1882) », *Nietzsche-Studien*, 40 (2011), p. 332 et *Rezensionen und Reaktionen zu Nietzsches Werken. 1872-1889*, Berlin, De Gruyter, 2013, p. 2, 8-9, 574.

3. Lettre de Nietzsche à Overbeck, début mars 1882, BVN-1882,204. Le 17 mars, Nietzsche écrit à Overbeck : « À Berlin, j'ai un étrange apôtre : imaginez-vous que le docteur B. Förster, dans ses conférences, parle de moi en termes très emphatiques à ses auditeurs », BVN-1882,210.

à partir des informations fournies par Elisabeth, y compris la mention de la machine à écrire.

Le 20 mars, pour le troisième lundi consécutif, la machine retourne chez le mécanicien car le ruban pose à nouveau problème. Le 21, Nietzsche tape une lettre à Rée, mais vers la fin il est obligé de continuer à la plume car « la machine à écrire n'en peut plus, nous en sommes au point où se trouve la partie rapiécée du ruban ». Le 23 mars, à la plume, il informe Rée que « la machine à écrire refuse ses services depuis avant-hier ; c'est un mystère ! Tout est en ordre, mais *pas une* lettre n'est lisible ». Le 24, il parvient néanmoins à taper une dernière lettre à Gast, mais le 27 mars, il doit informer sa sœur que « la machine à écrire *est inutilisable* ; le temps est gris et nuageux, donc humide : et chaque fois qu'il fait ainsi, le ruban de couleur devient aussi *humide* et *collant*, de sorte que les caractères se collent les uns aux autres et qu'on ne peut plus rien distinguer de l'écriture[1] ». Le diagnostic climatique reflète davantage l'état d'âme du philosophe que l'état technique de la machine, qui n'était d'ailleurs pas sérieusement endommagée : le mécanicien génois aurait pu la faire fonctionner à nouveau, mais Nietzsche considérait, de toute évidence, que cette expérience d'écriture à la machine – qui avait duré six semaines, du 11 février au 24 mars 1882 – était terminée. L'écriture à la machine s'était révélée plus lente et plus problématique que l'écriture à la plume. Le 29 mars, cinq jours après le dernier tapuscrit, le philosophe confia la machine à écrire à son médecin de confiance, le docteur Karl Breiting de Bâle, en poste à l'Ospedale Evangelico di Genova, et embarqua sur un navire marchand à destination de Messine, « vers

1. *Cf.* BVN-1882, 215, 216 et 218.

le bout du monde », peut-être dans l'espoir de rencontrer Wagner, qui séjournait alors en Sicile[1].

VI. Un dossier de tapuscrits

Que reste-t-il de cette brève tentative de Nietzsche d'utiliser une machine à écrire ? Une liasse de tapuscrits et un précieux objet de collection.

Les papiers dactylographiés, parfois corrigés et complétés à la plume, comprennent 57 pages sur lesquelles le philosophe a écrit 33 610 caractères. Vingt et une de ces pages sont occupées par le texte de 15 lettres et d'une carte postale ; une feuille contenant une lettre a été perdue. Les 35 autres pages ont été utilisées pour écrire des vers, principalement des brouillons de « Plaisanterie, ruse et vengeance » et des *Idylles de Messine*[2]. Tous les tapuscrits sont conservés au Goethe- und Schiller-Archiv de Weimar, à l'exception de deux lettres à Overbeck qui se trouvent à la bibliothèque universitaire de Bâle et d'une lettre à Rée conservée au Deutsches Literaturarchiv Marbach. Les textes correspondants ont été publiés dans l'édition critique des œuvres et des lettres éditée par Colli et Montinari (KGW, KGB) et dans la version numérique éditée par D'Iorio (eKGWB). Une reproduction en fac-similé de tous les manuscrits originaux a été publiée à Weimar en 2002 par Stephan Günzel et Rüdiger

1. *Cf.* la lettre à Gast du 11 mars, BVN-1882,208, et l'appareil critique de l'édition allemande (KGB III 7/1, p. 191) et de l'édition italienne de la correspondance (vol. IV, p. 669) : « Du 10 au 13 avril, Nietzsche et Wagner étaient en effet tous deux à Messine, mais sans se rencontrer. »
2. *Cf.* Eberwein, *Nietzsches Schreibkugel*, op. cit., p. 12, 14, 51, 79.

Schmidt-Grépály. Dans cette édition, les documents sont reproduits en couleur, grandeur nature, et sont accompagnés d'un court appareil critique contenant la transcription des quelques lignes manuscrites. Les fac-similés ont été réédités en 2005 dans le volume de Dieter Eberwein, qui les a classés pour la première fois dans un ordre chronologique rigoureux et fiable. Enfin, la version numérique en couleur et en haute résolution des manuscrits de Nietzsche a été publiée par la DFGA sous la direction de D'Iorio[1].

VII. Un précieux objet de collection

Dans les locaux de l'ancien Nietzsche-Archiv de Weimar, aujourd'hui siège du Kolleg Friedrich Nietzsche, est conservée la machine à écrire hémisphérique de Nietzsche, un précieux objet de collection, parfaitement restauré et en état de fonctionnement[2].

Mais comment est-elle arrivée à Weimar ? Le dernier témoignage du philosophe, une lettre datée du 27 avril 1883, nous apprend qu'il avait laissé la machine à écrire à Gênes, entre les mains de son médecin, le docteur Breiting, qui avait

1. *Cf.* Friedrich Nietzsche, *Schreibmaschinentexte. Vollständige Edition Faksimiles und kritischer Kommentar. Aus dem Nachlass herausgegeben von Stephan Günzel und Rüdiger Schmidt-Grépály*, Weimar, Bauhaus-Universität Weimar – Universitätsverlag, 2009, 102 p. Eberwein, *Nietzsches Schreibkugel*, *op. cit.* La DFGA publie les poèmes dans le dossier Mp-XVIII-3 et les lettres de FBVN-1882-201 à FBVN-1882-217.

2. Voir la présentation de Sabine Walter pour le Nietzsche-Archiv (www.youtube.com/watch?v=r-NnEtykIqU) et la reconstitution interactive en trois dimensions et en réalité augmentée de Felix Herbst (vimeo.com/43124993 et https://prefrontalcortex.de/labs/model-viewer/writing-ball).

tenté – sans grand succès – de la réparer. À ma connaissance, aucun document ne nous informe sur la manière dont la machine à écrire est parvenue de Gênes à Weimar. Nous savons cependant qu'Elisabeth était en contact avec le docteur Breiting, comme en témoigne une lettre datée du 26 octobre 1883[1]. Hans Joachim Mette, dans l'introduction à la première édition critique de l'œuvre de Nietzsche, décrit l'état des manuscrits et rapporte que Gustav Naumann, neveu de l'éditeur de Nietzsche, Constantin Georg Naumann, s'était rendu à Gênes en 1894, mandaté par Elisabeth, afin de récupérer une caisse de manuscrits laissée chez la logeuse du philosophe, Mme Carlotta Bianchi. L'année suivante, Elisabeth elle-même s'était rendue à Bâle, Sils-Maria, Gênes, Rapallo et Turin pour récupérer les manuscrits de son frère. On peut supposer que, lors de l'un de ces voyages à Gênes, Gustav Naumann ou Elisabeth Nietzsche aient pris contact avec le docteur Breiting et récupéré la machine à écrire[2].

Du 9 novembre 2002 au 5 janvier, une exposition intitulée *Werkzeuge des Pegasus* (*Les instruments de Pégase*) a été présentée à la Maison de Goethe à Weimar. Elle rassemblait près de 200 instruments d'écriture ayant appartenu à de grandes figures littéraires des XVIIIe et XIXe siècles, du crayon de Goethe à l'encrier de Herder, jusqu'à la machine à écrire de Nietzsche. C'est en visitant cette exposition que Dieter Eberwein, collectionneur et réparateur de machines à écrire et d'autres dispositifs mécaniques de précision, a remarqué la Malling-Hansen de Nietzsche et a proposé de la réparer. Les Archives Goethe-Schiller ont accepté cette proposition,

1. *Cf.* Karl Breiting à Elisabeth Nietzsche, KGB III 7/1, p. 969.

2. Hans Joachim Mette, « Sachlicher Vorbericht zur Gesamtausgabe der Werke Friedrich Nietzsches » dans Friedrich Nietzsche, *Werke und Briefe. Historisch-kritische Gesamtausgabe. Werke*, 1, Munich, Beck, 1934, p. CIV-CXV.

La machine à écrire de Nietzsche (Klassik Stiftung Weimar).
La mallette en acajou a été perdue en 1945.

et la restauration a débuté le 4 février 2003, sous de strictes mesures de sécurité et sous la surveillance attentive du personnel des Archives. Eberwein a minutieusement décrit et illustré avec 500 photos couleur chaque détail de ce travail de haute précision, qui a duré environ 100 heures entre février et novembre 2003[1]. En plus de son propre travail, Eberwein est parvenu à reconstituer de manière détaillée

1. Voir www.malling-hansen.org/friedrich-nietzsche-and-his-typewriter-a-malling-hansen-writing-ball/the-writing-ball-as-a-window-toward-the-

et chronologique les restaurations d'époque effectuées par le mécanicien génois, ainsi que les dommages subis par la machine en 1945, lorsque les troupes de l'Armée rouge occupèrent les locaux du Nietzsche-Archiv et que son contenu fut emballé en vue d'un transfert à l'étranger. Finalement, les caisses furent envoyées aux Archives Goethe-Schiller, mais certains documents furent perdus ou endommagés pendant le transport. La machine à écrire subit alors quelques dégâts, et son élégante mallette en acajou ne fut jamais retrouvée[1].

Les travaux d'Eberwein confirment scientifiquement que la machine à écrire actuellement conservée dans les locaux des anciennes Archives Nietzsche à Weimar est bien celle qui a produit les tapuscrits conservés dans le legs de Nietzsche et donc qu'il s'agit bien de la machine à écrire ayant appartenu au philosophe. En effet, chaque machine à écrire hémisphérique de Malling-Hansen laisse une empreinte unique sur le papier car les types sont gravés à la main. Étant donné que chaque barre de caractères frappe le papier sous un angle différent, chaque lettre doit être gravée avec une distorsion angulaire précise. De plus, puisque le support du papier est disposé transversalement par rapport à la personne qui écrit, les caractères doivent être tournés de 90 degrés et reproduits en miroir pour obtenir l'impression souhaitée. Ce travail complexe était réalisé à la main sur des plaques de cuivre par des graveurs professionnels et conférait ainsi

passed-time.html et, pour un résumé des travaux de restauration, Eberwein, *Nietzsches Schreibkugel*, *op. cit.*, p. 27-50.

1. *Cf.* Wolfgang Stephan, « Der Zugriff der sowjetischen Militäradministration auf Nietzsches Nachlass 1946 und seine Retter », *Nietzsche-Studien*, 1998, 27, p. 527-534 et P. D'Iorio, « Geschichte der Bibliothek Nietzsches und ihrer Verzeichnisse », *in* Giuliano Campioni, Paolo D'Iorio, Maria Cristina Fornari, Francesco Fronterotta, Andrea Orsucci (dir.), *Nietzsches persönliche Bibliothek*, Berlin, New York, De Gruyter, 2003, p. 32-78.

à chaque machine une sorte d'« empreinte digitale » qui la rend unique. Par exemple, la machine de Weimar a la lettre T trop courte et la lettre C trop profonde. La correspondance parfaite entre tous les caractères produits par la machine conservée à Weimar et les tapuscrits du philosophe confirme sans aucun doute possible que la machine de Weimar est celle utilisée par Nietzsche.

Outre ce premier résultat fondamental, l'analyse d'Eberwein a apporté d'autres informations importantes. Elle a permis d'établir, comme nous l'avons vu plus haut, la liste détaillée et précise des réparations et a également confirmé que le ruban encré est bien celui d'origine. L'analyse des tapuscrits a permis de déterminer la vitesse de frappe de Nietzsche, qui passe de 15 frappes par minute à la mi-février à environ 100 frappes par minute vers la fin mars. Les caractères en double et l'espacement incomplet des lignes indiquent une écriture aux « doigts délicats » où la force de frappe ne dépasse guère 600 grammes (6 newtons). Il a aussi été possible d'estimer la durée moyenne quotidienne d'écriture à environ quinze minutes. Les empreintes des frappes sur le ruban démontrent la perte de deux documents, l'un de 160 et l'autre de 700 frappes[1]. Enfin, Eberwein a reconstitué et complété l'écriture d'une courte carte postale qui commençait par : « Non, il ne sera pas si facile de séparer nos âmes, sans raison, pas même pour une raison plus fondamentale que toutes les autres » et qui probablement se terminait par un texte semblable à l'une des rimes de « Plaisanterie, ruse et vengeance » : « Mieux vaut inimitié d'un bloc / Qu'amitié de bric et de broc ! » La carte postale était probablement adressée à Richard Wagner[2].

1. *Cf.* Eberwein, *Nietzsches Schreibkugel*, *op. cit.*, p. 217-220 et *passim*.
2. *Ibid.*, p. 100-103.

La conclusion générale qu'Eberwein tire de son travail de précision mérite d'être citée dans son intégralité :

> Puisque cette méthode d'investigation permet de déchiffrer un texte dactylographié et de l'attribuer à son auteur grâce aux empreintes uniques laissées par la machine, l'anonymat apparent de l'écriture mécanique se trouve dissous. Il en résulte également une réfutation de l'observation de Heidegger selon laquelle, dans l'écriture à la machine, tous les hommes apparaîtraient semblables[1].

D'un point de vue philologique et génétique, en revanche, le résultat le plus important du travail d'Eberwein est d'avoir permis, pour la première fois, de classer tous les tapuscrits selon un ordre rigoureusement chronologique, alors que le classement précédent utilisé par les Archives Nietzsche selon l'inventaire de Hans Joachim Mette, et repris par toutes les publications ultérieures, divisait les lettres des poèmes et disposait les poèmes de manière à donner l'impression d'un recueil[2].

1. Dieter Eberwein, *in ibid.*, p. 77, cite Jacques Derrida qui à son tour cite Heidegger : « La machine "dégrade" [*degradiert*] le mot ou la parole qu'elle réduit à un simple moyen de transport [*Verkehrsmittel*], à l'instrument de commerce et de communication. En outre, elle offre l'avantage, pour ceux qui souhaitent cette dégradation, de dissimuler l'écriture manuscrite et le "caractère". "Dans l'écriture à la machine, tous les hommes se ressemblent", conclut Heidegger (p. 119) », *cf.* Jacques Derrida, « La main de Heidegger (*Geschlecht II*) », *in Heidegger et la question*, Paris, Flammarion, 1990, p. 201. La citation de Heidegger [*In der Maschinenschrift sehen alle Menschen gleich aus*] se trouve dans le cours sur Parménide, § 5, vol. 54 de la *Gesamtausgabe*, p. 119.

2. La procédure intelligente, complète et précise pour déterminer la chronologie des manuscrits est illustrée par des raisonnements, des photos et des diagrammes dans le troisième chapitre du livre d'Eberwein, p. 51-77, auquel nous renvoyons le lecteur.

VIII. L'interprétation de l'ami

Grâce à l'ordre chronologique, nous pouvons désormais pénétrer dans l'appartement de Gênes, au numéro 8, appartement 6 de la salita delle Battistine, et observer les deux amis, Nietzsche et Rée, penchés sur la table, la machine à écrire devant eux, le manuel à portée de main et quelques feuilles blanches éparpillées. Ils essaient de comprendre ensemble comment utiliser ce nouvel instrument d'écriture. Et nous voyons Nietzsche associer, dès le début, la dactylographie à la poésie. Les premières feuilles issues de la machine contiennent en effet des vers : entre le dimanche 12 et le jeudi 16 février, tapant entre dix et vingt minutes par jour, Nietzsche compose deux courts poèmes. Voici le texte du premier :

> Si je m'explique, alors je m'empêtre :
> Puisse un ami devenir mon interprète
> Et lorsqu'il suit son propre chemin,
> Il porte l'image de l'ami en ses mains[1].

1. [*Leg ich mich aus, so leg ich mich hinein / So moeg ein Freund mein Interprete sein / Und wenn er steigt auf seiner eignen Bahn / Trägt er des Freundes Bild mit sich hinan*], Mp-XVIII-3,45. Cette version est connue des interprètes parce qu'elle contient une coquille pour ainsi dire « freudienne ». Nietzsche a en effet écrit *Freud* au lieu de *Freund*. Selon Günzel, « symboliquement, la coquille de Nietzsche représente l'instrument d'écriture comme l'inconscient de l'écriture et l'écriture comme la forme transcendantale de l'articulation de la pensée », cf. Stephan Günzel, « Nietzsches Schreibmaschinentexte. Interpretationsansätze und Vorstellung der Edition », in Marta Kopij, Wojciech Kunicki (dir.), *Nietzsche und Schopenhauer. Rezeptionsphänomene der Wendezeiten*, Leipzig, Universität Verlag, 2006, p. 429. Selon Martin Stingelin, « Comments on a ball. Nietzsche's play on the typewriter », *in* Hans Ulrich Gumbrecht et Ludwig K. Pfeiffer (dir.),

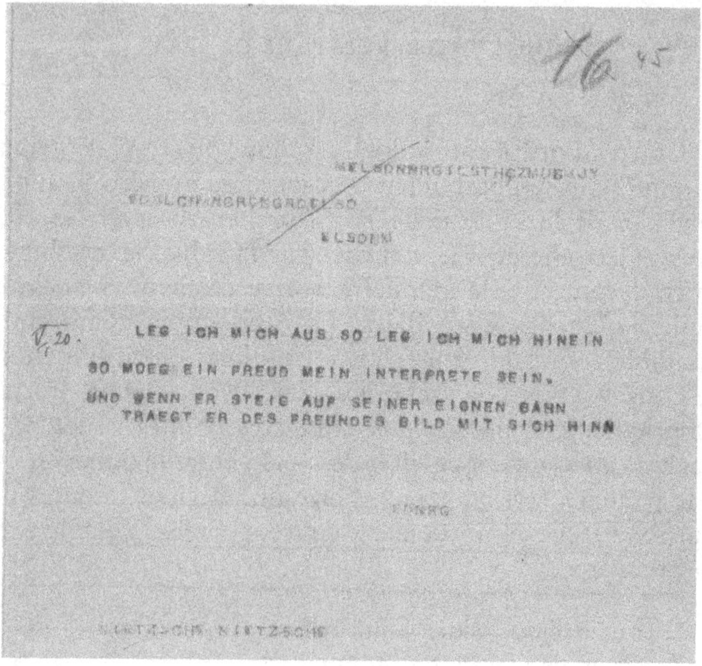

LEG ICH MICH AUS SO LEG ICH MICH HINEIN

SO MOEG EIN FREUD MEIN INTERPRETE SEIN.

UND WENN ER STEIG AUF SEINER EIGNEN BAHN

TRAEGT ER DES FREUNDES BILD MIT SICH HINN

Tapuscrit de Nietzsche contenant le premier brouillon du court poème sur l'Interprétation (FW-Vorspiel-23) et l'erreur de frappe « freudienne » : *Freud* au lieu de *Freund* (Mp-XVIII-3,45).

Si l'on suit le parcours génétique de ces vers, on s'aperçoit que ce premier poème a une origine manuscrite. La première

Materialities of Communication, Stanford, Stanford University Press, 1994, p. 70-82, p. 77-80 : « Un "N" manquant dans Freund révèle l'histoire des tentatives interprétatives de Nietzsche pour contourner la littéralité après avoir produit ses brouillons dactylographiés de poèmes et d'aphorismes. Dans l'effet sémantique de son absence, ce "N" réfléchit sur la littéralité et la différenciation en tant que conditions préalables à la possibilité du langage comme quelque chose de significatif. » Nous renvoyons également au commentaire toujours précis de Sebastian Kaufmann, *Kommentar zu Nietzsches Die fröhliche Wissenschaft*, Berlin, De Gruyter, 2022, p. 193.

version, en effet, se trouve dans un cahier rédigé principalement en 1881 auquel Nietzsche ajoute ces vers avec une encre différente, en les datant « ~~Janu~~ Februar 1882 ». La rature laisse à penser que les vers remontent au début du mois de février. Outre la date, cette première version manuscrite porte une dédicace « À E. R », probablement à Erwin Rohde[1]. La dédicace de ces vers peut peut-être être mise en relation avec le dialogue épistolaire devenu de plus en plus rare entre les deux amis, de plus en plus éloignés. Nietzsche avait conclu sa lettre à Rohde du 24 mars 1881 comme suit :

> Si ces mots devaient cacher la prière d'une lettre… eh bien, très cher ami, je serais heureux d'avoir à nouveau entre mes mains quelque chose de *très, très personnel* de ta part : pour que ce ne soit plus toujours l'ancien ami Rohde que je retrouve dans mon cœur, mais aussi l'ami actuel, et – qui plus est – celui qui devient et qui veut : oui, celui *qui devient* ! et celui *qui veut* ! À toi, de tout cœur[2].

Rohde avait répondu le 8 avril : « J'aimerais tant te montrer tout ce que je ressens, mais pour cela il faudrait que je le regarde moi-même [*hineingucken*] plus longtemps que ce n'est peut-être raisonnable[3]. » Le 4 juillet, Nietzsche lui avait envoyé *Aurore* avec une lettre d'accompagnement à laquelle Rohde n'avait pas répondu. Il répondra plus tard par une lettre non conservée, que Nietzsche commentera à Overbeck le 17 mars 1882 : « Rohde m'a écrit : je ne crois pas que l'image qu'il se fait de moi soit juste. Cependant je suis assez satisfait de constater que cette image n'est pas

1. M-III-1,10.
2. Lettre à Erwin Rohde, 24 mars 1881, BVN-1881,96.
3. Lettre de Rohde à Nietzsche, 8 avril 1881, BAN-1881,68.

encore beaucoup plus erronée. Cet homme, toutefois, n'est pas en mesure d'apprendre quoi que ce soit de moi – il ne parvient à partager ni ma passion ni mes souffrances[1]. » Il ne me semble pas que l'exclusion de la dédicace dans la version dactylographiée puisse être liée à la lettre non conservée de Rohde, qui est probablement postérieure au 12 février, date du dactylogramme. Elle est probablement liée à la présence à Gênes de l'ami Paul Rée.

Dans la seconde version dactylographiée, du 13 février, Nietzsche ajoute trois vers au crayon qui, dans les versions suivantes, remplaceront les trois derniers vers du poème originel. L'effet de ce remplacement est d'abandonner l'image de l'ami pour lui substituer une expression impersonnelle et plus générale : *wer steigt* – celui qui monte – au lieu de l'ami qui monte sur son chemin.

Si je m'explique, alors je m'empêtre :
Puisse un ami devenir mon interprète
Et lorsqu'il suit son propre chemin,
Il porte l'image de l'ami en ses mains.

Je ne puis être mon propre interprète
Mais celui qui va sur sa propre voie
Met aussi au clair mon image à moi[2].

Les jours suivants, les 14, 15 et 21 février, Nietzsche recopie à nouveau ces vers, en totalité ou en partie. Une fois la phase d'écriture à la machine terminée, le poème continue d'être retravaillé au crayon dans le cahier N-V-7 et au stylo dans le cahier M-III-6 dans lequel est ajouté le titre « Interprétation » et

1. Lettre à Overbeck, 17 mars 1882, BVN-1881,210.

2. [*Ich kann nicht selbst mein Interprete sein / Doch wer nur steigt auf seiner eignen Bahn, / Trägt auch mein Bild zu hellerm Licht hinan*], Mp-XVIII-3,14.

est ainsi fixé le texte qui sera ensuite publié sous le numéro 23 dans « Plaisanterie, ruse, vengeance »[1].

Si je m'explique, alors je m'empêtre :
Je ne puis être mon propre interprète
Mais celui qui va sur sa propre voie
Met aussi au clair mon image à moi.

Le sens de ce parcours génétique réside dans le remplacement de la figure de l'ami par une locution impersonnelle. À partir d'une expérience personnelle liée à deux amis, Rohde et Rée, Nietzsche tire une considération plus générale. Ce processus de généralisation est l'un des traits caractéristiques de la genèse de nombreux aphorismes nietzschéens. Lors de l'interprétation, il est donc important de tenir compte de la direction de l'écriture et non pas, au contraire, de remonter à l'élément personnel pour expliquer le texte publié. Cela reviendrait à nier l'effort du philosophe pour arriver à une formulation susceptible de parler à tous, à un concept général, au-delà de sa perspective personnelle restreinte, qui certes a généré la réflexion générale, mais ne l'épuise pas.

IX. Petits doigts délicats

Le premier écrit à la machine est un court poème dédié à l'ami, considéré comme un soutien pour l'interprétation

1. Récapitulons le parcours génétique de cette composition poétique : M-III-1,10 ; Mp-XVIII-3,18 ; Mp-XVIII-3,12 ; Mp-XVIII-3,14 ; Mp-XVIII-3,16 ; Mp-XVIII-3,21 ; N-V-7,53 ; M-III-6,28 ; eKGWB/FW-Vorspiel-23.

de soi ; le second texte est une poésie dédiée à la machine à écrire et à la manière dont les amis devraient traiter à la fois la machine et Nietzsche lui-même : avec des doigts délicats. Comme nous l'avons vu, le premier poème sera publié par Nietzsche sous une forme modifiée et impersonnelle, tandis que le second, lié à une expérience d'écriture à la machine essentiellement infructueuse, est un texte occasionnel qui ne sera pas publié.

> La boule à écrire est comme moi : de fer
> Mais, surtout en voyage, très facile à fausser.
> Il faut à profusion patience et savoir-faire
> Et de petits doigts délicats pour bien nous utiliser[1].

Sur la base de la lettre de Nietzsche à sa sœur du 27 avril 1883, certains interprètes ont supposé que l'auteur de ce poème n'était pas le philosophe, mais son médecin personnel, le docteur Breiting :

> Quant à la machine à écrire, elle a eu son petit « pépin », comme tout ce que des personnes de caractère faible ont entre leurs mains pendant un certain temps, que ce soient des machines ou des problèmes ou des Lou. Mais mon médecin d'ici, un Bâlois, qui m'a guéri d'une influenza ressemblant à la malaria, se fait un plaisir de l'avoir chez lui et de la « soigner » ; et de fait il m'a récemment montré un poème qu'il avait réussi à taper et qui commençait ainsi : « La boule à écrire est comme moi : de *fer*[2] ».

1. [*Schreibkugel ist ein Ding gleich mir : von Eisen / Und doch leicht zu verdrehn zumal auf Reisen / Geduld und Takt muss reichlich man besitzen / Und feine Fingerchen, uns zu benuetzen*], Mp-XVIII-3,19a = NF-1882,18[2], recopié plus tard, le 26 février, dans Mp-XVIII-3,19. Entre le premier et le second poème se trouve le brouillon de la carte postale probablement adressée à Wagner mentionnée ci-dessus.

2. Lettre à Elisabeth Nietzsche, 27 avril 1883, BVN-1883,408. Günzel soutenait que l'auteur du poème était le médecin et que cela

En fait, la datation de la lettre par Eberwein montre que le poème a été écrit le 16 février 1882 et que donc l'auteur du poème est Nietzsche. La lettre d'avril 1883 fait référence au fait que le docteur Breiting était parvenu à réparer temporairement la machine et, comme exercice d'écriture, il avait réussi à dactylographier le premier vers du poème précédemment écrit par Nietzsche[1].

X. Pourquoi écrire de la poésie ?

Mais pourquoi Nietzsche écrit-il de la poésie à cette époque ? Est-ce l'usage de la machine à écrire qui le conduit à la poésie, comme le soutiennent plusieurs interprètes ? Selon Stephan Günzel, la machine à écrire a produit un changement dans le style d'écriture du philosophe qui « se manifeste par l'apparition fréquente de poèmes dans la période où il utilisait la machine à écrire. La machine à écrire a donc également modifié la pensée de Nietzsche[2] ». Günzel réaffirme ce concept au début de son édition en fac-similé des dactylogrammes du philosophe :

> L'écriture de Nietzsche a changé avec l'usage de la machine à écrire. Il a non seulement dû devenir plus concis en raison des conditions techniques modifiées – ce qui l'a conduit, entre autres, à produire davantage de poèmes – mais ses textes étaient désormais disponibles sous une « forme imprimée ». Grâce à la

---

expliquait la non-publication de ces vers, cf. Stephan Günzel, « Nietzsches Schreibmaschinentexte », *op. cit.*, p. 428.

1. Eberwein, *Nietzsches Schreibkugel*, *op. cit.*, p. 104-106.
2. Günzel, « Nietzsches Schreibmaschinentexte », *op. cit.*, p. 413-414.

> machine à écrire, l'écriture de Nietzsche est devenue plus précise et en même temps plus fluide. (Les rimes parviennent parfois à transmettre un concept mieux qu'une simple argumentation, car leur forme les rend plus faciles à retenir pour le lecteur[1].)

Jörg H. Gleiter affirme également que :

> Nietzsche fut le premier philosophe à s'approcher de la machine à écrire, non seulement comme outil technique, mais comme médium artistique, comparable aux médias artistiques classiques. [...] Avec la machine à écrire, Nietzsche se transforma de philosophe et philologue interprétatif en producteur de textes littéraires et philosophiques d'un genre tout à fait particulier. [...] Les poèmes de Nietzsche sur la machine confirment qu'elle libère des « forces basses et irrationnelles » ainsi que des instincts dionysiaques primitifs non sublimés. [...] La machine à écrire représentait pour Nietzsche l'espoir d'une extension artistique des capacités cognitives[2].

Pourtant, Nietzsche a toujours écrit de nombreux poèmes, dès son plus jeune âge, bien avant la découverte de la machine à écrire[3]. Il est vrai, toutefois, que la période allant de l'automne 1881 au printemps 1882 représente pour le philosophe une véritable floraison poétique. Non seulement dans les quelques textes dactylographiés, mais aussi dans un certain nombre de cahiers et de carnets écrits à la plume durant ces mois, nous trouvons un grand nombre

1. Günzel et Schmidt-Grépály, « Vorwort », *in Friedrich Wilhelm Nietzsche : Schreibmaschinentexte*, Weimar, Verlag der Bauhaus-Universität, 2002, p. 4.

2. Jörg H. Gleiter, « „Tanzenkönnen". Nietzsches literarischer Widerruf der Maschine », *op. cit.*, p. 230, 232-233.

3. Dans l'édition complète des poèmes éditée par Guillaume Métayer, il y a au moins 280 pages de poèmes antérieurs à l'acquisition de la machine à écrire, voir Nietzsche, *Poèmes complets*, *op. cit.*

de compositions poétiques. Le cahier N-V-7, écrit entre l'automne 1881 et le début de 1882, contient les premières versions des poèmes qui seront intégrés au prélude en rime du *Gai Savoir*, intitulé « Plaisanterie, ruse, vengeance » ; le cahier N-V-8, un cadeau de sa sœur transmis par Rée en même temps que la machine à écrire, contient une soixantaine de pages de vers, soit le double des quelque trente pages dactylographiées datant de la même période. Le cahier N-VI-1, également un présent de sa sœur, rassemble de nombreux textes poétiques qui se retrouveront à la fois dans « Plaisanterie, ruse, vengeance » et dans les *Idylles de Messine*. Les poèmes esquissés au crayon dans ces trois carnets sont ensuite revus et recopiés à la plume dans les cahiers M-III-6 et M-III-3, datant du printemps et de l'été 1882. Même d'un simple point de vue quantitatif, il est clair que l'élan poétique de Nietzsche préexiste et coexiste avec la présence de la machine à écrire et qu'il continue d'exister lorsque la machine à écrire est abandonnée. À mon avis, pour comprendre pourquoi Nietzsche se consacre si intensément à la poésie à cette époque, il faut faire un pas en arrière : revenir à l'automne 1881 et s'arrêter pour lire, avec lui, un guide touristique du sud de la France.

XI. Chants et danses dans l'attente de l'éternel retour

Les Provençaux avaient reçu des royaumes arabes d'Espagne les premières inspirations et les premières formes de la poésie et les avaient unies à leur goût de l'héroïsme et des délices de l'amour. Eux qui avaient été vaincus par les chevaliers

> français, vivaient en vainqueurs en Provence au sein de la culture poétique de la « gaya scienza ». En Provence, la poésie devenait une sorte de tournoi de l'esprit auquel le peuple dans son entier prenait part. Les fondateurs de cet art d'invention poétique (art de *trobar*) prirent le nom de *troubadours* (trouveurs), se consacrèrent principalement comme leurs précurseurs orientaux à la poésie lyrique, au chant d'amour, à la poésie didactique et à la satire. Tantôt ils chantaient dans leurs *canzoni* des chansons de l'aube (albas) ou du soir (serenas), des couplets de joie (soulas) et de souffrance (lais), des sonnets (avec accompagnement instrumental), des ballades (avec des danses), tantôt des tensons (tenzoni) et des chansons d'éloge ou de blâme (sirventes). Les sirventes jouaient en Provence le grand rôle de donner à la vie sociale et politique un élan franc et ardent et de dénoncer les travers de l'Église. [...] Ainsi les nombreux troubadours de la Provence ont fait de la gaya scienza un chant passionné, brûlant de liberté, prophétique autant que nostalgique et assoiffé d'amour : une image de tout le pays[1].

C'est dans ces pages du guide touristique que Theodor Gsell-Fels avait consacré à la France du Sud que Nietzsche a découvert l'expression *gaya scienza*. À l'automne 1881, la première fois que Nietzsche utilise ces mots sur le contreplat d'un de ses cahiers – l'endroit où il posait souvent l'esquisse des titres de ses livres –, il les accompagne d'une liste des formes de la poésie provençale qui suit l'énumération contenue dans Gsell-Fels[2].

1. Theodor J. Gsell-Fels, *Süd-Frankreich, nebst den Kurorten der Riviera di Ponente, Corsica und Algier*, 2e édition, Leipzig, Bibliographisches Institut, 1878 (BN), p. 312-313, 316.

2. Cette source a été découverte par Giuliano Campioni dans son article fondamental « "Gaya scienza" und "gai saber" in Nietzsches Philosophie », *in* Chiara Piazzesi, Giuliano Campioni, Patrick Wotling (dir.), *Letture della*

	Gaya Scienza
Albas	Chansons de l'aube
Serenas	Chansons du soir
Tenzoni	Tensons
Sirventes	Chansons d'éloge et chansons de blâme
Soulas	Chansons de joie
Lais	Chansons de souffrance[1]

Cette source nous confirme que, dès le début, Nietzsche utilise le concept de *gaya scienza* moins pour définir une forme particulière de science que pour caractériser une forme d'existence et une attitude générale envers la vie qui s'étaient manifestées au XIIe siècle en Provence et qu'il considère comme « un point lumineux » dans l'histoire de l'humanité[2]. Quand il lit ces pages, Nietzsche est en train de travailler à un nouveau livre qui devait être la continuation

---

Gaia Scienza / Lectures du Gai savoir, Pise, ETS, 2010, p. 15-37. Comme en témoigne le reçu d'achat conservé encore aujourd'hui aux Archives Goethe-Schiller de Weimar, Nietzsche avait acheté le livre de Gsell-Fels le 24 janvier 1880 chez le libraire Albin Schirmer pendant son séjour à Naumburg. Le 27 mars, il avait demandé à sa sœur de le lui envoyer en Italie, BVN-1880,18.

1. M-III-1,1 = NF-1881,11[337]. Comme l'indique Giuliano Campioni, la confrontation avec cette source permet de corriger une faute de transcription dans l'édition critique Colli-Montinari qui lisait *sontas* au lieu de *soulas*. *Sontas*, d'ailleurs, n'a pas de sens, alors que *soulas* dérive de *solacium*, qui dans le latin classique et ecclésiastique signifiait « consolation » et qui dans le langage des troubadours, sous la forme de *soulas* ou *solatz*, avait pris le sens de « joie », comme dans l'italien *sollazzo* (Campioni, « "Gaya scienza" und "gai saber" », *op. cit.*, p. 36-37). Cette circonstance fournit évidemment une preuve supplémentaire de la dérivation du texte de Nietzsche de celui de Gsell-Fels.

2. NF-1884,25[419]. L'année précédente, il avait trouvé cette même idée dans *De l'amour* de Stendhal au chapitre « De l'amour en Provence jusqu'à la conquête de Toulouse, en 1328, par les barbares du Nord ». En reprenant l'*Histoire de la poésie provençale* de Claude Fauriel, Stendhal soulignait que le clergé du Midi avait comme paganisé le christianisme.

d'*Aurore*, comme il l'annonce à Peter Gast le 18 décembre : « Souhaitez-moi bonne chance et un *temps clair* ! Je prends la plume pour rédiger mon *dernier* manuscrit (la machine à écrire n'arrivera que dans trois mois). Il s'agit de la suite d'*Aurore* (livres 6 à 10)[1]. » Le 19 janvier, il écrit encore à Ida Overbeck :

> Je suis retenu à Gênes par un travail qui ne peut s'achever qu'ici, uniquement ici, parce qu'il porte en lui un caractère génois. [...] Il s'agit de mon « Aurore », qui comportera dix chapitres et non pas seulement cinq ; et beaucoup de ce qui se trouve dans la première partie n'est que la base et la préparation de quelque chose de plus difficile et de plus élevé (oui, chère Madame la Professeure, il y a encore quelque chose de « terrifiant » qui n'a pas été dit !)[2].

En ce mois de janvier, le philosophe commence à penser à faire revivre l'esprit de la culture poétique provençale et à donner à son livre, qui paraîtra à l'été 1882, le titre *Die fröhliche Wissenschaft*, traduction allemande de la *gaya scienza* des troubadours, qu'en français nous traduisons usuellement par *Le Gai Savoir* en oubliant le plus souvent la référence provençale pourtant explicite chez Nietzsche. Sur la page de garde d'un cahier daté « janvier 1882 », on assiste clairement au passage de la *Fortsetzung der Morgenröthe* (*Poursuite d'Aurore*) à *Die fröhliche Wissenschaft* (*Le Gai Savoir*), dont Nietzsche indique également, comme sous-titre, l'expression en provençal *La Gaya Scienza*[3].

Étant donné que la signification de la *gaya scienza* provençale était clairement expliquée dans un guide

1. Lettre à Peter Gast, 18 décembre 1881, BVN-1881,180.
2. Lettre à Ida Overbeck, 19 janvier 1882, BVN-1882,188.
3. M-III-6,276.

touristique à grande diffusion, en plus d'apparaître dans des textes littéraires comme celui de Stendhal et dans de nombreux textes savants, le philosophe pensait que ses lecteurs auraient facilement saisi le sens de son ouvrage. Une lettre de son vieil ami, le grand philologue Erwin Rohde, lui fit bientôt comprendre qu'il n'en irait pas ainsi. Rohde n'avait retenu dans ce nouveau livre que l'élément personnel, le ton littéraire qui lui laissaient présager une amélioration de l'état de santé de son ami : « Naturellement ce gai savoir ne veut pas encore *m*'apparaître comme un savoir, mais il a maintenant l'air vraiment plus libre et plus gai. » Ce qui oblige le philosophe à préciser dans sa réponse : « Quant au titre “Le gai savoir”, je *n*'ai pensé *qu*'à la gaya scienza des troubadours – voilà pourquoi les petits poèmes[1]. »

Le livre de Nietzsche ne définit pas le concept d'une science gaie, ni ne donne une description historique de la civilisation provençale : il ne décrit pas le gai savoir, mais il le pratique. Il contient des poèmes et des aphorismes qui entendent contribuer à créer une nouvelle manière de voir le monde et donc une nouvelle morale et une nouvelle civilisation. Comme les troubadours à travers la poésie ont créé une nouvelle manière de ressentir l'amour, de même Nietzsche entend créer, aphorisme après aphorisme, poème après poème, une nouvelle manière de ressentir différemment les passions, les émotions, les couleurs du monde qui nous entoure. En particulier, en philosophe, il entend changer notre rapport à la connaissance. Plus que l'amour

1. *Cf.* Rohde à Nietzsche, le 26 novembre 1882, BAN-1882,158, Nietzsche à Rohde, mi-décembre 1882, BVN-1882,345. Pour éviter tout malentendu, dans la 2e édition Nietzsche priera son éditeur d'ajouter au titre allemand un sous-titre provençal, voir la lettre à Fritzsch du 7 août 1886, BVN-1886,730.

passion, c'est la passion de la connaissance qui le séduit. Il pense même qu'on pourrait concevoir la vie tout entière comme moyen de la connaissance et non « un devoir, non une fatalité, non une tromperie ! », la connaissance elle-même étant « un monde de dangers et de victoires dans lequel les sentiments héroïques aussi ont leurs lieux où danser et s'ébattre ». Et il poursuit : « "*La vie, moyen de la connaissance*" – avec ce principe au cœur, on peut non seulement vaillamment, mais même *gaiement vivre et gaiement rire* ! Et qui s'entendrait à bien rire et vivre en général, s'il ne s'entendait tout d'abord à la guerre et à la victoire[1] ? »

Combattre avec ses idées. À l'été 1881, à Sils-Maria, Nietzsche a été assailli par la pensée de l'éternel retour de l'identique et depuis un an il la porte avec lui, en la travaillant et en se laissant travailler par elle, sans avoir le courage de l'exprimer publiquement. L'éternel retour, aux yeux de Nietzsche, est le fond noir du nihilisme qui déclare que l'existence de l'homme et de l'univers répète éternellement les mêmes événements et les mêmes malheurs. Pour affronter cette idée, pour la supporter sans maudire la vie ou alors pour trouver même qu'elle est l'idée la plus divine jamais exprimée, il faut aimer profondément la vie, il faut être expert dans l'art de l'embellir, il faut savoir combattre, il faut être « gai et vaillant comme un ancien chevalier du *gai saber*[2] ». La gaieté du *Gai Savoir* se détache sur le fond horrible et inexprimé de l'idée de l'éternel retour qui n'apparaît, soudainement, qu'à l'avant-dernier aphorisme de l'ouvrage. Immédiatement après,

1. FW-324.

2. Ainsi que Nietzsche l'écrit plus tard à Peter Gast dans une lettre du 26 juin 1886, BVN-1886,714.

la passion de la connaissance se transforme en tragédie de la connaissance : « *Incipit tragoedia* » est le titre du dernier aphorisme qui annonce *Ainsi parlait Zarathoustra*[1]. Le *Zarathoustra*, que Nietzsche publiera l'année suivante mais dont les brouillons sont contemporains de la pensée de l'éternel retour et du *Gai Savoir*, met en scène le combat du protagoniste avec cette pensée et son lent processus de maturation par l'assimilation de la philosophie de l'esprit libre[2]. Les poèmes joyeux du *Gai Savoir* font partie de cette phase de préparation :

> Le bonheur que j'ai représenté dans *Le Gai Savoir* est en substance le bonheur d'un homme qui commence à se sentir enfin *mûr* pour une tâche vraiment grande, et qui a de moins en moins de doutes quant à son droit *à accomplir cette tâche.* [...] tout ce livre est plein de passages où est dit : « L'heure est arrivée ! Mais d'abord, faisons encore une petite fête, avec des chants et des danses[3] ! »

Il n'est pas vrai que Nietzsche écrit de la poésie parce qu'il commence à taper à la machine. C'est la machine à écrire qui arrive à la saison où, dans l'esprit du philosophe, la poésie avait déjà éclos, et l'écriture poétique se déverse autant dans la plume que dans le clavier – plus dans la plume que dans le clavier, en fait. Au cours de ces premiers mois de 1882, Nietzsche modifie ses projets littéraires. Au lieu de préparer la publication des cinq livres prévus pour la suite d'*Aurore*, il décide de ne publier que les quatre

1. FW-341 et 342 ; nous nous référons à la 1re édition du *Gai Savoir* (1882), car dans la seconde (1887), Nietzsche a ajouté un cinquième livre.

2. *Cf.* Paolo D'Iorio, « Nietzsche et l'éternel retour. Genèse et interprétation », *in* Marc Crépon (dir.) *Nietzsche, Les Cahiers de l'Herne*, Paris, L'Herne, 2000, p. 361-389.

3. Lettre à Overbeck du 6 décembre 1883, BVN-1883,476.

premiers et de reporter à un moment ultérieur la publication du cinquième livre consacré à l'éternel retour, bien qu'il dispose d'une présentation détaillée de ce philosophème contenue dans un gros cahier écrit à Sils-Maria[1]. Il ajoute en revanche, à la place, un prélude poétique ludique, imitant l'esprit du *gai saber* provençal, tout en l'actualisant et en le fusionnant avec la tradition allemande. En effet, le titre du prélude, entre guillemets, « Plaisanterie, ruse et vengeance », reprend le titre que Goethe avait donné au livret d'un opéra-comique écrit en 1784, qui lui-même s'inspirait du style de l'opera buffa italien[2]. C'est ainsi que naît *Le Gai Savoir*, comme préparation et action dilatoire par rapport à l'annonce à venir de la pensée « terrifiante » de l'éternel retour.

En définitive, Nietzsche à cette époque écrit des poèmes parce qu'il a découvert la *gaya scienza* et qu'il a peur de l'éternel retour. Sous les touches de la machine à écrire sur laquelle il tape ses rimes légères et enjouées, se cache un mélange de joie et d'angoisse : c'est sa nouvelle pensée, celle de l'éternel retour, qui depuis quelques mois l'envahit et le tourmente, mais qu'il reconnaît néanmoins comme le point culminant de sa philosophie. De même que Zarathoustra devra traverser un long chemin avant de réussir à accepter et à exprimer l'éternel retour, ainsi Nietzsche se donne du courage en composant et en récitant des vers rimés lors de ses promenades génoises. Mais il a peur, et il écrit dans ses carnets, et frappe les touches de sa machine hémisphérique,

1. Il s'agit du cahier M-III-1 au sujet duquel Nietzsche écrit à Gast le 14 août 1882 : « Je me suis réservé environ un quart du matériel original (pour un traité scientifique) », BVN-1882,281.

2. Pour le rapport avec le texte de Goethe, nous renvoyons au commentaire riche et précis de Kaufmann, *Kommentar zu Nietzsches Die fröhliche Wissenschaft*, *op. cit.*, p. 261-246 et *passim*.

et le tic-tac des vers et des touches couvre pour l'instant l'accord tragique en *ré* mineur par lequel commence l'ouverture du *Don Giovanni* de Mozart et, selon Schopenhauer, toute véritable philosophie[1].

1. *Cf.* Arthur Schopenhauer, *Le Monde comme volonté et comme représentation*, tome II, Paris, Gallimard, 2009, § 17 et Paolo D'Iorio, « Il pensiero fondamentale dello Zarathustra », *Alvearium*, 2024, 17, p. 9-28.

Deuxième partie

Techniques et stratégies

CHAPITRE 7

« Le flair du livre ». Stratégies et pratiques de lecture chez Nietzsche

Maria Cristina Fornari

> Serment. Je ne lirai plus aucun auteur qui laisse paraître qu'il a voulu faire un livre ; mais ceux-là seulement dont les pensées se sont faites livre inopinément.
>
> (Friedrich Nietzsche, WS-121)

> Que chacun puisse apprendre à lire et lise ruine, à la longue, non seulement les écrivains mais aussi les esprits en général.
>
> (Friedrich Nietzsche, NF-1882,4[70])

La lecture peut être considérée, sans crainte de se voir contredire, comme une véritable technique, surtout si l'on entend par « technique » un ensemble de méthodes, d'aptitudes et de procédures visant à réaliser une activité de manière efficace. Avec l'écriture, il en va aussi d'un de ces « exercices spirituels » dans lesquels Pierre Hadot voit une pratique d'éducation et de réalisation de soi caractéristique de la philosophie antique et de son caractère originellement psychagogique et non théorico-conceptuel[1]. « Former les esprits plutôt que les informer est ainsi le socle sur lequel repose l'idée des exercices spirituels », rappelle Arnold Davidson dans sa préface au célèbre *Exercices spirituels et philosophie antique*[2] : il n'y a alors rien d'étonnant dans l'importance que revêt la lecture pour Hadot, ni dans l'invitation à en renouveler la pratique[3]. Pour le penseur français, il faut *réapprendre* à lire,

> c'est-à-dire nous arrêter, nous libérer de nos soucis, revenir à nous-mêmes, laisser de côté nos recherches de subtilité et d'originalité, méditer calmement, *ruminer*, laisser les textes nous parler. C'est un exercice spirituel, un des plus difficiles : « Les gens, disait Goethe, ne savent pas ce que cela coûte de temps et d'effort pour apprendre à lire. Il m'a fallu quatre-vingts ans pour cela et je ne suis même pas capable de dire si j'ai réussi[4]. »

1. Pierre Hadot, *Exercices spirituels et philosophie antique*, Paris, Albin Michel, 2002, p. 61 : « Toutes les écoles, chacune à sa manière, croient donc à la liberté de la volonté, grâce à laquelle l'homme a la possibilité de se modifier lui-même, de s'améliorer, de se réaliser. Le parallélisme entre exercice physique et exercice spirituel est ici sous-jacent : de même que, par des exercices corporels répétés, l'athlète donne à son corps une forme et une force nouvelles, de même, par les exercices spirituels, le philosophe développe sa force d'âme, modifie son climat intérieur, transforme sa vision du monde et finalement tout son être. »

2. *Ibid.*, p. 8.

3. Hadot se réfère à la lecture de textes philosophiques anciens, mais on peut supposer par extension que ses positions s'appliquent aussi aux textes littéraires : voir l'intéressant article de Carmen Dell'Aversano, « Ermeneutica letteraria ed esercizi spirituali : Wolfgang Iser e Pierre Hadot », *Enthymema*, 2017, 18, p. 76-104.

4. Hadot, *Exercices spirituels et philosophie antique*, *op. cit.*, p. 73-74. Les italiques sont de moi. La citation de Goethe est tirée des *Conversations avec Eckermann*, ouvrage ayant appartenu à la bibliothèque de Nietzsche mais aujourd'hui perdu (voir Giuliano Campioni, Paolo D'Iorio, Maria

La nécessité de « ruminer » rappelle immédiatement le Nietzsche de l'avant-propos d'*Éléments pour la généalogie de la morale*, qui déplorait la faible probabilité que ses écrits – lesquels du reste « ne sont pas d'un accès facile » – fussent compris et interprétés de manière adéquate, en particulier les aphorismes, « si bien frappé[s] et moulé[s] soi[en]t-il[s] » :

> Évidemment, pour pouvoir pratiquer la lecture comme un *art*, une chose avant toute autre est nécessaire, que l'on a parfaitement oubliée de nos jours – il se passera donc encore du temps avant que mes écrits soient « lisibles » –, une chose qui nous demanderait presque d'être de la race bovine et certainement *pas* un « homme moderne », je veux dire : *savoir ruminer*[1]...

Nietzsche s'intéresse donc lui aussi à la pratique de la lecture : non seulement pour identifier les stratégies qui lui conviennent le mieux, en accord avec sa diététique personnelle, illustrée notamment dans *Ecce Homo*[2], mais surtout pour vanter les avantages d'un exercice lent et réfléchi, que

Cristina Fornari, Francesco Fronterotta et Andrea Orsucci, *Nietzsches persönliche Bibliothek*, Berlin, New York, De Gruyter, 2003, p. 206).

1. GM-Vorrede-8.

2. Voir EH-Klug-3 : « Le choix du régime alimentaire, le choix du climat et du lieu : – le troisième point où il ne faut à aucun prix se tromper est le choix de *ses délassements*. Là aussi, plus un esprit est *sui generis*, plus sont étroites les limites de ce qui lui est permis, c'est-à-dire *utile*. Pour moi, toute *lecture* entre dans la catégorie de mes délassements : par conséquent, de ce qui me détache de moi-même, me fait vagabonder dans des connaissances et des âmes étrangères, – de tout ce que je ne prends plus au sérieux. La lecture me délasse précisément de ce qui est *mon* sérieux. Aux époques de travail intense, on ne trouvera pas de livres près de moi : j'aurais garde de laisser quelqu'un parler, ou même penser en ma présence. Et c'est ce qui se passerait si je lisais... » Voir également M-553, où Nietzsche déclare que les « lectures rares et prudentes » lui conviennent, ou encore NF-1880,7[163] : « Solitude, beaucoup de libre nature. Simplicité et équité. Santé. Expériences rares et choisies de lecture et d'amitié. Pas de surmenage insensé. Loisir et goût d'élever son cœur. »

le *prestissimo* et la détérioration du goût, typiques de la modernité, ont malheureusement rendu impossible[1]. Il ne s'agit pas d'esthétique, mais d'herméneutique :

> Chez presque tous les *philosophes*, l'utilisation d'un devancier et la lutte menée contre lui manquent de rigueur, et sont injustes. Ils n'ont pas appris à *lire* et interpréter *correctement*, les philosophes sous-estiment la difficulté de comprendre réellement ce qu'un autre a dit, et n'y appliquent pas leur attention. C'est ainsi que Schopenhauer s'est fait une idée complètement fausse de Kant, de Platon. D'habitude, les artistes aussi lisent mal, avec leur penchant pour les explications allégoriques et pneumatiques[2].

C'est la philologie, « *l'art de bien lire*[3] », qui a conduit Nietzsche à cette attention exégétique : si dès sa jeunesse, déçu par l'aridité et la rudesse de la profession, Nietzsche en a critiqué le caractère spécialisé et en a souligné toutes

1. Voir NF-1881,11[297] : « Je connais la situation de l'humanité actuelle, quand elle *lit* : fi donc ! Et il faudrait se soucier de créer pour elle ! »

2. NF-1876,23[22]. *Cf.* aussi 1876,23[108 et 191] ; 1880,4[235] : « Les chrétiens ont désappris la *lecture*, et pourtant, que d'efforts l'Antiquité avait faits, avec ses philologues, pour l'apprendre ! Mais la Bible ! »

3. « *L'art de lire.* Toute tendance fortement marquée est bornée ; elle se rapproche dans sa direction de la ligne droite et, comme celle-ci, est exclusive, c'est-à-dire n'épouse pas une quantité d'autres directions comme le font les partis et les natures faibles dans leurs oscillations ondulatoires ; si les philologues sont exclusifs, il faut donc le leur passer aussi. La restitution et la conservation des textes, ainsi que leur interprétation, poursuivies pendant des siècles au sein d'une corporation, auront finalement permis de trouver aujourd'hui les bonnes méthodes ; tout le Moyen Âge fut radicalement incapable d'une explication strictement philologique, c'est-à-dire du pur et simple désir de comprendre ce que dit l'auteur, – ce fut tout de même quelque chose que de trouver ces méthodes, il ne faut pas le sous-estimer ! Toutes les sciences n'ont acquis de continuité et de stabilité que du moment où l'art de bien lire, c'est-à-dire la philologie, est parvenu à son apogée » (MA-270).

les limites, il en adoptera néanmoins la méthode jusqu'au bout de sa spéculation philosophique, selon la devise « *filosofia facta est quod filologia fuit*[1] ». La pulsion de l'enquête, la reconstruction génétique des concepts et des valeurs, la volonté de descendre en profondeur (« Un œil exercé, afin de savoir lire nettement le passé dans l'écriture aux couches superposées des expressions et des gestes humains[2] ») sont en fait l'application de cette formation à une lecture lente, réfléchie et non pas habituelle[3], y compris des faits, des personnes, des philosophies et des systèmes moraux (« La philologie conçue comme *ephexis* dans l'interprétation : qu'il s'agisse de livres, de nouvelles des journaux, de destins ou du temps qu'il fait – sans même parler du “salut de l'âme”[4]... »).

Un exercice d'exactitude qui se reflète dans la pratique de l'écriture (« bien écrire et [...] bien lire – ces deux vertus

1. Il s'agit de l'« inversion orgueilleuse de la formule de Sénèque » qui conclut la leçon inaugurale *Sur la personnalité d'Homère* et qui « représente un programme optimiste pour l'avenir : le processus de maturation d'une identité philosophique, que les notes de ces années nous permettent de suivre dans sa complexité et dans son lien étroit avec l'activité philologique ». « Ce n'est pas dans la mesure où Nietzsche *prend ses distances* avec la philologie qu'il commence à se sentir philosophe. Entre le métier de philologue pratiqué avec une maîtrise croissante et l'apparition de l'identité philosophique, il y a une relation très complexe d'interaction et de conflit » (*Introduzione* de Friedrich Nietzsche, *Appunti filosofici 1867-1869 – Omero e la filologia classica*, édité par Giuliano Campioni et Federico Gerratana, Milan, Adelphi, 1993, p. 37 et p. 24, trad. pers.).

2. NF-1877,22[112].

3. « La philologie, à une époque où on lit trop, est l'art d'apprendre et d'enseigner à lire. Seul le philologue lit lentement et médite une demi-heure sur six lignes. Ce n'est pas le résultat obtenu, c'est cette sienne habitude qui fait son mérite » (NF-1876,19[1]) ; « Il ne faut rien lire *sur* les littératures donc ne rien *écrire* non plus sur elles. Ainsi, je dirai *comment* on doit lire. Tâche de la philologie. – Mettre en garde contre la manière hab[ituelle] de lire » (NF-1878,31[5]).

4. AC-52.

croissent et diminuent ensemble[1] ») et dont on trouve une déclaration d'intention explicite dans l'avant-propos de la seconde édition d'*Aurore* (1886), qui mérite d'être citée dans son intégralité :

> Cette préface vient tard, mais non trop tard ; qu'importent, au fond, cinq ou six ans ? Un tel livre, un tel problème ne sont pas pressés ; en outre nous sommes tous deux des amis du *lento*, moi et mon livre. On n'a pas été philologue en vain, on l'est peut-être encore, ce qui veut dire professeur de lente lecture : – finalement on écrit aussi lentement. Maintenant cela ne fait plus seulement partie de mes habitudes mais aussi de mon goût, – un méchant goût, peut-être ? – Ne plus jamais rien écrire qui n'accule au désespoir toutes les sortes d'hommes « pressés ». La philologie, effectivement, est cet art vénérable qui exige avant tout de son admirateur une chose : se tenir à l'écart, prendre son temps, devenir silencieux, devenir lent, – comme un art, une connaissance d'orfèvre appliquée au *mot*, un art qui n'a à exécuter que du travail subtil et précautionneux et n'arrive à rien s'il n'y arrive *lento*. C'est en cela précisément qu'elle est aujourd'hui plus nécessaire que jamais, c'est par là qu'elle nous attire et nous charme le plus fortement au sein d'un âge de « travail », autrement dit : de hâte, de précipitation indécente et suante qui veut tout de suite « en avoir fini » avec tout, sans excepter l'ensemble des livres anciens et modernes : – quant à elle, elle n'en a pas si aisément fini avec quoi que ce soit, elle enseigne à *bien* lire, c'est-à-dire lentement, profondément, en regardant prudemment derrière et devant soi, avec des arrière-pensées, avec des portes ouvertes, avec des doigts et des yeux subtils... Ô, mes amis patients, ce livre souhaite seulement des lecteurs et des philologues parfaits : *apprenez* à bien me lire[2] ! –

1. WS-87.
2. M-Vorrede-5.

« *Le flair du livre* »

Mais Nietzsche, comment lisait-il ? D'après les volumes qui composent sa bibliothèque personnelle et les données dont nous disposons, il semblerait qu'il soit un lecteur plutôt vorace. Sa bibliothèque compte actuellement plus de deux mille titres (mais ce chiffre ne tient pas compte des livres perdus ou vendus), dont la plupart ont été lus sans aucun doute possible, comme en témoignent les annotations et les gloses dans les marges. Dans certains cas, la typologie de l'intervention (couleur différente, écriture différente) suggère plus d'une fréquentation de certains volumes, probablement à des périodes différentes[1]. Il faut imaginer Nietzsche presque toujours un crayon à la main – plus rarement un stylo à encre – soulignant les passages qui suscitent son intérêt, ou qui provoquent son assentiment ou son désaccord (selon les cas, un « *Ja* », « *ego* » ou un « *Nein !* », « *Esel* [*sc.* âne] ! » en marge de la page en témoignent) : un érudit, plutôt qu'un simple lecteur, et pourtant extrêmement rapide, si l'on tient compte de la chronologie des *excerpta* ou des références implicites que l'on trouve dans ses cahiers. Nietzsche parcourt donc ses volumes avec attention, reconnaissant immédiatement et avec une extraordinaire lucidité les éléments les plus stimulants pour lui : et il ne faut pas prendre trop au sérieux ce que nous l'avons entendu dire dans *Ecce Homo* (« Permettrai-je qu'une pensée *étrangère* escalade ce mur à la dérobée ? – C'est pourtant ce qui se passerait si je lisais[2]... »), car nous savons maintenant que le dialogue

1. C'est le cas, par exemple, des cinq volumes restants sur les douze que formaient les *Gesammelte Werke* de John Stuart Mill (Leipzig, Fues (R. Reisland), 1869-1875). Sur quelque 1 260 pages, plus de 800 présentent des traces de lecture : un intérêt évident qui contraste avec la liquidation hâtive de Mill dans ses notes et ses œuvres publiées.

2. EH-Klug-3.

silencieux de Nietzsche avec ses sources est au cœur de ses spéculations les plus profondes et les plus intéressantes[1].

C'est le cas, par exemple, de la doctrine de l'éternel retour, présentée par le philosophe comme une intuition appartenant à la sphère des hallucinations extatiques, de la connaissance inspirée, du mythe, et construite au contraire en confrontation avec le vaste débat scientifique contemporain. Comme l'indique Paolo D'Iorio, qui a eu le mérite de lever le voile sur les véritables stimuli qui ont conduit Nietzsche à s'intéresser aux événements du cosmos, « suivre les traces des annotations en marge de certains textes philosophiques et scientifiques dont Nietzsche disposait durant l'été 1881 a ouvert un champ d'investigation interdisciplinaire fascinant entre thermodynamique, cosmologie, néocriticisme et positivisme[2] ». C'est encore le cas du débat sur le naturalisme moral, que Nietzsche suit attentivement et auquel il participe en fréquentant depuis longtemps les hérauts de la pensée contemporaine : son opposition explicite et dure, par exemple, à la doctrine évolutionniste de Herbert Spencer est précédée de lectures intenses et approfondies, qui l'obligent à reconsidérer ses positions antérieures[3].

1. C'est Mazzino Montinari, promoteur depuis les années 1970 de la recherche sur la bibliothèque et les lectures de Nietzsche, qui a souligné l'importance de l'« extratexte » par rapport au texte du philosophe et à sa constitution. L'importance des lectures et de l'identification des sources, souvent implicites, s'était imposée au chercheur lors de son travail sur l'édition critique des *Œuvres* de Nietzsche : ses premiers carnets témoignent de son intérêt pour les volumes de la bibliothèque de Nietzsche et pour les gloses, dont il a commencé la transcription.

2. Paolo D'Iorio, *La linea e il circolo. Cosmologia e filosofia dell'eterno ritorno in Nietzsche*, Gênes, Pantograf, 1995, p. 13-14.

3. Sur ce point, je me permets de renvoyer à Maria Cristina Fornari, *La morale evolutiva del gregge. Nietzsche legge Spencer e Mill*, Pise, ETS, 2006.

Nietzsche est un lecteur curieux, bien informé, attentif aux nouveautés et aux suggestions, voire aux modes : non pas au sens péjoratif du terme – on sait à quel point il déteste le bavardage et tout ce qui relève du *mainstream* sous quelque forme que ce soit –, mais de ce qui est appelé à affecter l'histoire des idées et à révolutionner, dans bien des cas, les développements futurs de la culture, de la société, de la politique. Ce qui est le plus surprenant, c'est sa capacité à voir au-delà des contingences, à deviner, à se laisser entraîner par les stimuli les plus improbables : c'est ainsi qu'un pamphlet anonyme, un fait divers, le roman du moment, déclenchent des réflexions importantes et sont utilisés d'une manière tout à fait originale[1].

C'est ce que confirme Giuliano Campioni dans l'introduction de sa précieuse publication consacrée aux « lectures françaises » de Nietzsche :

> Les écrits, restitués dans leur intégralité et dans l'ordre chronologique des cahiers, et l'apparat critique, toujours en cours de publication, témoignent d'une confrontation attentive et continue, non seulement avec les « moralistes » – confrontation qui ne se limite pas exclusivement à ce qu'on appelle « la période des Lumières » de Nietzsche – mais aussi avec la culture qui lui était contemporaine : depuis les romans à la mode jusqu'à la psychologie, de la propagande des politiques à celle des littérateurs, de la poésie à l'histoire, de la sociologie aux sciences naturelles, de la critique théâtrale à l'histoire littéraire, des

1. Le cas du tremblement de terre de Nice en février 1887 est emblématique : Nietzsche l'a vécu en direct et l'a raconté dans plusieurs lettres, en s'inspirant des journaux locaux, mais surtout d'un écrit de Maupassant paru dans le *Gil Blas* du 1er mars et qu'il s'est immédiatement assimilé ; *cf.* Giuliano Campioni, Maria Cristina Fornari, « Il terremoto a Nizza. Una fonte inedita di Nietzsche : Guy de Maupassant », *in* Cristina Cassina (dir.), *Pensare l'Ottocento. Studi e ricerche per Regina Pozzi*, Pise, Pisa University Press, 2012, p. 167-188.

rubriques d'actualité culturelle aux chroniques judiciaires. Le volume et l'actualité de l'information nietzschéenne sont considérables : l'une de ces sources, en grande partie inexplorée, consiste dans les revues et gazettes de l'époque, entre autres la prestigieuse *Revue des Deux Mondes*, et surtout le *Journal des Débats*, cités par Nietzsche lui-même. Toute information devient pour lui matériau à incorporer et assimiler, outre sa valeur symptomatique vis-à-vis de la vitalité ou de la langueur d'une société et d'une culture[1].

La prise de conscience de l'importance de Nietzsche *lecteur* s'est imposée toujours plus fortement au fil des années. Presque aucune recherche sérieuse ne peut aujourd'hui se passer d'une exploration des sources et celles-ci sont d'ailleurs indiquées dans la mesure du possible dans l'appareil critique des œuvres, des posthumes et des lettres[2] : non pas pour dépouiller Nietzsche de son originalité, mais pour reconstruire un pont avec la culture de son temps et restituer une image plus riche de la circulation des idées dans l'Europe de la seconde moitié du XIXe siècle. Dans les termes de Giuliano Campioni :

> Rendre leur épaisseur historique à des catégories philosophiques centrales ne leur ôte nullement leur originalité, mais nous fait retrouver avec d'autant plus de force la personnalité concrète du philosophe, confronté à ce qui a définitivement disparu de notre

1. Giuliano Campioni, *Les Lectures françaises de Nietzsche*, Paris, PUF, 2001, p. 2-3.

2. Mazzino Montinari déjà, dans la section « Dates et événements » de l'édition critique, ne manquait pas de mentionner les lectures de la période correspondante, tandis que la revue *Nietzsche-Studien* a toujours eu une section spécifique (*Beiträge zur Quellenforschung*) pour faire état des sources. Il est impossible de mentionner ici la vaste littérature sur les lectures de Nietzsche. Mentionnons, entre autres, Hans-Peter Anschütz, Armin Thomas Müller, Mike Rottmann et Yannick Souladié (dir.), *Nietzsche als Leser*, Berlin, De Gruyter, 2021.

> horizon : lectures d'auteurs de grande ou de moindre envergure, au nombre desquels il faut compter aussi de grands « Maîtres de l'heure » (Victor Giraud) ; interventions, discussions, polémiques concernant des événements spécifiques : toutes choses désormais loin de nous, comme il advient à tout ce qui touche de plus près aux préoccupations courantes d'une époque déterminée. Au fil de notre recherche, nous avons vu Nietzsche perdre progressivement son aspect de philosophe isolé – qui fut à la mode quelque temps, peut-être dans un débat privilégié avec les sages de la Grèce – pour prendre celui de l'interlocuteur actif et passionné d'un dialogue à plusieurs voix, qui s'est développé dans l'Europe de la seconde moitié du XIXe siècle, et où chacun donne et reçoit à l'envi et indistinctement[1].

Il ne s'agit donc pas simplement de cette évidence que Nietzsche lisait (« Nietzsche lisait ? Et alors ? Quel écrivain ne lit pas ? », rappelle à juste titre Martine Beland[2]) : il s'agit plutôt d'utiliser cette évidence pour en comprendre les implications et en tirer des bénéfices interprétatifs.

> Nietzsche lisait. Fort bien. Qu'a-t-il lu ? Quand ? Mais surtout : pourquoi ? Comment ses lectures ont-elles nourri sa réflexion et sa pratique ? Où repose sa véritable créativité philosophique ? De quels dialogues ses écrits sont-ils les échos ? À qui s'adressaient-ils ? Et qui répondait à l'appel de ses textes ? Mais aussi, quel type de lecteur fut-il lui-même[3] ?

C'est Nietzsche lui-même qui nous révèle ses préférences, notamment littéraires[4]. Si sa prédilection va à ses chers

1. Campioni, *Les Lectures françaises de Nietzsche*, *op. cit.*, p. 4.
2. Martine Béland (dir.), *Lectures nietzschéennes. Sources et réceptions*, Montréal, Les Presses de l'Université de Montréal, 2015, p. 12.
3. *Ibid.*
4. En ce qui concerne la philosophie, l'absence des grands classiques dans sa bibliothèque est remarquable, à l'exception des auteurs liés à sa

Français (« de la lecture d'auteurs à la sensibilité raffinée, comme Joubert, Custine, Doudan, de Brosses, jusqu'à l'influence décisive – et certes mieux connue – des moralistes classiques. Il faudrait toutefois, en raison de sa parenté affirmée, réserver une place particulière à Montaigne[1] [...] »), son aversion pour les Allemands est également confirmée par l'indigence du patrimoine national, où sont revendiqués comme classiques (mais on peut douter de l'existence de « classiques allemands ») des auteurs prématurément dépassés et voués naturellement à l'oubli (« De Goethe [...] je ferai abstraction, il appartient à un genre de littératures plus élevé que ne le sont les "littératures nationales" [...]. Goethe, qui est non seulement un homme bon et grand, mais une *culture*, Goethe est dans l'histoire des Allemands un intermède sans suite[2] »). En revanche :

> À lire Montaigne, La Rochefoucauld, La Bruyère, Fontenelle (surtout les *Dialogues des morts*), Vauvenargues, Chamfort, on est plus près de l'Antiquité qu'avec n'importe quel groupe de six auteurs pris dans les autres nations. Ces six-là ont ressuscité *l'esprit des derniers siècles* de l'ère antique, – ils forment ensemble un maillon important de la grande chaîne encore ininterrompue de la Renaissance. Leurs livres s'élèvent au-dessus des variations du goût national et des nuances philosophiques dont s'irise ordinairement tout ouvrage de nos jours, ce qu'il est obligé de faire s'il veut devenir célèbre : ils contiennent plus d'*idées réelles* que tous les livres des

profession de philologue (et eux aussi *cum grano salis* : « Au fond, il n'y a qu'un tout petit nombre de livres de l'Antiquité qui comptent dans ma vie : les plus célèbres n'y figurent pas », GD-Alten-1) : ses jugements sur la philosophie sont souvent alimentés par l'examen de comptes rendus, de manuels et d'anthologies (on citera en particulier Kuno Fischer, *Geschichte der neuern Philosophie*, Heidelberg, Bassermann, 1865).

1. Campioni, *Les Lectures françaises de Nietzsche*, *op. cit.*, p. 6.
2. WS-125.

philosophes allemands ensemble, des idées de l'espèce qui produit des idées, et qui... je suis embarrassé pour achever ma définition ; il suffit qu'ils me semblent être des auteurs qui n'ont écrit ni pour les enfants ni pour les exaltés, ni pour les vierges ni pour les chrétiens, ni pour les Allemands ni pour... je suis derechef embarrassé pour terminer ma liste. – Mais voici l'éloge précis que je proposerai : ils auraient été, écrits en grec, compris aussi bien des Grecs[1].

Après la splendeur des Grecs (qui est aussi la « splendeur des livres[2] »), l'époque de la Renaissance, on le sait, incarne une humanité plus lumineuse et plus sûre d'elle-même, une âme ample qui s'oppose au conformisme et au fanatisme moral : elle représente la chaleur et l'énergie de multiples forces vitales, qui trouvent aujourd'hui leur prolongement dans la France du goût et de l'esprit[3]. De l'autre côté, il y a l'Allemagne, avec son récit de la suprématie allemande au travers des mythes et des traditions populaires : une sclérose nationaliste qui ne peut que se refléter dans une littérature d'écrivains « raides, épais, intolérants et rustres[4] ».

Le trésor de la prose allemande. Si l'on fait abstraction des œuvres de Goethe, et en particulier de ses *Conversations avec Eckermann*, le meilleur livre allemand qui soit, que reste-t-il en vérité de la littérature allemande en prose qui mériterait d'être lu et relu ? Les *Aphorismes* de Lichtenberg, le premier livre de la biographie de Jung-Stilling, *L'Été de la Saint-Martin*

1. WS-214, intitulé de façon significative « *Livres européens* ».
2. *Cf.* GM-III-22.
3. *Cf.* NW-Wohin.
4. VM-113. En réalité, ce jugement, applicable à la prose allemande, se réfère aux contemporains de Laurence Stern, « *l'écrivain le plus libre* » à qui ce long aphorisme est dédié.

d'Adalbert Stifter et *Les Gens de Seldwyla* de Gottfried Keller, – et nous en aurons terminé pour l'instant[1].

Dans ce que nous avons déjà mentionné sous le nom de « diététique[2] », Nietzsche se prescrit des « livres pleins d'agrément, d'esprit, d'intelligence » pour le temps libre, comme une décompression de la phase productive qui ne tolère aucune ingérence extérieure sur la pensée. Après avoir avoué qu'en fin de compte il revient toujours aux vieux Français (mais il n'est pas exclu que « les Français les plus contemporains [lui] soient une *charmante* compagnie[3] »), ou du moins aux mêmes quelques livres qui se sont révélés être faits pour lui, Nietzsche déclare être un lecteur sélectif :

> Il n'est peut-être pas dans ma manière de lire beaucoup et dans tous les genres : une salle de lecture me rend malade. Il n'est pas non plus dans ma manière d'aimer beaucoup et dans tous les genres. La circonspection, et même l'hostilité envers les nouveaux livres correspondraient davantage à mon instinct que la « tolérance », la « *largeur du cœur* » et autres « amour du prochain »[4]...

Mais nous savons à présent que nous ne pouvons le croire tout à fait.

1. WS-109.
2. *Cf.* le magnifique M-553 : « *Par des chemins détournés* ».
3. EH-Klug-3. « Je ne vois pas dans quel siècle de l'histoire on pourrait, d'un seul coup de filet, ramener tant de psychologues si curieux et en même temps si délicats que dans le Paris d'aujourd'hui : je citerai au hasard, car leur nombre est grand, Messieurs Paul Bourget, Pierre Loti, Gyp, Meilhac, Anatole France, Jules Lemaître, ou bien, pour distinguer quelqu'un de la forte race, un vrai Latin pour qui j'ai un faible particulier : Guy de Maupassant » (*ibid.*). Un autre grand psychologue, pour Nietzsche, est Dostoïevski, à la lecture et à la réception duquel Paolo Stellino a consacré un volume, *Nietzsche and Dostoevsky. On the Verge of Nihilism*, Berne, Lang, 2015.
4. *Ibid.*

Là où Nietzsche est sincère, en revanche, c'est lorsqu'il stigmatise, chez Flaubert, le « cul-de-plomb » : seules les pensées nées en marchant ont de la valeur[1] et, bien entendu, la lecture contredit cette légèreté d'esprit. S'il est vrai que la salle de lecture n'est pas vraiment sa tasse de thé[2], on peut alors le trouver errant sous les arcades de la via Po, à Turin, aux alentours de la librairie Loescher, avant de se rendre à la librairie Casanova[3] pour feuilleter les volumes (après tout, « nos yeux entendent plus subtilement que nos oreilles[4] »), ou l'imaginer à la librairie Visconti de Nice, qui était alors le centre le plus animé de consultation et de diffusion de la presse étrangère et où – depuis 1885 – fonctionnait un service de prêt, sur abonnement, de 30 000 volumes d'éditions anciennes et récentes[5].

> Nous ne sommes pas de ceux qui n'arrivent à former des pensées qu'au milieu des livres, qu'au contact des livres – notre habitude à nous est de penser en plein air, marchant, sautant, grimpant, dansant, de préférence dans les montagnes solitaires ou tout proche de la mer, là où même les chemins se font songeurs. Nos premières questions concernant la valeur d'un livre, d'un homme, d'une musique sont : « Peut-il marcher ? Bien plus, peut-il danser ? »... Nous lisons rarement, sans lire

1. *Cf.* GD-Sprueche-34.

2. Voir toutefois la liste des livres empruntés à la bibliothèque de l'université de Bâle, où Nietzsche aura sans doute profité de la salle de lecture : Luca Crescenzi, « Verzeichnis der von Nietzsche aus der Universitätsbibliothek in Basel entliehenen Bücher (1869-1879) », *Nietzsche-Studien*, 1994, 23, p. 388-441.

3. Aujourd'hui Libreria Internazionale Luxemburg, 1 via Accademia delle Scienze.

4. *Cf.* NF-1882,3[1], n° 415.

5. *Cf.* Jean-Paul Potron, « La librairie Visconti », *Nice historique*, 1997, 247, p. 123-133. *Cf.* aussi la brève notice de P. Borel, « Une page d'histoire locale. Presque centenaire, la librairie Visconti a vécu », *L'Éclaireur*, 25 février 1936.

plus mal pour autant – oh ! que nous sommes prompts à deviner la manière dont quelqu'un en est venu à ses idées, assis, devant l'encrier, le ventre écrasé, la tête penchée sur le papier : mais que nous sommes prompts aussi à en avoir fini avec son livre ! L'ouvrage se ressent des intestins coincés de l'auteur, il n'y a pas à s'y tromper comme aussi de l'air renfermé, du plafond et de l'étroitesse de la chambre. – C'étaient là mes sentiments, alors que je venais de fermer un livre honnête et savant, reconnaissant, plein de reconnaissance, mais aussi avec quelque soulagement[1]...

Il s'agit, pour Nietzsche, de stratégies d'autodéfense dictées par son instinct, par cette *cura sui* dont nous sommes partis. L'attention aux choses, aux hommes et aux pensées le guide et lui permet d'embrasser ce qui est le plus proche de lui, laissant aux autres les situations et les conditions qui révèlent une faiblesse fatale de la volonté :

Je prendrai une comparaison dans le commerce avec les livres. Le savant, qui, au fond, ne fait plus que « compulser » des livres – pour un philologue de dispositions moyennes, environ deux cents par jour – finit par perdre tout à fait la faculté de penser par lui-même. Quand il ne « compulse » pas, il ne pense pas. Il *répond* à une sollicitation (une pensée *lue*) ; quand il pense, il ne fait plus que réagir. Le savant dépense toute son énergie à approuver et à réfuter, à critiquer ce qui a déjà été pensé par d'autres – lui-même ne pense plus... Chez lui, l'instinct d'autodéfense s'est effrité ; autrement, il saurait se défendre des livres. Le savant – un *décadent*. – C'est une chose que j'ai vue de mes propres yeux : des natures douées, portées à la liberté, et « perdues par la lecture » dès la trentaine, plus que des allumettes qu'il faut frotter pour qu'elles

1. FW-366. L'aphorisme se conclut toutefois par un éloge des érudits bossus par contraste avec le parvenu moderne, le lettré habile, le « trafiqu[ant] de l'esprit » et le « parasite de la culture ».

produisent des étincelles – des « pensées ». – Lire un *livre* tôt le matin, au lever du jour, dans la prime fraîcheur, dans l'aurore de sa force : voilà ce que j'appelle du vice[1] !

L'époque de la philologie étant désormais révolue, le philosophe Nietzsche peut se permettre un rapport renouvelé avec ses lectures : stimulants pour la vie, nourriture substantielle pour l'esprit, confirmation de sa propre *Lebensform* qui se révèle dans le choix opportun. En même temps, il s'en sert pour nourrir et stimuler son écriture, qui se les approprie, les transforme et *se fait* aussi à travers elles.

Il ne s'agit donc pas seulement d'apprendre à « bien lire » Nietzsche, mais aussi d'apprendre à lire ce qu'il a lui-même lu : seule la coprésence de ces deux éléments – l'écrivain et le lecteur – peut nous éclairer pleinement sur la profondeur et l'originalité de sa production philosophique.

Traduit de l'italien par David Simonin

1. EH-Klug-8.

Chapitre 8

La « vertu » sigétique. Une technique d'exposition

Marc de Launay

Sinon dans ses premiers livres, du moins dès *Opinions et sentences mêlées*, § 128, intitulé « À l'intention des myopes », Nietzsche avertit ses lecteurs : « Çà, vous figurez-vous donc avoir forcément affaire à une œuvre fragmentaire parce qu'on vous la présente (et ne peut que vous la présenter) en fragments[1] ? » Il choisit donc délibérément une forme d'exposition qu'il conservera, comme on sait, dans la plupart de ses œuvres en n'hésitant pas, sur le tard, à s'en faire gloire : « L'aphorisme, la sentence, formes dans lesquelles je suis le premier Allemand qui soit passé maître, sont les formes de l'"éternité" : mon ambition est de dire en dix phrases ce qu'un autre dit en un livre… – ce qu'un autre *ne dit pas* en un livre…[2] » Or, en même temps qu'il affirme cette maîtrise stylistique, Nietzsche ne craint pas d'être provocant : « […] en fin de compte, qui sait seulement si je *souhaite* être lu aujourd'hui[3] ? » Brouillant qui plus est son propos puisqu'il conclut ce même aphorisme en vantant *Ainsi parlait Zarathoustra* qui, précisément, a rompu avec la forme d'exposition des livres qui l'encadrent, *Le Gai Savoir*

1. VM-128.
2. GD-Streifzuege-51.
3. *Ibid.*

et *Par-delà bien et mal.* Le choix de l'aphorisme s'inscrit d'abord dans une longue tradition – on sait Nietzsche lecteur de La Rochefoucauld notamment et appréciant Lichtenberg[1], dont il note maintes formules dans ses fragments posthumes, et qui renvoie, par exemple, aux *Xenia* de Martial et à celles de Goethe et Schiller dans leur *Almanach des muses* :

Die Xenien, sie wandeln zahm,
Der Dichter hält sich nicht für lahm,
Belieben euch aber geschärftere Sachen,
So wartet, bis die wilden erwachen[2].

Mais ce sont bien entendu les romantiques qui ont érigé l'aphorisme en mode privilégié d'exposition philosophique, manifestant ainsi, contre le style argumentatif et la construction progressive d'un système, le privilège de la vision, de l'éclair intuitif et imaginatif immédiat, ainsi que l'ironie permanente à l'égard de la tradition syllogistique. Quoi qu'il en soit, l'ambivalence qui s'exprime chez Nietzsche entre un évident désir de reconnaissance et une attitude qui semble préférer l'effacement plus même que la discrétion ne laisse pas de surprendre. Il est facile de constater cette hésitation profonde : dans une lettre à son ami Overbeck, Nietzsche écrit, à l'automne 1884, alors qu'il est en quête d'un éditeur pour la quatrième partie d'*Ainsi parlait Zarathoustra* : « Car, pour le dire en deux mots, j'ai besoin de me trouver des disciples *de mon vivant*, et, si mes précédents livres ne jouent pas alors le rôle d'hameçons, ils auront "manqué leur vocation"[3]. » Cinq mois plus tard, au même ami, Nietzsche confie :

1. VM-219.
2. J. W. Goethe, *Zahme Xenien*, 4 (*Ausgabe letzter Hand*, 1827, *in Poetische Werke*, Berlin, Aufbau, 1960).
3. Lettre à Overbeck du 6 novembre 1884, BVN-1884,553.

Je n'ai naturellement trouvé aucun éditeur pour la quatrième partie de Zarathoustra. J'en suis, pour ma part, satisfait, et j'y goûte comme un bonheur neuf. Combien me fallait-il, lors de toutes mes précédentes publications, faire violence à ma pudeur ! [...] Mon désir de trouver des disciples et des héritiers me fait de temps à autre perdre patience [...] Mais enfin le terrible poids de ma tâche me ramène toujours à l'équilibre, et je sais parfaitement ce dont il est d'abord et en premier lieu seul besoin[1].

Or il faut se souvenir de ce passage, au § 9 du prologue d'*Ainsi parlait Zarathoustra* : « Que Zarathoustra ne s'adresse pas à la foule, mais à des compagnons ! Zarathoustra ne doit pas devenir berger ni chien d'un troupeau ! En attirer beaucoup hors du troupeau – voilà pourquoi je suis venu. » Cette distance bien soulignée est également celle qui va à rebours de tout ce qui pourrait lui ménager un vaste lectorat, au sein de l'Allemagne wilhelminienne d'une part, mais, plus essentiellement, un grand public en général d'autre part :

On ne tient pas seulement à être compris quand on écrit, mais tout aussi certainement à ne pas l'être. [...] Chaque esprit, chaque goût plus élevé, quand il veut se communiquer, choisit son audience : du même coup, il trace une démarcation à l'égard des « autres ». C'est de là que procèdent toutes les lois plus affinées du style : elles écartent, créent de la distance, interdisent l'« accès », la compréhension comme on dit – tandis qu'elles ouvrent les oreilles à ceux qui ont avec nous une affinité d'oreille[2].

Mais en même temps, le silence est érigé en vertu de l'exposition qui doit ainsi sans cesse se tenir sur une réserve non

1. Lettre à Overbeck du 31 mars 1885, BVN-1885,589.
2. FW-381.

dénuée d'arrogance. L'avant-propos de *Choses humaines, trop humaines* s'achève sur la phrase : « On ne reste philosophe qu'en... gardant le silence[1] », et les premiers mots de l'avant-propos de *Choses humaines, trop humaines* II y font suite : « Il ne faut parler que lorsqu'on n'a pas le droit de se taire, et ne parler que de ce que l'on a surmonté – tout le reste est bavardage...[2] » : la fin du premier paragraphe de l'avant-propos d'*Aurore*, succédant au précédent, dit ceci : « On désapprend foncièrement le silence lorsqu'on a été taupe aussi longtemps[3]... », tandis que le début du deuxième paragraphe indique que cette « taupe », ce Trophonios, est ressorti de son travail souterrain, qu'il s'en est libéré et l'a donc « surmonté[4] » ; le cinquième et dernier paragraphe de cet avant-propos évoque l'art de bien lire et l'art du *lento* – « se tenir à l'écart, prendre du temps, devenir silencieux, devenir lent[5] ». De même, le premier paragraphe de l'avant-propos du *Gai Savoir* reprend l'idée d'une expérience unique faite par l'auteur qui a écrit l'ouvrage dans le langage d'un « vent de dégel » répondant à un événement « inespéré », une « guérison »[6], la convalescence inattendue de celui qui a enfin surmonté une expérience singulière :

> Un philosophe, qui a traversé et ne cesse de traverser plusieurs états de santé, a passé par autant de philosophies : il ne saurait faire autrement que transfigurer chacun de ses états [...] cet art de la transfiguration, voilà ce qu'est la philosophie[7].

1. MA-I-Vorrede-8.
2. MA-II-Vorrede-1.
3. M-Vorrede-1.
4. M-Vorrede-2.
5. M-Vorrede-5.
6. FW-Vorrede-1.
7. FW-Vorrede-3.

Et cet avant-propos se conclut par un rappel du thème de l'apparence évoqué dans la présentation de *Choses humaines, trop humaines* et, surtout, par l'affirmation redoublée, mais toujours exprimée de manière métaphorique et imagée, que « la vérité est une femme », que cette affirmation est le fait de ceux qui sont « superficiels par profondeur » pour avoir « escaladé la plus haute cime de la pensée contemporaine, et qui [...] de cette hauteur, [ont] jeté un regard vers le bas[1] [...] ». Y fait suite directement, du point de vue thématique, l'avant-propos bref de *Par-delà bien et mal* qui débute ainsi : « À supposer que la vérité soit une femme, n'est-on pas fondé à soupçonner que tous les philosophes, pour autant qu'ils furent dogmatiques, n'entendaient pas grand-chose aux femmes... » Un réseau métaphorique se met en place, fait d'équivalences qui sont loin de dissiper toute confusion : la vérité est identifiée à la femme qui est elle-même une métaphore de la vie, laquelle doit, à son tour, faire l'objet d'une retraduction.

Nietzsche met en scène ce réseau de transpositions de la manière la plus évidente, d'une part dans « La chanson à danser », deuxième partie d'*Ainsi parlait Zarathoustra*, d'autre part dans « Le convalescent », dans la troisième partie. Deux figures de femmes, la « vie » et la « sagesse », entrent en rivalité pour séduire Zarathoustra, et la première lui reconnaît d'avoir percé à jour un secret qui ne peut se dire qu'en le murmurant à l'oreille. La technique est celle de la transposition : dans ce livre, Nietzsche y a maintes fois recours. La « sagesse » est le mot qui désigne la philosophie (terme qui ne figure nulle part dans l'ouvrage) ; la « vie » est l'autre nom de la « volonté de puissance », et ce depuis l'automne 1882, où Nietzsche dit ceci : « Volonté

1. FW-Vorrede-4.

de vivre ? Là où elle se manifeste, je n'ai jamais rencontré que volonté de puissance[1] », texte qu'il reprend dans le chapitre « Du dépassement de soi » en l'explicitant sans pour autant quitter le registre de la transposition. Même technique de transposition employée, toujours dans *Ainsi parlait Zarathoustra*, pour ne pas avoir à employer le terme d'« instinct », systématiquement remplacé par « passion ». Le plus surprenant est toutefois que cet ouvrage dont le but explicite était d'exposer l'idée « abyssale » d'éternel retour se refuse finalement à le faire en mettant en scène une reprise, prononcée par les « animaux » de Zarathoustra, de l'aphorisme 341 du *Gai Savoir*, tandis qu'en écoutant leur propos lui-même s'endort puisque ce qu'ils imaginent être son enseignement est faussé par leur manière même de le reproduire[2].

Cette technique de transposition, qui frôle l'antiphrase dans le cas particulier de la « volonté de puissance » puisque « volonté » dit le contraire de ce que désigne ce terme, implique une parodie d'exposition, comme dans le cas de l'éternel retour. En effet, l'aphorisme 36 de *Par-delà bien et mal* semble exposer une « thèse » tout en sous-entendant non seulement qu'elle n'en est pas une (elle n'est qu'une interprétation de « texte »[3]), mais aussi qu'elle ne dit pas ce qu'il faudrait comprendre, car l'essentiel est indiqué, dès le début de l'aphorisme, dans une incise discrète (« car la pensée n'est que le rapport mutuel de ces instincts[4] ») qui dément tout à fait la possibilité même d'une quelconque

1. NF-1882,5[1], n° 1.

2. Nietzsche avait déjà dénoncé cette caricature dans la deuxième de ses *Considérations inactuelles* en y critiquant le pythagorisme grevant cette vision de l'histoire (HL-2, *cf.* *Œuvres*, I, Paris, Gallimard, 2009, p. 512).

3. Voir aussi JGB-22, 230.

4. JGB-36.

« volonté ». Qui plus est, l'expression « volonté de puissance » semble suggérer la continuelle dépendance à l'égard de la conception schopenhauerienne, alors qu'aux yeux de Nietzsche elle devrait toujours être au pluriel puisque, sur la scène de l'histoire des valeurs, la « volonté de puissance » des « forts » s'oppose toujours à celle des « faibles ». Néanmoins, c'est sans prendre davantage de précautions qu'il en fait usage sans mobiliser la dramatisation qui accompagne l'évocation de la « pensée abyssale », alors que cette dernière n'est en fait qu'une conséquence de la représentation sur laquelle repose la théorie des instincts, à savoir le présupposé cosmologique selon lequel la quantité globale d'énergie reste fixe[1]. C'est le fait même que Nietzsche affirme une thèse sur le mode exotérique qui devrait susciter la méfiance chez le lecteur averti ; d'autant que la volonté de puissance est toujours affirmée relative (à un groupe, à un peuple, à un niveau de la hiérarchie des esprits, en même temps qu'à des buts qui, eux-mêmes singuliers, la dépassent nécessairement). Dans deux fragments posthumes qui sont les brouillons de l'aphorisme 36[2], Nietzsche est tout à fait explicite : « Quelque chose peut être irréfutable : ce n'en est pas vrai pour autant [...] la volonté de puissance mène le monde inorganique, ou plutôt, il n'y a pas de monde inorganique[3] » ; tandis que le monde de la volonté de puissance est, d'autre part, identifié au monde dionysiaque qui n'est autre que celui de l'éternel retour. Mais surtout, ce monde de la volonté de puissance est supposé être une « totalité [dont] la grandeur est invariable[4] ». Il n'y a donc jamais épanchement de force qui

1. *Cf.* NF-1885,38[12].
2. Voir NF-1885,34[247] et 38[12].
3. NF-1885,34[247].
4. NF-1885,38[12].

serait pure entropie – dans le « monde » qui est le nôtre, c'est-à-dire le monde qui n'est pas celui de la physique. En outre, dans le cahier N-VII-3 que Nietzsche utilisa durant l'été et l'automne 1886, la distinction exotérique-ésotérique est ainsi présentée : « 1. – Tout est volonté opposée à une autre volonté » ; c'est la « thèse » exotérique, tandis que : « 2. Il n'y a pas du tout de volonté » est le versant ésotérique ; de même : « 1. Causalisme / 2. Il n'y a rien de tel que cause et effet[1] ». Enfin, durant l'automne et l'hiver 1886, au fragment 7 [54], il est question de la « suprême » volonté de puissance, décrite ainsi : « *Imprimer* au devenir le caractère de l'être [...] Que *tout revienne*, c'est le plus extrême *rapprochement d'un monde du devenir avec celui de l'être : sommet de la contemplation*[2] ». La volonté de puissance n'est donc que le masque qui renvoie à une autre figure, celle de l'éternel retour, lequel, à son tour, désigne l'exigence philosophique tue et constamment mobilisée : la lucidité qui sait le mystère de la « naturalisation » de l'homme – imprimer au devenir le caractère de l'être.

Les discours s'en tiennent à un inachèvement qui est en fait inversement proportionnel à leur vertu inventive et créatrice. Qu'il s'agisse de littérature ou de philosophie, plus la fonction stylistique est activement sollicitée, moins le discours est achevé, ne serait-ce que parce qu'il confine toujours aux limites d'une langue en la faisant travailler bien au-delà de l'ordinaire conventionnel. « La tâche qui incombe à un traitement philosophique des termes philosophiques ne peut à vrai dire être autre chose que de réveiller la vie qui s'est évanouie dans les mots[3] », écrit Adorno en indiquant que

1. NF-1886,5[9].
2. NF-1886,7[54].
3. Theodor W. Adorno, *Terminologie philosophique*, trad. Marc de Launay, Paris, Klincksieck, 2022, p. 231.

cette démarche est bien un travail de la philosophie sur et contre elle-même :

> Toute philosophie recèle une part dogmatique ; ce sont les reliquats qui s'opposent à la dynamique de son propre mouvement en constituant par rapport à elle une extériorité figée, comme une part qui lui serait échue et qu'elle accepterait passivement [...] toute l'histoire de la philosophie consiste à se débarrasser sans pouvoir tout à fait y parvenir de cet aspect dogmatique[1].

La question du style cesse d'être descriptive et simplement esthétique : le style est d'abord un processus, une dynamique inscrite au sein même du langage – rien qui autorise la métaphore d'une périphérie et d'un centre. Un discours philosophique n'est jamais « achevé » puisqu'il définit sa recherche en fonction d'un état dynamique des problématiques qu'il réorganise, souvent dans la perspective d'une communication polémique ; mais, surtout, il fait fond sur un lexique caractérisé par l'innovation, la néologie, la métaphorisation destinées à produire des notions qui soit sont thématiques, et sont alors rarement définies de manière achevée, soit sont opératoires et peuvent être empruntées à la tradition non sans subir de multiples distorsions. Ce discours heuristique fait parfois violence à sa propre langue et n'a pas pour souci premier d'établir une cohérence terminologique. C'est, au contraire, la préoccupation d'un discours didactique, lequel est nécessairement rétrospectif, que de réorganiser les catégories heuristiques selon une rigueur conceptuelle et systématique à des fins d'exposition et d'explication. Alors que le discours heuristique engendre sa terminologie au fur et à mesure qu'il se développe, le discours didactique procède à rebours,

1. *Ibid.*, p. 263.

et somme en quelque sorte le discours scientifique de se plier à la taxinomie d'un index des termes. On comprend alors qu'un jugement sur le style d'un discours heuristique formulé du point de vue d'un discours didactique aura nécessairement un caractère descriptif, et que le recul historique autorisera ce verdict à parler d'écart, à faire le relevé de certaines constantes, à souligner des incohérences ; le sens même qu'on accorde à la notion de style présuppose qu'il s'agit d'une catégorie dont la finalité et la typologie obéissent elles-mêmes à telle ou telle représentation de l'histoire. En revanche, si l'on se place du côté de l'élaboration du discours heuristique, le style n'est plus un des aspects dont l'analyse aurait à tenir compte, il reste un processus, et il est d'emblée partie prenante de la problématique dans une tout autre perspective : il désigne la manière dont elle s'élabore, s'oppose à telle ou telle tradition, choisit ses adversaires et le type d'offensive menée contre eux, mais, surtout, la démarche qu'elle suit lorsqu'elle se formule dans telle langue et à telle étape de son développement.

La forme de l'exposé ne préjuge pas de ce qui est exprimé au seul plan des significations et, plus encore, obéit à une nécessité en devenant partie prenante du sens produit. De quelle nature est-elle ? Nietzsche en donne plusieurs versions, sous divers angles – il évoque le bon goût, l'art de la nuance, la politesse supérieure qui a souci de ne pas effrayer l'interlocuteur, mais aussi l'absence d'oreilles capables d'entendre correctement, l'absence d'esprits assez fermes pour endurer des vérités abyssales, l'abrutissement de l'opinion, la toute-puissance des courants dominants de pensée, l'hostilité de ceux qu'il choque ou qu'il attaque, bref, le fait que certains « naissent posthumes[1] » – ce dont

1. EH-Bücher-1.

on peut néanmoins déduire qu'il conserve sa fidélité à une opposition traditionnelle dans le discours philosophique classique, opposition que l'enthousiasme de l'*Aufklärung* a fini par masquer ou tout simplement nier : il s'agit bien de l'opposition entre discours ésotérique et discours exotérique. Le dernier représentant, en Allemagne, de cette opposition en acte est Lessing[1], auquel Nietzsche ne manque pas de rendre un hommage très appuyé en l'appelant « le plus probe des hommes théoriques [qui] a osé dire que, pour lui, "la recherche de la vérité import[ait] plus que la vérité elle-même"[2] ». Cette citation de Lessing fait directement écho à la phrase célèbre de Pascal – « Nous ne cherchons jamais les choses, mais la recherche des choses[3] » – dont Nietzsche donne une formulation double dans les « Maximes et interludes » de *Par-delà bien et mal* : « Nous aimons en fin de compte nos désirs, et non ce que nous désirions[4] » ; « Celui qui atteint son idéal le dépasse par là même[5] », dont la résultante est la maxime 160 : « On n'aime plus assez sa connaissance sitôt

1. *Cf.* Leo Strauss, *La Renaissance du rationalisme politique classique*, trad. fr. Pierre Guglielmina, Paris, Gallimard, 1993, chapitre 5.

2. GT-15. Lessing est cité dans le contexte où Nietzsche, comme à la fin de l'avant-propos du *Gai Savoir*, dénonce ceux qui voient dans la vérité une déesse qu'il faudrait mettre à nu. Nietzsche dira de lui qu'il est, « parmi les Allemands, l'auteur le plus captieux en matière de prose » (*cf.* SE-2) et, plus encore, le « savant idéal » (NF-1869,2[12], *cf.* aussi 1873,27[35]). Dans ses dialogues « maçonniques », *Ernst und Falk* (1777 et 1780), Lessing fait dire au représentant de la philosophie classique, rebaptisée « maçonnerie » : « Le sage ne peut dire ce qu'il fait mieux de taire » (Gotthold Ephraim Lessing, *Ernst et Falk*, trad. Pierre Grappin, Paris, Aubier, 1946, p. 53, trad. mod.).

3. Blaise Pascal, *Pensées*, n° 203 [249], Paris, Gallimard, « Bibliothèque de la Pléiade », 1954, p. 1138. Pascal précisait : « Ainsi dans le jeu, ainsi dans la recherche de la vérité. »

4. JGB-175.

5. JGB-73.

qu'on la communique[1]. » La nécessité de se taire est donc clairement exprimée comme allant de pair avec le fait de rester philosophe et avec une certaine pratique de la communication : non seulement c'est la meilleure voie pour attirer à soi de nouveaux compagnons à l'oreille fine, mais c'est aussi laisser entendre que le style sigétique lui-même est déjà une indication suffisante du genre de « vérité » qui le commande.

La nécessité de recourir à la ruse dans la manière de communiquer obéit également à une autre considération qui tient à une certaine distance prise à l'égard des pouvoirs du langage – « Hélas, mes pensées, qu'êtes-vous devenues, maintenant que vous voilà écrites et peintes ! [...] quelques-unes d'entre vous, je le crains, sont en passe de devenir des vérités : elles ont déjà l'air si impérissable, si mortellement inattaquable, si ennuyeux[2] ! » –, distance qu'on retrouve aussi chez Platon :

> Quiconque réfléchit n'aura jamais la hardiesse de déposer dans le langage les pensées qu'il a eues, en le faisant dans ce qui est immuable comme, précisément, l'est ce qui est constitué par des caractères écrits [...] c'est à grand-peine, dis-je, que sur chacun de ces éléments [les facteurs ordinaires de la connaissance] sera venue briller la lumière de la sagesse et de l'intelligence, d'une intelligence dont la tension sera aussi grande que cela est compatible avec les facultés humaines ! Voilà justement pour quelle raison aucun homme sérieux, occupé de questions sérieuses, ne se risquera, loin s'en faut, à laisser, en écrivant, tomber dans le domaine public de pareilles questions[3]...

1. JGB-160. Voir aussi JGB-27.
2. JGB-296.
3. Platon, *Lettre VII*, 343a, 344b-c. *Cf.* également 341c-d où Platon insiste sur le fait que les écrits ne doivent s'adresser qu'au petit nombre de

C'est que la recherche de la vérité, sérieusement entreprise comme la lente et douloureuse convalescence qui mènera enfin à la guérison, pourra aisément faire figure de folie : la *mania* qui s'empare de celui qui devient par trop intempestif et inactuel[1], qui pense au rebours des opinions, mais, surtout, au rebours même de ce qui les commande et précipite l'époque vers des actions telles qu'elles n'auront plus rien du débat d'idées : ce que Nietzsche dit être le nihilisme européen dans ses conséquences les plus meurtrières.

> Il est inévitable [...] que nos plus hautes intuitions apparaissent comme des folies [...] lorsqu'elles parviennent indûment aux oreilles de ceux qui ne sont ni faits pour elles ni prédestinés à les entendre[2].

Ce qui distingue alors « la pensée exotérique [de] la pensée ésotérique », c'est que le philosophe exotérique « regarde les choses de bas en haut, tandis que le penseur ésotérique les considère *de haut en bas*[3]... » Nietzsche n'innove pas en reprenant cette distinction « classique », bien qu'il soit l'un des seuls penseurs du XIXe siècle à la réhabiliter, mais il insiste sur le « rang », c'est-à-dire sur la qualité propre à l'esprit supérieur, et non sur le fait que le penseur ésotérique jouit d'un accès à une doctrine, est « initié » d'un point de vue institutionnel. Traditionnellement, une doctrine secrète n'est pas écrite, et ce qu'elle écrit est toujours de nature exotérique. Le rapport est donc habituellement indiqué par une

---

« ceux qui sont capables, à l'aide d'une petite indication, de trouver par eux-mêmes ».

1. *Cf.* Za-III-Tafeln-19 : « l'âme la plus sage que la folie persuade avec le plus de douceur ».

2. JGB-30.

3. *Ibid.* Il est très rare, dans son œuvre publiée comme dans son œuvre posthume, que Nietzsche ait recours au couple notionnel exotérique-ésotérique. *Cf.* GM-III-27, ainsi que NF-1886,5[9] déjà cité.

métaphore spatiale, intérieur-extérieur. Si Nietzsche affirme *dans un texte publié* l'existence de ce rapport en l'exprimant à travers une métaphore spatiale *différente*, haut-bas[1], qui renvoie directement à une hiérarchie qualitative, sans doute faut-il comprendre qu'il ne s'appuie sur aucune doctrine *secrète* achevée, mais qu'il ne renonce pas pour autant à se faire entendre grâce à « cet art de la *nuance* qui constitue la meilleure acquisition de la vie[2] », en s'adressant à ceux qui accepteront d'entrer avec lui dans le labyrinthe de masques qu'est ce jeu d'énigmes. Les avant-propos de 1886 – bien que Nietzsche en recommande à Georg Brandès la lecture comme d'un texte continu[3] – ne contiennent aucun élément doctrinal identifiable, outre une exigence double – celle d'un appel à la sagesse, la « hauteur », la « supériorité »

1. *Cf.* Kurt Weisshaupt, « Maske und Gehalt. Stufen des Esoterischen bei Nietzsche », *in* Helmut Holzhey et Walther Ch. Zimmerli (dir.), *Esoterik und Exoterik in der Philosophie*, Bâle-Stuttgart, Schwabe, 1977, p. 191-205. Weisshaupt remarque bien l'importance du rapport exotérique-ésotérique chez Nietzsche, mais hésite pour finir devant la question de savoir quels contenus sont finalement, derrière les masques, les éléments de la « doctrine » ésotérique : il conclut sur l'hypothèse que le masque ultime est la manière dont Nietzsche formule un problème – la mise en question de la volonté de vérité – sans disposer lui-même d'une solution, puisque la volonté de vérité est le cœur de l'idéal ascétique auquel Nietzsche s'oppose radicalement. Weisshaupt discerne en fin de compte que les masques dissimulent le processus de compréhension de l'ésotérique. Or Nietzsche ne cesse d'affirmer ouvertement la série nécessaire des masques, donc la nécessité de l'ésotérique...

2. JGB-31.

3. Voir cette lettre du 2 décembre 1887, BVN-1887,960 : « Afin de ne rien négliger, de mon côté, qui pourrait vous faciliter l'accès à ma caverne, je veux dire à ma philosophie, mon éditeur de Leipzig vous enverra en bloc mes écrits précédents. Je vous recommande, en particulier, d'en lire les nouveaux avant-propos (ils viennent presque tous d'être édités). Lus les uns à la suite des autres, ces avant-propos pourraient sans doute jeter quelque lumière sur moi, à supposer que je ne sois pas obscur en soi (en soi et pour moi...), en tant qu'*obscurissimus obscurorum virorum...* »

que confère d'avoir vaincu l'opinion et tous ses propres penchants pour elle, ainsi que celle de lier cet art de vivre à une sigétique qui lui fait directement écho –, force est de considérer aussi que, dans les livres ainsi présentés, ce qui apparaîtra comme élément doctrinal serait immédiatement mal compris si, du statut particulier d'« intuition supérieure », on le rabaissait au rang de concept, d'élément d'un système (même en concédant à ce dernier d'être plus ou moins « secret ») : « Que pouvons-nous donc décrire et peindre, nous autres mandarins, avec notre pinceau chinois, nous autres qui éternisons des choses qui se *laissent* écrire ; que pouvons-nous dépeindre ? Hélas, jamais rien d'autre que ce qui va se faner et commence à perdre ses senteurs ! Nous n'éternisons [...] que ce qui est exténué, vermoulu[1] ! » De plus, Nietzsche prend soin de dégager le terme de « philosophe » de l'acception commune puisqu'on ne « doit pas restreindre [ce terme], la remarque est d'importance, au seul philosophe qui écrit des livres, et encore moins à celui qui couche *sa* philosophie dans des livres[2] ».

Il ne faut pas voir dans ces déclarations apparemment contradictoires avec le projet même de les écrire une habileté rhétorique[3] destinée à révéler les limites de toute philosophie,

1. JGB-296 (c'est la conclusion de l'ouvrage). *Cf.* GD-Alten-2 : « Platon est ennuyeux. »

2. JGB-39.

3. *Cf.* Samuel Ijsseling, *Rhetorik und Philosophie*, Stuttgart, Frommann-Holzboog, 1988, chap. XIV. Ijsseling ne manque pas de citer Karl Jaspers, *Nietzsche. Introduction à sa philosophie*, Paris, Gallimard, 2000, p. 18, qui est malheureusement responsable d'une sorte de légende tenace : « Toutes les déclarations de Nietzsche semblent niées par d'autres qui viennent aussi de lui. L'*autocontradiction* est le trait fondamental de la pensée de Nietzsche [...]. Il semble qu'il ait sur toutes choses deux opinions. » On peut facilement objecter que, précisément sur la question de ce que doit être le « style » de la philosophie, Nietzsche ne cesse de réaffirmer la même chose. Il n'est pas

son caractère fallacieux qui correspondrait au « caractère erroné du monde dans lequel nous croyons vivre[1] ». La suite des aphorismes 39, 40, 41, 42, 43 et 44 qui concluent le chapitre de *Par-delà bien et mal* consacré aux esprits libres fait figure de propédeutique à la sagesse en continuant d'affirmer très clairement l'impératif « ésotérique » – « Tout ce qui est profond aime le masque[2] » ; « Ne s'attacher à aucune science [...] Ne pas s'attacher à son propre détachement[3]... » ; « Il appartient à la nature » des « philosophes de l'avenir » de « *vouloir* rester des énigmes sur quelques points[4] » ; « Nous sommes les amis nés, jurés et jaloux de la solitude[5]... » –, mais affirme également : « Finalement, il en sera comme il en a toujours été : les grandes choses appartiendront aux grands hommes, les profondeurs aux hommes profonds, le raffinement et le frisson aux hommes raffinés et, en un mot, tout ce qui est rare aux hommes rares[6]. » On comprend ainsi que les « nouveaux philosophes », les philosophes de l'avenir, ne seront pas « sans nous ressembler un peu[7] ».

Même si, pas plus que dans la correspondance, les avant-propos de 1886 se gardent de tout exposé doctrinal, ils recourent néanmoins à un autre procédé, qui certes fait encore fond sur celui de la transposition, mais lui donne un profil plus aigu, celui de l'énigme. Trois énigmes personnifiées sont proposées dans les préfaces de 1886 : Dionysos, Trophonios et Baubo. Ces allégories énigmatiques

non plus possible d'affirmer qu'il aurait deux « opinions » contradictoires sur la question de la « vérité ».

1. JGB-34.
2. JGB-40.
3. JGB-41.
4. JGB-42.
5. JGB-44.
6. JGB-43.
7. JGB-44.

se substituent délibérément à ce que seraient des concepts. Elles recouvrent un complexe de réflexions plus qu'elles ne résultent d'un travail de définition. En outre, ces notions sont d'abord des noms propres, donc des signes s'intégrant à des configurations plurivoques[1].

Le nom de Dionysos, comme tel, n'apparaît pas dans *Choses humaines, trop humaines*, ni dans *Le Voyageur et son ombre*, ni dans *Opinions et sentences mêlées*, ni dans *Aurore*, ni dans *Le Gai Savoir*, pas davantage dans le *Zarathoustra*. Il fait en quelque sorte sa réapparition, après avoir été au centre de *La Naissance de la tragédie*, dans *Par-delà bien et mal*, à l'avant-dernier aphorisme. Trophonios avait déjà été cité par Nietzsche au § 1 d'un écrit non publié, *La Philosophie à l'époque tragique des Grecs*, dans le contexte où il évoque l'apparition du philosophe aux VIe et Ve siècles, « surgissant pour ainsi dire de l'antre de Trophonios[2] ». Baubo n'apparaît, elle, qu'à la fin de la préface du *Gai Savoir*[3]. Ces trois figures constituent un réseau de parentés : parmi les mères qu'on attribue à Dionysos figure Déméter, qu'on retrouvera face à Baubo ; il est aussi dit fils de Léthé (l'oubli), et c'est l'eau d'une source appelée « eau du Léthé » que doit boire celui qui

1. *Cf.*, à propos de la vérité qui consiste en « configurations » s'opposant à la vérité « idéaliste » réifiée, le texte qu'Adorno consacre, vers 1931, au langage philosophique, « Thèses sur le langage du philosophe » : « Aujourd'hui, le philosophe est face à un langage délabré. Son matériau, ce sont les vestiges des mots auxquels l'histoire le rattache ; il n'a pour toute liberté que ce qu'offre leur configuration obéissant à la contrainte de la vérité en eux. Il ne lui est pas davantage permis de penser qu'un mot est donné d'emblée qu'il n'a le loisir d'en inventer » (trad. fr. Marianne Dautrey et Marc de Launay, *Rue Descartes*, 1999, 26, p. 9-15, p. 13).

2. PHG ; *Œuvres*, I, *op. cit.*, p. 339.

3. Il faut rappeler que Nietzsche tenait assez au dernier paragraphe de cette préface pour en faire la conclusion de *Nietzsche contre Wagner*, le dernier texte dont il a pu surveiller l'impression.

vient consulter l'oracle de Trophonios[1]. En outre, ce dernier a pour frère l'architecte Agamède qu'il aida à construire le temple... d'Apollon à Delphes, et dont tous deux furent gardiens du seuil. Baubo est une figure également étrange puisqu'elle apparaît, dans le cycle de Déméter, au moment où la déesse est en quête de sa fille, Coré, enlevée par Hadès ; Déméter arrive à Éleusis, sous un déguisement, et, à la cour du roi, on cherche à la dérider : Iambé d'abord, la princesse boiteuse, puis Baubo la sage-femme, lui récitent des vers obscènes ; Baubo mime alors un accouchement et sort de dessous ses jupes un simulacre de Iacchos, fils de Déméter. Dans la statuaire, les représentations fréquentes de Baubo la montrent avec la tête à la place du sexe.

Mais il arrive que l'énigme soit si complexe à déchiffrer qu'il devient pratiquement impossible d'en comprendre la signification, sans doute parce que Nietzsche pressent qu'il est préférable pour lui qu'elle demeure impénétrable. C'est exemplairement le cas de la « probité ». Il donne à ce terme une signification qui rompt avec l'usage ordinaire et sa référence à un contexte philologique[2] dans plusieurs fragments destinés à *Aurore*[3], où l'aphorisme 456 en fait une « vertu », en devenir – comme l'indique le titre –, qui

1. Trophonios signifie « qui augmente les ventes », et placer ce nom dans un avant-propos destiné à une nouvelle édition d'un de ses ouvrages, voilà une autre facétie de Nietzsche... Celui qui vient consulter l'oracle de Trophonios doit également boire l'eau de la Mémoire ; on le plonge dans une cuve où il est aspiré comme par un tourbillon rapide ; presque assommé, il entend, dans l'obscurité, une voix qui lui murmure certaines révélations. Une fois sorti de cette cuve, il s'assoit sur la chaise de mémoire et doit répéter ce qu'il a entendu. Après quoi, il s'en retourne à la maison du bon génie où il recouvre la faculté de rire... (*cf.* Euripide, *Ion*, v. 300).

2. Voir NF-1875,5[45] ; Nietzsche prend des notes en vue d'une cinquième « considération inactuelle » consacrée au métier de philologue.

3. NF-1880,6[57 ; 65 ; 127 ; 130], où la probité est qualifiée d'instinct.

n'est ni socratique ni chrétienne, mais « c'est l'une des plus récentes vertus, encore peu mûre, encore souvent confondue et méconnue, encore à peine consciente d'elle-même[1] ». Un thème que reprend *Ainsi parlait Zarathoustra* I[2], en établissant clairement le lien entre vertu et « passion » :

> Autrefois, tu avais des passions et tu les disais mauvaises. Mais désormais, tu n'as plus que tes vertus : elles se sont développées à partir de tes passions. Tu as placé ton but suprême au cœur de ces passions : elles sont devenues tes vertus et joies. / Et quand bien même tu serais de l'espèce des colériques, des voluptueux, des croyants furieux ou des rancuniers : / Pour finir, toutes tes passions deviendront des vertus[3].

Néanmoins, et si l'on s'en tient uniquement à ce que Nietzsche dit de cette « vertu » dans ses œuvres publiées, rien ne permet véritablement d'aller au-delà d'une équation faite de transpositions qu'on peut reconstituer : vertu = passion = instinct ; on peut également comprendre que la clé de ces transpositions repose sur la « sublimation » ou la « spiritualisation » de la force à l'œuvre dans les instincts, et, de même, que chaque pulsion vise à une expansion maximale, contrariée seulement par celle des autres instincts avec qui elle entre nécessairement en conflit permanent. Reste que l'aphorisme 227 de *Par-delà bien et mal* rend plus énigmatique le rappel du terme :

> La probité, à supposer que ce soit la vertu dont nous ne pouvons nous affranchir, nous, les esprits libres –, nous voulons la cultiver en nous avec toute notre méchanceté et tout notre

1. NF-1880,6[461] confirme qu'il s'agit d'une « *passio nova* ».
2. Za-I-Hinterweltler.
3. Za-I-Leidenschaften. Voir également Za-IV-Menschen-8 : « Rien de nos jours ne me paraît plus précieux et plus rare que la probité. »

> amour, nous ne nous lasserons pas de nous « accomplir » dans *notre* vertu, la seule qui nous reste ; puisse son éclat s'étendre un jour, comme un rayon vespéral, ironique et doré, sur cette civilisation vieillissante et son morne, son triste sérieux[1] !

Comme l'aphorisme fait immédiatement suite à celui qui est intitulé « Nous autres immoralistes ! » et qu'il est au centre du chapitre VII (« Nos vertus »), on saisit tout de suite l'ironie qui consiste à affubler les esprits libres d'une « vertu », la « seule » qui subsiste ; or, de la probité, justement, ces derniers ne peuvent s'affranchir. Les « esprits libres » ne le sont donc pas véritablement ; comment pourraient-ils « cultiver » cette « vertu » ? Comment le rayonnement de cette « vertu » pourrait-il un jour éclairer le crépuscule des valeurs alors dominantes ? Pourquoi cette vertu a-t-elle soudain une fonction décisive dans la conversion des valeurs ? À la différence des autres énigmes[2], celle-là reste indéchiffrable aux lecteurs qui n'ont pas accès aux notes posthumes : « Ce qu'il y a de nouveau : la **probité** nie *l'homme*, elle ne veut d'une pratique morale *universelle*, elle nie les buts *communs*. L'HUMANITÉ est une **masse de puissance** pour l'*exploitation* et l'*orientation* de laquelle les individus sont en **concurrence**[3]. » Comme Nietzsche juge qu'on se trouve dans un « interrègne moral », le rôle de la probité devient déterminant puisque c'est cette « vertu » des esprits libres qui décide si nous « vivons ainsi une existence *préliminaire* ou *retardataire*, selon notre goût et nos dons[4] ». Elle devient ainsi, ni plus ni moins, la condition de possibilité de la

1. JGB-227.
2. Par exemple, JGB-140.
3. NF-1881,11[63]. Voir aussi 1885,38[12].
4. M-453.

conversion des valeurs. Elle est même ce qui permet, en raison de sa capacité purement réflexive, de pénétrer assez avant dans l'univers des instincts pour permettre la compréhension de leur dynamique et de leurs conflits, comme de la manifestation de ces conflits dans les différentes configurations des valeurs.

On conçoit sans difficulté pourquoi Nietzsche a pu si profondément tenir à dissimuler le pivot même de sa critique et le socle de son édifice théorique. Seuls des fragments posthumes permettent de reconstituer les éléments de cette énigme et leur mode d'agencement. À partir des œuvres publiées, c'était impossible.

Pour quelles raisons Nietzsche a-t-il eu constamment recours à ces techniques de dissimulation, de transposition, de masquage ? D'autant qu'il est loin d'en faire mystère : en effet, c'est très tôt qu'il affiche de s'y livrer :

> [...] les bons amis échangent de temps à autre, en signe d'intelligence, une parole obscure qui doit être une énigme pour les tiers. [...] Le ciel me garde des dialogues dévidés tout au long sur le papier ! Si Platon avait pris moins de plaisir à filer les siens, ses lecteurs prendraient plus de plaisir à Platon. Une conversation, dont on se délecte dans la réalité est, une fois tournée en écrit et lue, un tableau farci de perspectives fausses : tout y est trop long ou trop court[1].

Tout au long de ses œuvres publiées, Nietzsche multiplie à l'envi les avertissements aux lecteurs, comme le fait encore, en 1886, le cinquième livre du *Gai Savoir*, à l'aphorisme 371, intitulé « Nous autres, incompréhensibles », mais également l'aphorisme 381, qui reprennent le thème clairement exposé dans *Par-delà bien et mal*, § 30, et, sur le

1. WS-[Dialog].

mode apparemment plus « biographique » d'une confession, à l'aphorisme 296 qui conclut le dernier chapitre.

La raison avouée, donc exotérique, est clairement exposée : « Tu dis toi-même ces opinions dangereuses aux esprits en danger, et tu les communiques cependant au public ? – B : J'écris en sorte que ni la populace, ni les *populi*, ni les partis en tous genres n'aient envie de me lire. Ces opinions, par conséquent, ne seront jamais publiques. – A : Mais comment écris-tu donc ? – B : Ni utilement ni agréablement[1]... » Cette passion de la distance, ce goût des différences de rang, ce « radicalisme aristocratique[2] » ne renvoient pas simplement à l'opposition traditionnelle entre réflexion philosophique et doxa, pas davantage au souci d'éviter la censure, car même si elle exerce encore à l'époque de Nietzsche une certaine surveillance, celle-ci n'a plus grand-chose à voir avec la puissance qui a pu dicter à Descartes son fameux « *bene vixit qui bene latuit* ». Même la posture du penseur posthume[3] est manifeste dans le *Crépuscule des idoles*, « Maximes et traits », § 15, puis dans l'avant-propos de *L'Antéchrist* (repris textuellement dans *Ecce homo*, « Pourquoi j'écris de si bons livres », § 1).

La raison principale tient à la conception du langage qui s'ébauche dans *Vérité et mensonge au sens extra-moral* (dès 1873), un texte jamais publié dont l'influence va perdurer tout au long des quinze années de travail qui

1. WS-71.

2. Voir la lettre à Franz Overbeck du 3 février 1888, BVN-1888,984. L'expression est le titre de l'article que Georg Brandès publiera dans la *Deutsche Rundschau*, avril 1890, vol. 63, 16e année, p. 52-89 : « Aristokratischer Radicalismus. Eine Abhandlung über Friedrich Nietzsche ».

3. Voir NF-1887,9[76] (repris textuellement en 1888) : « Les hommes posthumes seront moins bien compris, mais mieux écoutés que les contemporains. Ou, plus précisément : ils ne seront *jamais* compris : d'où leur autorité (*comprendre c'est égaler*). »

attendent Nietzsche. On en trouve un écho, en 1888, dans le *Crépuscule des idoles*, « La “raison” dans la philosophie », § 5 :

> Le langage, de par son origine, remonte aux temps de la forme la plus rudimentaire de psychologie : prendre conscience des conditions premières d'une métaphysique du langage, ou, plus clairement, de la *raison*, c'est pénétrer dans une mentalité grossièrement fétichiste. Elle ne voit partout qu'actions et êtres agissants, elle croit à la volonté comme cause ; elle croit au « moi », au moi en tant qu'être, au moi en tant que substance, et elle *projette* sur tous les objets sa foi en la substance du moi – elle crée tout d'abord la notion de « chose »... La pensée intègre partout l'être en tant que cause, en le *glissant sous toute chose* ; à partir de cette conception du « moi » on dérive alors la notion d'« être »... Au commencement, la grande erreur a été de croire que la volonté est quelque chose qui *agit* – que la volonté est une *faculté*... Aujourd'hui, nous savons que ce n'est qu'un mot... Beaucoup plus tard, dans un monde mille fois plus « éclairé », les philosophes découvrirent avec surprise la *sûreté*, la *certitude* subjective dans le maniement des catégories rationnelles : ils conclurent qu'elles ne pouvaient venir de l'expérience empirique – toute l'expérience empirique, en effet, y contredisait. *D'où viennent-elles donc ?* – Et, en Inde comme en Grèce on a commis la même méprise : « Il faut que nous ayons habité un monde supérieur (– au lieu d'un monde *bien inférieur*, ce qui aurait été la vérité !), il faut que nous ayons été divins, *puisque* nous sommes doués de raison !... » En fait, rien n'a jamais eu force de persuasion plus naïve que l'erreur de l'être, telle qu'elle est par exemple formulée par les Éléates : car elle a pour elle chaque mot, chaque phrase que nous prononçons. – Les adversaires des Éléates ont eux aussi succombé à la séduction de leur concept d'être : Démocrite, entre autres, lorsqu'il inventa son *atome*... La « raison » dans le langage : oh, quelle horrible vieille trompeuse ! Je crains

que nous ne puissions nous débarrasser de Dieu, puisque nous croyons encore à la grammaire[1]...

Nietzsche décrit une situation contemporaine à la formation du langage qui correspond au stade de ce que Cassirer considère comme la forme symbolique « mythe », c'est-à-dire cette mentalité qui croit aux « forces agissantes » qui dominent l'ensemble de la réalité ; mais, précisément, ces forces ne réservent aucune place au « moi » ni n'autorisent une substitution de la volonté individuelle aux forces anonymes qui régissent l'ensemble de la réalité. L'autre méprise, souvent commise et pas seulement par Nietzsche, consiste à confondre transcendant et transcendantal, comme à croire que la « chose en soi » ferait signe vers un monde intelligible doté d'un statut lui-même transcendant. Il est révélateur que Nietzsche contourne la difficulté, qu'il devine bien, d'aborder la question de l'origine du langage ; il se contente d'affirmer qu'« on invente une désignation des choses... », comme si cette invention, comparable donc à celle de la connaissance (comme dans la fable initiale), obéissait tout simplement à un instinct de conservation.

En outre, et c'est la principale faille du raisonnement qu'il développe, les « désignations des choses », autrement dit un vocabulaire, un lexique, présupposent une langue déjà existante et, surtout, l'origine du langage ne peut résulter d'un accord sur des « conventions » : en effet, ces dernières ont pour condition une entente collective qui ne peut elle-même avoir lieu hors langage ; on tombe alors dans un cercle. La thèse conventionnaliste ne résiste pas au premier examen ; ce qui ne veut pas dire, pour autant, que cette motion qui se veut immanentiste soit d'emblée écartée. Nietzsche veut

1. GD-Vernunft-5.

d'abord rejeter la tentation, souvent réapparue, d'attribuer une origine divine au langage, de même qu'il refuserait toute imputation de la formation du langage à une quelconque « âme », comme l'a fait très justement Anton Marty, deux ans après « Vérité et mensonge... », dans sa thèse *L'Origine du langage* (1875)[1]. Mais, à la différence de Nietzsche, Marty soutient une orientation pragmatique : le langage a fondamentalement pour finalité la communication entre les membres d'une espèce, ce qui vaut bien évidemment aussi pour les animaux ; si empiriste qu'il cherche à l'être, Marty ne peut pas non plus nier qu'au-delà de l'imitation et de l'association des sons, toute langue mobilise une réflexivité dans son élaboration qui ne se réduit nullement à une thèse immanentiste.

Il est vain de s'aventurer sur la voie, en fait à peu près impraticable, d'une quête historienne de l'origine du langage, ne serait-ce que pour la raison qu'elle aurait lieu à partir d'un point de vue qui a depuis trop longtemps été lui-même forgé par l'existence des langues pour permettre une quelconque rétrospection valide. Mais il est inconséquent, surtout, d'affirmer que les désignations des choses n'exprimeraient pas « adéquatement » les choses. D'une part, il n'y aurait dans ce cas qu'une langue possible ; en outre, si l'on nie qu'il y ait une « essence des choses », il n'est plus possible de parler d'adéquation. D'autre part, l'inadéquation entre langage et choses ne relève ni du mensonge ni de la tromperie, et la question de la vérité n'est pas engagée seulement par la réussite ou l'échec supposés d'une langue à forger ses désignations des « choses » indistinctement. L'inadéquation des mots aux choses n'est

1. Anton Marty, *L'Origine du langage*, Paris, Hermann, 2017 (trad. et préface Marc de Launay).

pas synonyme d'illusion ; la volonté de vérité n'est pas la caution d'une préservation de la vie, mais l'usage d'une langue assure incontestablement à une espèce de meilleures conditions de survie que celles dont jouirait une espèce qui en serait dépourvue. Le premier de ces avantages, qui n'ont en général rien à voir avec ce qui serait « agréable », mais qui promeuvent des conditions meilleures de survie ou d'adaptation au milieu, c'est la possibilité de désigner quelqu'un ou quelque chose *in absentia* – appeler, évoquer, voir invoquer –, ce qui offre en outre la capacité de transmettre également des contenus d'expérience. Ce tournant une fois accompli, il devient tout simplement impossible de revenir d'une quelconque manière « en arrière ». Mais il est évident aussi, comme le répète Nietzsche, que ces avantages qu'offre le langage ne sont pas dictés par un « instinct de vérité », autrement dit ne visent pas l'objectivité ; ils présupposent seulement la fiabilité des énoncés, et non pas la tromperie ou l'illusion, voire le mensonge. Cela ne signifie pas que la ruse n'y aurait pas recours, mais la tromperie a pour condition précisément la croyance spontanée dans la fiabilité de ce qui est dit, tout comme Marx dit du voleur qu'il est le premier garant de la propriété privée.

Toute langue opère par « transposition » et les résultats qui sont à la fois des sons articulés, des mots et des modes de composition de ces derniers procèdent de synthèses perceptives qui requièrent autre chose que de simples « excitations nerveuses ». Nietzsche ne va, dans ce texte, jamais évoquer les capacités de l'imagination – sa connaissance de Kant est encore de seconde main et, comme il appert très clairement de ses lectures partielles antérieures, il n'a pas lu la première partie de la *Critique de la faculté de juger* (il s'est attaché uniquement au problème de la téléologie). Mais Nietzsche a lu Aristote et puisqu'il fait place au rêve, il eût ainsi dû reconnaître le rôle de la *phantasia* ne serait-ce que dans la production des « images »[1]. Par ailleurs, il est pour le moins brusqué d'affirmer que la croyance en la grammaire aurait pour soutien la croyance en Dieu ; la grammaire n'est pas une collection de *substances*, mais simplement la description de fonctions. On peut juste critiquer la transposition abusive qui consiste à faire du sujet individuel l'unique cause de ses actes, puis à transposer ce schéma en faisant de Dieu la cause de tout sujet. Le pronom personnel de la première personne n'est en réalité nullement « isolé » ou distinct par rapport aux deux autres. Non seulement le « tu » de l'adresse lui est indispensable, mais plus encore, c'est-à-dire en premier lieu, le « il » impersonnel qui seul permet la validation des énoncés échangés entre deux interlocuteurs. Il n'est pas inutile d'ouvrir le problème sur une dimension plus générale de cette question : il n'est pas de langue qui offre plus de trois instances pronominales – ce serait l'ébauche d'une réflexion sur l'anthropologie des langues. Un locuteur présuppose, même absent, un allocutaire, mais ce rapport de communication implique non seulement une dimension illocutoire, comme Austin l'a bien vu, mais aussi un substrat impersonnel que tout « je » convoque dès qu'il corrige, modifie, transforme son énoncé en fonction des ressources de sa langue telles qu'elles sont sédimentées par l'état historique de cette langue : le « il » joue le rôle d'instance de validation, d'« autorité », de caution des usages. Même les innovations les plus surprenantes ne valent et ne durent qu'en fonction de cette réception quasi impersonnelle. Et cette dernière, à son tour, a besoin, faute de sombrer dans un académisme pétrifiant, des innovations constamment sécrétées par des locuteurs individuels qui n'obéissent pas à leur seul caprice.

1. *Cf.* Aristote, *De anima*, III, 3.

Ce que vise Nietzsche, en fait, c'est la manière de transposer abusivement des faits de langue en justifications morales ou théologiques, *fingunt simul creduntque*, comme le formule Tacite[1] ; c'est aussi, par la même occasion, une critique adressée à la croyance au « sujet », à son unité, voire à son « identité ». Mais le point de vue qui est le sien ne peut que dénoncer l'idée d'aperception sans être en mesure d'argumenter et, ce faisant, tomber sous le coup d'un cercle logique ou de produire des énoncés contrefactuels.

1. Tacite, *Annales*, V, 18 (« ils inventent des fables tout en y croyant »).

CHAPITRE 9

Embellir les Alpes ? Nietzsche sur l'art, la nature et le pouvoir de la technique

Marco Brusotti

I. DEUX ATTITUDES OPPOSÉES FACE À LA NATURE

« On peut se demander, lit-on de façon critique dans le manuscrit du cours *Le Service divin des Grecs*, si une époque comme la nôtre, qui tient sa puissance des machines et du développement de la guerre, applique sa force d'une façon globalement plus utile[1] » que ne le faisaient dans l'Antiquité les Grecs qui célébraient des fêtes[2]. Selon Nietzsche,

1. Friedrich Nietzsche. *Le Service divin des Grecs*, trad. Emmanuel Cattin, Paris, L'Herne, 1992, p. 28. Une nouvelle traduction de ce cours doit paraître dans les *Écrits philologiques de Nietzsche*, Paris, Les Belles Lettres, 12 volumes dont 5 parus, sous la direction d'Anne Merker et de Paolo D'Iorio.

2. Nietzsche a donné son cours sur les antiquités du culte religieux des Grecs ou sur les antiquités religieuses des Grecs au semestre d'hiver 1875-1876 et au semestre d'hiver 1877-1878. Le manuscrit du cours, intitulé *Le Service divin des Grecs*, contient une longue introduction divisée en 12 chapitres (Nietzsche, *Le Service divin des Grecs*, *op. cit.*, p. 27-90), que Nietzsche appelle aussi « préface [*Vorrede*] » (p. 72, trad. mod.), ainsi qu'une « partie principale » qui s'interrompt en cours de développement (p. 91-186). Les travaux préparatoires de Nietzsche sont en partie encore inédits, en partie accessibles dans le volume 8 de la *Kritische Studienausgabe* ainsi que sur Nietzsche Source (*cf.* en particulier le groupe de fragments 5

une condition de ce « *plaisir de la fête* » antique résidait dans le fait qu'« une bonne partie de l'activité cérébrale que l'on consacre aujourd'hui à l'invention de machines, à la résolution de problèmes scientifiques, était alors employée à augmenter les sources de joie[1] », et notamment vers le développement toujours plus poussé des actes festifs cultuels. Cette opposition entre la culture de la fête en Grèce ancienne et l'intérêt moderne pour les machines peut faire penser à *La Naissance de la tragédie*. Pourtant, c'est précisément le cours philologique sur le culte des Grecs, donné plus tard, qui constitue une étape importante dans le dépassement progressif de la dichotomie caractéristique des premiers écrits de Nietzsche : l'antithèse entre la réconciliation avec la nature et la domination de la nature.

Le jeune Nietzsche rejetait l'idée d'une domination technique de la nature. Il opposait deux types de rapport à la nature, et dans cette dichotomie l'assujettissement de la nature constituait le pôle négatif. Dans *La Naissance de la tragédie*, l'idée de dominer la nature par des machines est d'origine socratique et alexandrine ; elle s'oppose à la culture tragique. Les fêtes de printemps de la Grèce antique célébraient la réconciliation avec la nature ; mais après la mort de la tragédie, cette réconciliation a cédé la place à la soumission de la nature ; l'union dionysiaque avec celle-ci

(cahiers U-II-8 et U-II-8b) du printemps-été 1875 : DFGA/U-II-8). Voir Marco Brusotti, « Nietzsches "höhere Kunst, die Kunst der Feste" », *in* Günter Gödde, Nikolaos Loukidelis, Jörg Zirfas (dir.), *Nietzsche und die Lebenskunst. Ein philosophisch-psychologisches Kompendium*, Stuttgart, Metzler, 2016, p. 255-264 et « "Der Cultus wird wie ein fester Wort-Text immer neu ausgedeutet". Nietzsches Betrachtungen über den Synkretismus im Gottesdienst der Griechen und die Genealogie der Moral », *Nietzsche und Europa – Nietzsche in Europa, Nietzscheforschung Jahrbuch der Nietzsche-Gesellschaft*, 2007, 14, p. 159-169.

1. NF-1876,23[148].

a été remplacée par sa conquête technique et Dionysos a été remplacé par le *deus ex machina*, non seulement sur la scène théâtrale euripidienne, mais aussi dans la réalité. Là, le *deus ex machina* était le « dieu des machines et des creusets, c'est-à-dire les forces des esprits de la nature révélées par la connaissance et mises au service de l'égoïsme supérieur[1] », précisément la technique comprise comme un assujettissement de la nature. Ainsi, le dionysiaque céda la place au savoir rationnel optimiste, aussi bien théorique (la science) qu'appliqué (la technique).

Dans la quatrième conférence *Sur l'avenir de nos établissements d'enseignement*, que Nietzsche prononce le 5 mars 1872, environ deux mois après la parution de *La Naissance de la tragédie*, la maîtrise de la nature constitue le pôle opposé, négativement connoté, à la « compréhension vraie et instinctive de la nature[2] ». Des sciences telles que « la physiologie des plantes et des animaux, la géologie, la chimie minérale forcent leurs disciples à une tout autre contemplation de la nature[3] ». Dans nos établissements d'enseignement, « celui qu'attire la lutte pour la vie » apprend « comment on se soumet la nature »[4]. Cette « nouvelle espèce de contemplation imposée », cet « habile calcul qui vainc la nature par la ruse », remplace cette compréhension instinctive, « le rapport naïf, confiant, et pour ainsi dire personnel et immédiat » d'un jeune homme « avec la nature »[5]. Seuls quelques-uns sont autorisés à « croître si près de la nature et dans une relation presque personnelle à elle » qu'ils se reconnaissent dans les

1. GT-17.
2. BA-IV ; OPC 1/2, p. 133.
3. *Ibid.*
4. *Ibid.*
5. *Ibid.*

différents phénomènes naturels (parmi lesquels on compte par exemple « la forêt et le rocher, l'orage, le vautour, la fleur solitaire, le papillon, la prairie, la pente de la montagne ») et que ces phénomènes leur « parlent chacun dans sa langue »[1].

Ainsi, dès 1872, Nietzsche avait tendance à regrouper les interventions techniques sous des concepts tels que « domination » et « soumission » de la nature. La terminologie aux accents de romantisme tardif dans laquelle il formule son refus de cette attitude rappelle des positions et des préoccupations également courantes aujourd'hui. Il était alors plus proche de certaines opinions actuelles que plus tard, peut-être aussi parce qu'il était encore naïf.

L'opposition entre la réconciliation avec la nature et la maîtrise de celle-ci est l'une des nombreuses dichotomies du jeune Nietzsche, qui entre en crise dans ses écrits de la période intermédiaire. Le cycle de *Choses humaines, trop humaines* représente une éclipse temporaire du dionysiaque et un crépuscule définitif du romantisme. Parallèlement, Nietzsche devient plus favorable à la science, c'est-à-dire aussi plus conscient de la technique, même si sa réévaluation de la technique et en particulier de la maîtrise de la nature est un processus plus progressif et plus différencié que la réévaluation ou la revalorisation de la science.

Dans *Le Voyageur et son ombre*, il met en tout cas en garde contre le fait que la machine « rend *actif* et *uniforme*[2] » ; son effet le plus général est qu'elle favorise la « centralisation[3] » de la société. Il continue donc à émettre des réserves à l'égard de la « civilisation de la machine[4] »

1. *Ibid.*
2. WS-220.
3. WS-218.
4. WS-220.

propre à l'actuel « âge de la machine[1] », bien qu'il réfléchisse désormais également aux perspectives à long terme du développement technologique[2]. Peut-être l'auteur du *Voyageur* part-il déjà du principe qu'à moyen ou long terme, les effets positifs de la technique – la familiarité avec les choses les plus proches qu'elle permet aussi d'acquérir – l'emporteront sur les effets négatifs. Ce dernier écrit du cycle de *Choses humaines, trop humaines* n'est toutefois pas si univoque. À l'été 1880, quelques mois seulement après la parution du *Voyageur*, Nietzsche s'exprime de manière beaucoup plus affirmative sur les perspectives ouvertes par la technique ; sa réévaluation progressive de la maîtrise technologique de la nature peut alors être considérée comme achevée.

II. Le projet alpin : l'embellissement global du sur-sublime

Durant l'été 1880, Nietzsche montre en général un intérêt accru pour le sentiment de puissance[3]. Une question directrice à cet égard est la suivante : « Comment le sentiment de puissance peut-il […] être rendu toujours plus substantiel

1. WS-278.
2. Voir justement WS-278.
3. Nietzsche avait déjà introduit le terme de « sentiment de puissance » des années auparavant. Sur ce point et sur les analyses de 1880, voir Marco Brusotti, *Die Leidenschaft der Erkenntnis. Philosophie und ästhetische Lebensgestaltung bei Nietzsche von Morgenröthe bis Also sprach Zarathustra*, Berlin, New York, De Gruyter, 1997, p. 64-103. *Cf.* aussi David Simonin, *Le Sentiment de puissance dans la philosophie de Friedrich Nietzsche*, Paris, Classiques Garnier, 2022.

et moins illusoire[1] ? » Ce sentiment est substantiel dans la mesure où il correspond à une force réelle, et dans cette mesure il est sain et hautement souhaitable ; en revanche, le sentiment enivrant d'une puissance purement illusoire est extrêmement néfaste. La nouveauté de l'été 1880 est l'accent mis sur la conquête d'une force excédentaire et sur l'augmentation de la puissance ; le souci de dépassement permanent, caractéristique de la pensée tardive de Nietzsche, s'annonce. Dans ce contexte, il voit la domination croissante de la nature par l'homme de manière beaucoup plus affirmative qu'auparavant. En effet, il considère moins le pouvoir politique, à l'égard duquel il est extrêmement sceptique, comme une véritable puissance que la maîtrise de soi et la domination de la nature.

Ainsi, ses notes de l'été 1880 reviennent souvent sur la « puissance de la science[2] » et sur la « maîtrise de la nature[3] » ou sur la « domination sur la nature[4] » : « La puissance de la

1. NF-1880,4[216].
2. NF-1880,4[198].
3. NF-1880,4[136].
4. NF-1880,4[180]. L'expression « le pouvoir de la technique », utilisée dans le titre du présent chapitre, désigne clairement son centre de gravité. Nietzsche n'utilise cependant que l'expression plus générale de « pouvoir de la science » (4[198]). Certes, des mots comme « technique », substantif ou adjectif, reviennent, sinon extrêmement souvent, du moins régulièrement dans ses textes, mais seulement occasionnellement en référence à la technologie ou, par exemple, aux « machines », auxquelles ses réflexions sur le sujet reviennent toujours. Un examen des occurrences de « technique » (substantif ou adjectif) dans ses textes montre qu'il s'agit très souvent de l'aspect « technique » de l'art, par exemple de la « technique » des musiciens et des poètes (ainsi, « Homère subit la *contrainte* d'une technique ancienne », NF-1878,39[3]). Par conséquent, la « technique de la guerre » ne désigne que parfois (en premier lieu ou en général) l'utilisation d'une technologie moderne ou d'un savoir technologique moderne. En revanche, la mention, que nous expliquerons plus loin, de « l'inventivité sans scrupule de nos techniciens et de nos ingénieurs » (GM-III-9) dans *Éléments pour la généalogie*

science édifie actuellement un sentiment de puissance tel que les hommes n'en ont jamais connu. Tout par soi-même[1]. » Le « sentiment de puissance », lit-on, est « aujourd'hui du côté de la science[2] ». Et ce sentiment a un avenir : Nietzsche, qui appelle la « domination de la nature » « l'idée fixe du xxe siècle[3] », semble partager cette idée dès 1880[4]. Il espère qu'au siècle suivant, la « maîtrise de la nature » dotera l'humanité d'une « surabondance de force » qui lui permettra d'accomplir toute une série de « grandes entreprises », « dont nous n'osons même pas rêver maintenant[5] ». Au XIXe siècle, le futur passé de Nietzsche semble plutôt dystopique. Voici tout d'abord l'un de ces projets très ambitieux :

> Au cours du prochain siècle, l'humanité accumulera peut-être par la domination de la nature beaucoup plus de force qu'elle

de la morale est sans équivoque. La technique est certes pour Nietzsche un aspect fondamental de la science moderne et de son rapport à la réalité, mais il ne sépare pas la science et la technique sur le plan terminologique.

1. NF-1880,4[198].
2. NF-1880,4[183].
3. NF-1880,4[180].
4. « La domination de la nature, l'idée fixe du xxe siècle, c'est du brahmanisme, indo-germanique » (NF-1880,4[180]). « Le sentiment de puissance, aujourd'hui, du côté de la science [...]. Peut-être est-il possible de surpasser le brahmanisme » (4[183]). En 1880, à la suite du traité *Über den Ursprung des Brahmanismus* de son élève Jacob Wackernagel, Nietzsche comprend le brahmanisme comme n'étant pas seulement indien, mais déjà indo-européen ou « indo-germanique » (4[180]) ; il croit reconnaître dans cette institution indo-européenne les lointains débuts historiques de l'« idée fixe » moderne d'une « domination de la nature ». Cette thèse spéculative d'une continuité avec le brahmanisme « indo-germanique » originel n'est cependant guère étayée par lui. *Cf.* Marco Brusotti, « Opfer und Macht. Zu Nietzsches Lektüre von Jacob Wackernagels "Über den Ursprung des Brahmanismus" », *Nietzsche-Studien*, 1993, 22, p. 222-242. Leopold Schmidt, auquel Nietzsche se rattache quelques années plus tard, souligne au contraire l'opposition remarquable de la modernité occidentale à la Grèce antique déjà. Voir ci-dessous.
5. NF-1880,4[136].

> n'en peut consommer et [...] de grandes entreprises pourraient être mises en chantier, dont nous n'osons même pas rêver maintenant. [...] Au lieu de créer des œuvres d'art, on embellira la nature sur une grande échelle en quelques siècles de travail, afin, par ex., d'amener les *Alpes* à la perfection d'une beauté dont elles n'offrent que les esquisses et les thèmes. Alors toute la littérature précédente dégagera comme un relent d'étroitesse provinciale[1]. [...]

Ce qui rend le projet de Nietzsche si remarquable, c'est son orientation purement esthétique : « au lieu de créer des œuvres d'art », il veut « embellir la nature [...] ». Cet embellissement de la nature se présente ici comme un art ou, plus exactement, comme son successeur. La nature embellie doit prendre la place des œuvres d'art précédentes, et les Alpes embellies feront paraître dérisoires toutes les littératures précédentes. Même si le mot « Alpes » est souligné, cette chaîne de montagnes ne sert ici que d'exemple d'embellissement de la nature de grand style (d'autres exemples ne sont toutefois pas cités). Non pas que les Alpes manquent d'« esquisses » et de « thèmes » de beauté, mais il ne s'agit justement que d'ébauches ; et en fait, les Alpes ne doivent pas seulement être « embellies », mais élevées « à la perfection[2] ». Nietzsche ne révèle pas comment il compte y parvenir, seulement qu'il s'agira précisément d'un embellissement à « grande échelle », que « quelques siècles de travail » seront nécessaires, et que l'embellissement des Alpes sera possible grâce à la « domination de la nature » moderne et future. Tout cela n'augure rien de bon.

Cette note date précisément de l'année où le tunnel du Gothard a été achevé. Foré et dynamité entre 1872 et 1880,

1. *Ibid.*
2. *Ibid.*

il a été solennellement ouvert et mis en service deux ans plus tard, en 1882. Il s'agissait alors du plus grand projet d'infrastructure dans les Alpes. Nietzsche, qui avait suivi l'avancement des travaux du chemin de fer et du tunnel, l'empruntera ensuite lui-même[1]. La plus grande intervention dans la géologie des Alpes à ce jour n'avait pas pour but d'embellir le paysage. Mais une fois ce projet achevé, des interventions encore plus massives étaient devenues envisageables.

Même ceux qui, parmi les contemporains de Nietzsche, étaient ouverts à l'entreprise du tunnel du Gothard auraient sans doute considéré son projet alpin comme dérangeant. Et l'approbation insouciante d'interventions aussi massives dans la nature ne nous est pas moins étrangère. Quel genre de travaux a-t-il en tête ? Il dit seulement que « quelques siècles » seront nécessaires, et il laisse entendre qu'il s'agit d'un travail difficile, voire forcé. À l'époque, l'exploitation touristique des Alpes était déjà en cours, sous forme d'ébauches. Mais manifestement, Nietzsche ne s'intéresse ni à cela ni à la simple gestion de la flore et de la faune alpines. Le travail séculaire ne concernera pas en premier lieu la biodiversité ou la sylviculture ; il ne s'agira pas simplement d'entretenir, par exemple, la forêt de montagne ou la végétation sans arbres au-dessus de la limite des arbres. Bien que Nietzsche ne le dise pas explicitement, il pense que la future « domination de la nature » permettra à l'homme de modifier la structure géologique des Alpes en la ciselant jusqu'à

1. « Quand le tunnel de Saint-Gothard sera-t-il achevé ? Quand va-t-on pouvoir l'emprunter ? Il va me rapprocher de toi et des médecins [...] » (lettre de Nietzsche à Franz Overbeck, 14 novembre 1881, BVN-1881,167). Quelques années plus tard, *Par-delà bien et mal* fut comparé à la dynamite utilisée pour la construction du chemin de fer du Gothard ; voir à ce sujet les chapitres de Pietro Gori et de Yannick Souladié dans le présent volume.

la perfection. Ce que dit Nietzsche, c'est que l'époque future de la nature embellie sera aussi un « âge de l'architecture », « où l'on construira de nouveau pour l'éternité comme les Romains »[1]. Construire pour l'éternité et embellir la nature sont des projets d'envergure liés entre eux qui reflètent la nouvelle maîtrise de la nature par l'homme.

Ce futur imaginé, dans lequel l'humanité se grave dans la géologie des Alpes, ressemble à une parodie involontaire du concept actuel d'anthropocène. Nietzsche n'avait pas encore de raison de s'inquiéter du recul des glaciers. Et dans cet étrange précurseur de notre concept d'anthropocène, seuls comptent les résultats prévisibles d'une planification consciente, non les conséquences involontaires de l'action humaine, qui peuvent échapper à tout contrôle.

Le caractère purement esthétique du projet d'embellissement des Alpes est important pour Nietzsche parce qu'il veut subordonner la maîtrise technique de la nature à des fins qui puissent être non-utilitaristes. En effet, si « l'idéalisme » s'arrêtait aux « buts »[2] humains, le développement technique conduirait à ce que Nietzsche appelle en 1880 « le sable » et Zarathoustra ensuite « le dernier homme ».

Pourquoi ne pas laisser les Alpes telles qu'elles sont ? Même les œuvres impressionnantes du land art contemporain, qui ne craint pas toujours le colossal, comme la *Spiral Jetty* de Robert Smithson ou le *Double Negative* de Michael Heizer, font pâle figure devant la vision nietzschéenne des Alpes.

Ce qui étonne le plus, c'est le manque d'égards de cette intervention massive dans un paysage naturel. L'appréciation esthétique du paysage en général et du paysage alpin en

1. NF-1880,4[136].
2. *Ibid.*

particulier ne semble pas être la préoccupation principale ici. Il existe cependant un lien entre l'interventionnisme technologique et les attitudes esthétiques.

La perception esthétique des Alpes a évolué au fil du temps. Au XVIIIe siècle encore, elles paraissaient laides à plus d'un voyageur ; Hans-Georg Gadamer en voit la raison dans le « goût artistique » de cette époque antérieure ; « l'évocation de la laideur du paysage alpestre [...] reflète manifestement l'esprit de la symétrie factice, qui domine le siècle de l'absolutisme[1] ». Les contemporains de Nietzsche étaient cependant loin de ressentir les Alpes de cette manière. Et Nietzsche lui-même ne cesse de faire l'éloge du paysage alpin tel qu'il est, pour ainsi dire sans fard.

Il appréciait par exemple de voir les Alpes briller, et même « s'embraser », au coucher du soleil. En 1876, dans la quatrième *Considération inactuelle*, cette incandescence des Alpes, qui deviendra plus tard une métaphore de l'humeur de Zarathoustra, était encore une image de la musique de Wagner. Nietzsche décrit comment le compositeur, dans une scène de la tétralogie *L'Anneau du Nibelung*, « accède là à une hauteur et à une sainteté dans l'émotion qui évoque le flamboiement des glaciers et des sommets enneigés des Alpes : la nature se dresse là si pure et si solitaire, si inaccessible et si impassible, illuminée par l'amour ; les nuages et les orages, et même le sublime sont au-dessous d'elle[2] ». C'est un superlatif typiquement nietzschéen : les Alpes sont

1. Hans-Georg Gadamer, *Vérité et méthode. Les grandes lignes d'une herméneutique philosophique*, édition établie par Pierre Fruchon, Jean Grondin et Gilbert Merlio, Paris, Seuil, 2018, p. 106-107.

2. WB-2. Sur le « “rougeoiement alpestre de l'impression” quand le soleil est couché », *cf.* NF-1879,41[25]. Comme nous l'avons suggéré, la lueur alpine devient, dans les posthumes ultérieurs, une image de l'humeur de Zarathoustra : sous le titre « Le cercle des cercles », celui-ci se souvient qu'il « ramenai[t] toute la grandeur passée et l'illuminai[t] comme l'embrasement

même au-delà du sublime, voire bien au-dessus du sublime. Elles sont pour ainsi dire sur-sublimes. Mais qu'est-ce qui est au-delà du sublime ? Qu'est-ce qui se trouve au-dessus du ciel étoilé, qui est lui-même au-dessus du moi de Kant ?

Quoi qu'il en soit, la vision sublime des Alpes de Nietzsche nous rappelle qu'elles sont, au moins depuis le romantisme, un paradigme du sublime plutôt que du beau. Son projet alpin transformerait ainsi le sublime en beau. Et le beau est alors pensé comme une perfection, car l'embellissement élèverait les Alpes « à la perfection[1] [...] ». Y a-t-il peut-être un lien avec le célèbre rejet du sublime par Nietzsche au profit du beau ? La force nouvellement acquise par l'homme implique que disparaisse désormais l'idée, liée au sublime, que l'homme a quelque chose en lui qui l'ouvre à sa nature morale en révélant les limites de sa force physique. Ce n'est donc pas un aspect fortuit de la maîtrise technique de la nature que de transformer le sublime en beau. La désublimation des Alpes est liée à l'attitude que Nietzsche articule bientôt comme projet théorique de divinisation ou de « *déshumanisation de la nature*[2] ». Se pose alors la tâche technique et artistique de donner une forme esthétique à cette nature qui n'est plus comprise de manière anthropo- ou théomorphique.

des cimes des Alpes » (NF-1883,18[48]). *Cf.* également 1884,29[11] ; 1883, 16[54].

1. NF-1880,4[136].

2. NF-1881,11[197]. Voir FW-109 : « Quand toutes ces ombres de Dieu cesseront-elles de nous obscurcir ? Quand aurons-nous totalement dédivinisé la nature ? »

III. Les Alpes embellies et les quatre lunes : Nietzsche, Benjamin, Fourier

En 1940, soixante ans après la note de Nietzsche et un an avant l'achèvement du Mount Rushmore National Memorial, Walter Benjamin jette encore un regard bienveillant sur les « fantaisies » qui peuvent être comparées à la vision alpine de Nietzsche. Dans la onzième thèse de *Sur le concept d'histoire*, il les trouve au début du XIXe siècle chez l'utopiste français Charles Fourier :

> Si le travail social était bien ordonné, selon Fourier, on verrait quatre lunes éclairer la nuit terrestre, les glaces se retirer des pôles [*sic* ; MB], l'eau de mer s'adoucir, les bêtes fauves se mettre au service de l'homme[1].

De nos jours, le fait que « les glaces se retirent des pôles », ou qu'elles aient déjà tendance à le faire, suscite davantage de craintes que d'espoirs. Pourquoi Benjamin croit-il pouvoir reconnaître dans les visions de Fourier « un surprenant bon sens[2] » ? Il les considère comme de pures « fantastiques imaginations[3] » et porterait sans doute un jugement similaire sur la vision alpine de Nietzsche. En tant que perspectives d'avenir, les quatre lunes de Fourier et les Alpes embellies de Nietzsche peuvent effectivement sembler similaires. Mais alors que le projet de Nietzsche a une dimension purement esthétique, d'autres préoccupations

1. Walter Benjamin, *Sur le concept d'histoire*, XI, *in Œuvres* III, trad. Maurice de Gandillac, Rainer Rochlitz et Pierre Rusch, Paris, Gallimard, 2000, p. 427-443, p. 437.
2. *Ibid.*
3. *Ibid.*, p. 436.

prédominent dans les projets sélectionnés par Benjamin. Seul le premier exemple – les « quatre lunes » qui « éclairent la nuit terrestre » – a également un aspect esthétique. Les quatre exemples – comme ceux du marquis de Condorcet – seraient cependant des réalisations plus pratiques qu'artistiques et se distinguent en tant que telles de l'entreprise alpine de Nietzsche.

En outre, Benjamin semble vouloir quelque chose de très différent de Nietzsche. En effet, il attribue aux fantasmes de Fourier « un sens étonnamment sain » précisément parce qu'ils représentent une alternative à l'idée de « domination de la nature », qu'il assimile implicitement à « l'exploitation » de la nature. Après l'effondrement de la social-démocratie, il critique sa confiance dans « le développement de la technique[1] » ; les sociaux-démocrates ne voulaient que « les progrès de la maîtrise sur la nature, non les régressions de la société[2] ». Ils croyaient naïvement que le travail, qui se résume « à l'exploitation de la nature », mettrait progressivement fin à l'exploitation « du prolétariat » grâce au progrès technique. À cette vision selon laquelle la nature « “est offerte gratis” », c'est-à-dire qu'elle s'offre comme par enchantement à l'exploitation par l'homme, Walter Benjamin oppose la conception « saine » de la nature dans « les utopies socialistes d'avant 1848 ». Les « fantastiques imaginations » de Charles Fourier, en particulier, représentent un autre rapport entre le travail et la nature, pour « une forme de travail qui, loin d'exploiter la nature, est en mesure de l'accoucher des créations virtuelles qui sommeillent en son sein[3] ». L'homme n'est pas ici le maître,

1. *Ibid.*, p. 435.
2. *Ibid.*, p. 436.
3. *Ibid.*, p. 436-437.

mais seulement la sage-femme de la nature. Cette dernière est la véritable créatrice et l'homme lui permet de développer son propre pouvoir de création. La nature ne doit donc pas être exploitée, mais au contraire recevoir des dons. Et si Benjamin jette un regard bienveillant sur les « fantaisies » de Fourier, c'est uniquement parce qu'elles ne sont pas synonymes de « domination de la nature » et d'« exploitation de la nature », mais bien du contraire.

Or l'attitude articulée dans la note de Nietzsche à l'égard de la maîtrise de la nature et du travail humain est opposée à celle de Benjamin. En effet, les « grandes entreprises » envisagées par Nietzsche sont des formes de « maîtrise de la nature » et des conséquences du surplus de force obtenu par l'assujettissement de cette dernière. Il prévoit « quelques siècles de travail[1] », et le Fourier de Benjamin mise sur « le travail social [...] bien ordonné[2] ». Nietzsche ne partage cependant pas le souci de Benjamin de supprimer l'expropriation des travailleurs. Au contraire, le travail d'embellissement des Alpes est un travail forcé dans un contexte colonial. Nietzsche part du principe qu'il ne sera pas effectué par des Européens : « On utilisera comme ouvriers les populations arriérées d'Asie, d'Afrique, etc.[3] [...] » Un an plus tôt, en 1879, l'Allemagne de Bismarck avait commencé à mener une politique coloniale plus active.

Mais ce n'est pas le seul moment dystopique de cette vision du futur. En passant des entreprises futures au présent, Nietzsche ajoute, à la première personne du pluriel, que lui et ses contemporains devraient déjà réfléchir à la sélection face au nouveau siècle : « Pour préparer un tel avenir, il faut

1. NF-1880,4[136].
2. Benjamin, *Sur le concept d'histoire*, *op. cit.*, p. 437.
3. NF-1880,4[136].

éliminer les mélancoliques les grognons les grincheux les pessimistes, et les amener à disparaître[1]. » Son projet alpin réunit ainsi certains des aspects les plus inquiétants de sa pensée.

IV. Un avenir d'entreprises formidables

J'ai parlé du « projet alpin ». Mais le texte est plus une prédiction qu'un plan d'action. Selon celle-ci, la dynamique de la science et de la technique pourrait conduire à des résultats assez ambitieux, que Nietzsche pourrait approuver. Il lie explicitement son pronostic à l'hypothèse que la tendance à se fixer des objectifs idéaux suit le rythme des changements scientifiques et technologiques en cours. Il veut lui-même y contribuer. Néanmoins, ce texte n'est pas un projet dans lequel Nietzsche ou sa pensée joue explicitement un rôle de premier plan, à la différence par exemple des ébauches ultérieures de l'idée de l'éternel retour du même.

Il vaut désormais la peine de se pencher sur l'ensemble de la note :

> Au cours du prochain siècle, l'humanité accumulera peut-être par la domination de la nature beaucoup plus de force qu'elle n'en peut consommer et il y aura alors chez les hommes une nuance de luxe dont nous ne pouvons avoir aucune idée aujourd'hui. À supposer que l'idéalisme des hommes ne s'en tienne pas à ses buts actuels, de grandes entreprises pourraient être mises en chantier, dont nous n'osons même pas rêver maintenant. La navigation aérienne suffit à elle seule à jeter par-dessus bord tous les concepts de la culture. Au lieu

1. *Ibid.*

de créer des œuvres d'art, on embellira la nature sur une grande échelle en quelques siècles de travail, afin, par ex., d'amener les *Alpes* à la perfection d'une beauté dont elles n'offrent que les esquisses et les thèmes. Alors toute la littérature précédente dégagera comme un relent d'étroitesse provinciale. Nous allons vers un âge de l'architecture où l'on construira de nouveau pour l'éternité comme les Romains. On utilisera comme ouvriers les peuplades arriérées d'Asie, d'Afrique, etc., les populations de la planète commenceront à se mélanger. Quand on pensera au passé, on pensera à sa sombre mélancolie, à la lassitude de son esprit contemplatif : feu et surabondance de force, conséquences d'une façon de vivre saine. Pour préparer un tel avenir, il faut éliminer les mélancoliques les grognons les grincheux les pessimistes, et les amener à disparaître. La politique arrangée de telle sorte que des esprits moyens y suffisent et que chacun ne soit pas dans l'obligation d'en être informé chaque jour. De même les relations économiques sans l'avidité qui intervient lorsqu'il s'agit de vie ou de mort. Âge des fêtes[1].

Comme nous l'avons déjà mentionné, la maîtrise de la nature permettra aux hommes de réaliser une série de « grandes entreprises », dont l'embellissement des Alpes n'est qu'un exemple. Aux yeux de Nietzsche, un surplus de force doit permettre de telles réalisations ; car « par la domination de la nature », l'humanité « accumulera » plus de force qu'elle ne peut en « consommer » ; en ce sens, « une nuance de luxe dont nous ne pouvons avoir aucune idée aujourd'hui » se diffusera parmi les hommes. Parmi ce nouveau luxe que les hommes pourront s'offrir, il y a justement des entreprises grandioses – et dispendieuses – comme l'embellissement des Alpes. La « surabondance de force »

1. *Ibid.*

qui confère à la vie « une nuance de luxe » et le caractère passionné (le « feu ») nécessaire aux grandes entreprises sera dû à une nouvelle « façon de vivre saine ». Maîtriser scientifiquement la nature signifie donc aussi maîtriser les conditions de vie dont dépend la santé physique ; et cette « domination de la nature », qui donnera aux hommes une « surabondance de force », est l'affaire de la médecine, y compris de disciplines comme la diététique et l'hygiène ; elle occupe une place centrale parmi les sciences qui doivent maîtriser la nature. Ce ne sont donc pas exclusivement les machines qui représentent ici cette maîtrise. En effet, la médecine est également une condition préalable à des entreprises qui, comme la « navigation aérienne », relèvent plutôt des sciences mécaniques.

Le fragment suggère trois types d'entreprises grandioses : en premier lieu l'embellissement de la nature, en troisième lieu l'architecture ou la construction pour l'éternité, et avant même l'embellissement de la nature – et donc en tout premier lieu – justement la « navigation aérienne ». Nietzsche n'a pas publié cette note, et il ne reviendra pas sur l'idée d'un embellissement des Alpes. En revanche, les deux autres domaines d'entreprises grandioses – l'architecture à grande échelle et la « navigation aérienne » – reviennent souvent chez lui. Dans la note, une seule phrase est consacrée à l'une et à l'autre, mais Nietzsche est loin de sous-estimer les conséquences de la « navigation aérienne ». Au contraire, il va bien au-delà de la cible : « La navigation aérienne suffit à elle seule à jeter par-dessus bord tous les concepts de la culture[1]. » Et cela

1. Pourquoi « la navigation aérienne » devrait-elle « jeter par-dessus bord tous les concepts de la culture » (NF-1880,4[136]) ? Quelques années plus tôt, il est dit que « toutes les idées sur la propriété du sol en seront modifiées » et qu'en ce sens, la navigation aérienne est « favorable au socialisme » (NF-1876,23[16]) ; en effet, si chacun peut facilement pénétrer

vaut *a fortiori* pour la transformation technologique dans son ensemble.

Outre un surplus de force physique et un « idéalisme » persistant dans les « objectifs » des hommes, il existe manifestement une autre condition, bien que secondaire, à l'orientation future de l'humanité vers de « grandes entreprises » : la maîtrise de la nature libérera les hommes des soucis économico-politiques. Si l'on fait abstraction des moments dystopiques évoqués, on pourrait dire que le tableau que fait Nietzsche des conditions économiques et politiques futures est ici relativement modéré. La situation

---

dans le jardin du voisin en volant par-dessus la clôture, la propriété privée ne compte plus. Et Nietzsche part du principe qu'après l'introduction du transport aérien, chaque débiteur pourra facilement se soustraire à ses créanciers ; car alors « tous ceux qui ne peuvent pas payer, ne veulent pas tenir leurs engagements, prendront la voie des airs et iront s'établir ailleurs » (*ibid.*). Des années plus tard, il prévoit que « pour l'âge de l'aéronautique, où la surveillance réciproque et spontanée qui s'exerce sur le prochain ne sera plus possible, l'homme n'est pas assez bon » (NF-1884,27[39]) ! Un peu plus de vingt ans avant le premier vol motorisé (1903), le philosophe prédit certes avec raison que l'aviation sera l'une des grandes innovations du XXe siècle. Mais il ne se fait pas encore une idée de l'infrastructure concrète qui sera alors développée, par exemple des procédures telles que les contrôles aux frontières dans des installations comme les aéroports, et n'est pas en mesure, ne serait-ce que pour cette raison, d'évaluer les conséquences du transport aérien de manière quelque peu réaliste. Il voit l'avènement d'une période anarchique où les barrières et les frontières seront faciles à franchir. Toutefois, il ne s'agit pas toujours, comme dans ces notes posthumes, de prédictions spéculatives sur le trafic aérien à venir. Dans *Ainsi parla Zarathoustra*, le vol et le franchissement des frontières deviennent une métaphore : « Celui qui un jour apprendra aux hommes à voler, il aura déplacé toutes les bornes frontalières ; devant lui, toutes elles s'envoleront dans les airs, il rebaptisera la terre, du nom de – “la Légère” » (Za-III-Geist-2). Dans « *Nous autres aéronautes de l'esprit !* » (M-575), l'aphorisme final d'*Aurore*, le vol n'est qu'une image. Mais les aéronautes sont ici des oiseaux, et non des ballons, des zeppelins ou des avions. Nietzsche doit cette suggestion à James Bell Pettigrew, *Die Ortsbewegung der Tiere. Nebst Bemerkungen über Luftschifffahrt*, Leipzig, F. A. Brockhaus, 1875 (BN), p. 179-223.

économique des individus aura tendance à être insouciante. Les individus n'auront plus à lutter pour leur survie. Seuls les moins doués s'occuperont de politique, et il ne sera pas nécessaire de lire les nouvelles tous les jours dans cet « âge des fêtes[1] ». Dans cette vision du XXe siècle, l'économie et la politique sont telles que les gens n'ont pas à s'en occuper sérieusement. L'hypothèse de base de Nietzsche est ici que la domination de la nature rend le pouvoir économico-politique peu attractif.

V. La technique et l'« âge des fêtes »

Au lieu d'une phrase complète, le fragment se termine par un mot-clé : « l'âge des fêtes ». Le texte s'interrompt donc en anticipant une époque future, dont il ne dit pourtant rien. Dans d'autres textes, l'Antiquité – grecque et surtout attique – apparaît déjà comme un âge de la fête. Dans le nôtre, la nouvelle mission d'embellissement de la nature représente une alternative à la conception traditionnelle de l'art comme création d'œuvres d'art. Le même rôle revient à l'art des fêtes dans les écrits intermédiaires. Nietzsche, qui envisage avec espoir le futur « âge des fêtes[2] », oppose cet « art supérieur » à l'art des œuvres d'art : « J'imaginerai un art supérieur à l'art des œuvres d'art : celui de l'invention de *fêtes*[3]. » Mais au lieu d'« enseigner » cet art, ses livres d'aphorismes se contentent de mettre en garde contre sa

1. NF-1880,4[136].
2. *Ibid.*
3. NF-1881,11[170].

possible disparition : « À quoi bon tout l'art de nos œuvres d'art, si nous en venons à perdre cet art supérieur qu'est l'art des fêtes[1] ! » Éviter cette perte, ce serait reprendre là où les Grecs anciens s'étaient arrêtés, car ils étaient « les *hommes de la fête*[2] ».

Comme nous l'avons montré au début, Nietzsche oppose dans son texte le plus important à ce sujet, le manuscrit de cours *Le Service divin des Grecs*, la culture festive antique à la culture technique des temps modernes, dominée par l'appareil industriel et militaire[3]. L'Antiquité grecque était aussi une époque de fêtes parce qu'à l'époque, au lieu de s'employer à « la résolution de problèmes scientifiques » et à « l'invention de machines », les efforts intellectuels étaient utilisés pour « augmenter les sources de joie » et en particulier justement pour l'invention de fêtes toujours nouvelles[4]. « Là où nous *explorons* et travaillons, les Grecs célébraient des fêtes. Ce sont les *hommes de la fête*[5]. » Même si l'opposition entre culture festive et culture scientifique et technique rappelle la dichotomie caractéristique des premiers écrits philosophiques entre réconciliation avec la nature et maîtrise de celle-ci, le Nietzsche de la période intermédiaire veut justement dépasser cette opposition rigide, et la note de l'été 1880 montre dans les grandes lignes que c'est justement la maîtrise technologique moderne de la nature qui peut contribuer de manière décisive à la formation possible d'une nouvelle culture festive ou en fournir les conditions.

En effet, les différences avec *La Naissance de la tragédie* sont considérables. Le cours sur le culte divin ne se concentre

1. FW-89.
2. NF-1875,5[150].
3. *Cf.* Nietzsche, *Le Service divin des Grecs*, *op. cit.*, p. 28.
4. NF-1876,23[148].
5. NF-1875,5[150].

plus exclusivement sur les fêtes dionysiaques. *La Naissance de la tragédie*, en revanche, se concentre presque exclusivement sur elles, même si, à Athènes, elles présentaient également des caractéristiques plutôt apolliniennes par rapport aux sacres babyloniens. Dans le cours plus tardif, les Grecs sont considérés du point de vue de l'esprit libre ; à bien des égards, ils ressemblent encore aux « primitifs » étudiés par l'ethnologie de l'époque. Ils n'étaient pas éclairés, n'avaient pas de vision scientifique du monde et étaient loin d'être des « esprits libres ». Néanmoins, ils posaient les bons jalons : une culture de la fête comme la leur représente une alternative claire à la culture de la machine propre au complexe économico-militaire de l'Allemagne de l'époque de Nietzsche. Celui-ci ne pense pas que son époque devrait tout simplement abandonner la construction mécanique, mais les Grecs restent, somme toute, le modèle d'une autre hiérarchie des valeurs.

« Ils ont consacré, lit-on dans *Le Service divin des Grecs*, justement au développement des rites du service divin, une *force extraordinaire*, temps et argent compris[1] [...]. » Dans le futur « âge des fêtes », les hommes auront acquis un surplus de force. Celui-ci rendra possibles les entreprises grandioses ici esquissées ; le nouvel art d'inventer des fêtes y aura-t-il également cours ? La note ne le dit pas. On peut toutefois supposer que les fêtes ne seront pas forcément secondaires dans le contexte de telles entreprises.

Si la nature embellie doit remplacer les œuvres d'art existantes, alors la technique et le travail prennent la place des formes artistiques traditionnelles. Mais si ce doit être un « âge des fêtes », alors cela vaut aussi pour la nouvelle culture de la fête à laquelle Nietzsche aspire toujours. Et à

1. Nietzsche, *Le Service divin des Grecs*, *op. cit.*, p. 27.

ses yeux – on peut le supposer – la maîtrise technique de la nature n'est plus l'antithèse de la culture festive antique, mais au contraire la condition d'un possible art supérieur de la fête. Notre fragment suggère dès lors une possible association future entre la maîtrise de la nature et la culture de la fête, une relation qui ne sera donc plus celle de l'ère positiviste, presque marquée par leur exclusion mutuelle.

VI. Nietzsche, Leopold Schmidt et « l'inventivité sans scrupule de nos techniciens et de nos ingénieurs »

Pendant qu'il travaille sur *Ainsi parla Zarathoustra*, Nietzsche lit *L'Éthique des Grecs anciens*, un ouvrage en deux volumes qui sera très important, notamment pour *Éléments pour la généalogie de la morale*. Le § 2 du deuxième volume s'intitule « L'homme en lien avec son environnement naturel[1] ». L'auteur, le philologue classique Leopold Schmidt, se concentre sur le contraste remarquable entre le rapport des Grecs à l'environnement naturel et notre propre rapport à la nature[2].

Son ouvrage est paru l'année même de l'ouverture du tunnel du Gothard, et Schmidt était visiblement impressionné par celui-ci. Ainsi, le chapitre consacré à la sensation

1. Leopold Schmidt, *Die Ethik der alten Griechen*, II, Berlin, Wilhelm Hertz, 1882 (BN), p. 80-96.

2. J'ai abordé la lecture de Schmidt par Nietzsche de manière beaucoup plus détaillée dans « Die "Selbstverkleinerung des Menschen" in der Moderne. Studie zu Nietzsches "Zur Genealogie der Moral" », *Nietzsche-Studien*, 1992, 21, p. 81-136.

de la nature commence par une remarque sur l'« Européen » de l'époque qui « construit des tunnels alpins et met la force de la vapeur à son service pour couper l'océan[1] ». Le philologue de l'Antiquité affirme que les réalisations techniques de l'Européen moderne (au masculin singulier) révèlent l'influence de la Bible, qui « lui a appris à se considérer comme le maître de la création[2] ». En revanche, les Grecs auraient eu une relation très ambiguë avec la domination de la nature par l'homme. Parmi les exemples donnés par Schmidt, on peut citer les réactions mitigées aux exploits de Xerxès pendant les guerres médiques, comme le pont flottant et le creusement d'un canal à travers une péninsule. Chez les Grecs, « une règle de conduite » consistait à « ne pas intervenir violemment dans l'ordre de la nature »[3]. Ils voyaient toujours dans de telles interventions un dépassement de la mesure préétablie pour l'homme et « regardaient [...] tout ce qui avait été accompli dans cette direction, moitié avec admiration, moitié avec horreur[4] ». Ils auraient donc ressenti l'attitude européenne moderne envers la nature comme un sacrilège. Schmidt ne veut pas dire par là que les hommes européens détruisent la nature, mais seulement qu'ils modifient avec insouciance le cours naturel des choses. À peine un siècle et demi plus tard – avec le changement climatique, les microplastiques, etc., à l'esprit –, ses exemples, le tunnel du Gothard et les bateaux à vapeur, semblent plutôt inoffensifs.

Dans les notes posthumes d'abord, puis dans *Éléments pour la généalogie de la morale*, Nietzsche reprend les considérations de Schmidt sur le « rapport » grec ancien

1. Schmidt, *Die Ethik der alten Griechen*, II, *op. cit.*, p. 80.
2. *Ibid.*
3. *Ibid.*, p. 82.
4. *Ibid.*, p. 80.

« à l'environnement naturel[1] ». Il se concentre sur la manière dont les Grecs auraient désapprouvé l'interventionnisme occidental moderne. Les lectures de Nietzsche favorables à l'écologie se méprennent souvent sur la phrase suivante de *La Généalogie*, notamment parce qu'elles la lisent de manière isolée : « Est *hybris* aujourd'hui toute notre attitude à l'égard de la nature, la violence que nous faisons à la nature à l'aide des machines et de l'inventivité sans scrupule de nos techniciens et de nos ingénieurs[2] ». Il ressort clairement du contexte que Nietzsche préconise l'attitude moderne qui aurait été désapprouvée comme *hybris* dans la Grèce antique. Contrairement à eux, l'« *hybris* » n'est pas ici un blâme. L'« inventivité sans scrupule de nos techniciens et de nos ingénieurs » fait partie des aspects, qui ne sont pas si nombreux, de la vie moderne que « nous vénérons aujourd'hui » à juste titre, car elle fait partie des rares cas où notre « manière d'être moderne » « est puissance et conscience de puissance » plutôt que « faiblesse »[3]. De manière un peu moins élogieuse, mais dans le même sens, Nietzsche désigne également dans ses posthumes « les sciences de la nature » ainsi que la « grande technique et ingéniosité » comme des « produits relatifs de la force, de la confiance en soi-même du XIXe siècle », comme quelque chose qui « au XIXe siècle » est « né relativement de l'abondance », même si ce n'est qu'« avec *agrément* »[4].

Sur la question de la technique, l'auteur de *La Généalogie de la morale* suit pour l'essentiel le philologue classique. Des années avant la lecture de Schmidt, Nietzsche s'était déjà

1. *Ibid.*
2. GM-III-9.
3. *Ibid.*
4. NF-1887,10[2].

distancié des Grecs, dans son cours sur le culte, sur une question étroitement liée ; il avait en effet voulu montrer que chez eux régnaient encore des opinions « primitives[1] ». Et dans les années 1880, il est d'accord avec Schmidt pour dire que les tentatives d'intervenir dans les processus naturels et de modifier le cours de la nature ont déstabilisé les Grecs. Et sur ce point, Nietzsche et Schmidt sont tous deux du côté des modernes et non des Grecs. Il y a cependant une différence de ton. Aucun des deux n'est prêt à condamner ce qu'ils qualifient tous deux de violence moderne contre la nature. Mais les explications historiques de Schmidt sont plutôt descriptives, alors que Nietzsche se montre très ferme. Il distingue non sans fierté le rapport moderne à la nature de celui des Grecs.

Alors que Schmidt ne se réfère qu'à l'attitude envers la nature, Nietzsche va bien au-delà. Dans *Éléments pour la généalogie de la morale*, l'accent est mis sur le fait que les Grecs n'auraient pas seulement désapprouvé la technique moderne en tant qu'*hybris* ; « Même mesurée à la mesure des anciens Grecs, toute notre existence moderne, dans la mesure où elle n'est pas faiblesse, mais puissance et conscience de la puissance, se présente comme pure *hybris* et impiété[2]. » Par conséquent, les Grecs auraient reconnu des signes de faiblesse dans la plupart des aspects du mode de vie moderne. Ils auraient également rejeté les autres aspects, mais précisément comme une forme d'*hybris* ; et ces derniers aspects ont en commun d'être synonymes de « puissance et conscience de la puissance ». C'est la thèse de Nietzsche,

1. Voir à ce sujet Marco Brusotti, « “Der Cultus wird wie ein fester Wort-Text immer neu ausgedeutet”. Nietzsches Betrachtungen über den Synkretismus im Gottesdienst der Griechen und die Genealogie der Moral », art. cit.

2. GM-III-9.

et non celle de Schmidt, selon laquelle l'accusation grecque d'*hybris* s'adresserait à nos forces et non à nos faiblesses.

Nietzsche relie dès le début l'analyse de Schmidt sur le sentiment grec ancien de la nature à un autre complexe thématique de l'éthique des Grecs anciens : la connaissance de l'homme et le rapport de l'individu à lui-même. Dans « Les Grecs, connaisseurs de l'homme », Nietzsche cite en premier lieu le fait que « notre connaissance des hommes est *sans pudeur* » comme raison pour laquelle les modernes iraient « contre leur goût », et en second lieu seulement le fait que « notre technique ὕβρις vis-à-vis de la nature »[1]. Ici, comme chez Schmidt, seule la technique moderne apparaît comme une *hybris* contre la nature. Mais bientôt, dans une ébauche du début du discours prévu, Nietzsche affirme que les Grecs auraient perçu (non seulement notre technique, mais aussi) notre connaissance de l'homme comme une telle *hybris* contre la nature : « Peut-être le Grec verrait-il dans notre manière de creuser en profondeur pour découvrir l'homme un geste impie envers la nature, un manque de pudeur[2] ». Nietzsche, et non Schmidt, argumente que les Grecs n'auraient pas seulement blâmé la technologie moderne comme étant de l'*hybris*, mais aussi la manière dont les modernes se comportent envers eux-mêmes et envers leurs semblables. La technologie moderne et l'introspection morale apparaissent donc déjà ici comme deux formes fondamentalement apparentées de l'*hybris* moderne qui montrent à quel point les Grecs sont lointains et étrangers aux hommes du XIXe siècle. C'est également le cas dans *Éléments pour la généalogie de la morale*, où le thème de l'*hybris* est encore plus généralisé et devient en quelque sorte un refrain : « Est *hybris*

1. NF-1883,8[15].
2. NF-1883,24[1].

aujourd'hui toute notre attitude à l'égard de la nature, [...] ; *hybris* est notre attitude à l'égard de Dieu [...] ; *hybris* est notre attitude envers *nous-mêmes*[1] [...]. » Dans ce pamphlet, Nietzsche ne s'intéresse pas non plus en premier lieu à la technique, à laquelle il ne consacre qu'une seule phrase ; au contraire, il change rapidement de sujet, souligne la violence de « notre attitude envers *nous-mêmes* » et compare l'enquête morale sur soi-même à une technique expérimentale particulièrement cruelle, la vivisection. Ce n'est donc pas notre « attitude à l'égard de la nature » qui est mise en avant, mais l'autre forme d'*hybris* moderne, « notre attitude envers *nous-mêmes* ».

En ce qui concerne l'observation, déjà faite par d'autres auteurs, selon laquelle les Grecs anciens n'étaient pas très sensibles à la beauté du paysage, Schmidt veut dissiper un malentendu ; selon lui, l'erreur consiste à « confondre le sens du paysage avec le sens de la nature en général ». Le fait qu'un « sentiment paysager » soit plus rare dans la Grèce antique qu'à l'époque moderne ne signifie donc pas que les hommes n'avaient pas un sens prononcé de la nature. Cela s'explique par le fait que « les Grecs, surtout ceux des périodes anciennes, étaient extrêmement sensibles aux détails de la vie naturelle[2] ». Ils réagissaient plus nettement que nous aux phénomènes isolés, et c'est précisément cette sensibilité accrue aux détails qui a fait qu'ils n'avaient pas une vue d'ensemble du paysage ; ils étaient « moins enclins que nous à laisser agir sur eux de grands groupes d'objets naturels différents, regroupés de manière homogène[3] ». Schmidt distingue donc plusieurs aspects de la perception

1. GM-III-9.
2. Schmidt, *Die Ethik der altern Griechen*, *op. cit.*, II, p. 85.
3. *Ibid.*

de la nature qui, selon lui, ne doivent pas seulement être pris en compte individuellement, mais aussi dans leur corrélation. Les Européens modernes se distinguent des Grecs aussi bien par leur attitude face à la modification technique des processus naturels que par leur appréciation du paysage. Et l'attitude respective face à la technique correspond, en miroir, à l'appréciation du paysage. Les Grecs de l'Antiquité, qui considéraient plutôt les interventions massives dans la nature comme dérangeantes, avaient peu de sens de l'esthétique du paysage. Les Européens modernes, qui apprécient en revanche la beauté des paysages, percent en même temps des tunnels alpins. L'attitude esthétique envers la nature ne contredit donc pas nécessairement l'appréciation de sa modification technique. Schmidt voit plutôt dans la combinaison des deux attitudes une disposition caractéristique de l'Europe, c'est-à-dire de l'Occident. Nous la retrouvons chez Nietzsche lui-même. Son projet alpin est paradigmatique, où la réceptivité esthétique au paysage entraîne la tentation d'intervenir massivement sur celui-ci.

Le fragment sur les Alpes montre une tendance plus générale de la période intermédiaire de Nietzsche : il considère la plupart du temps la science et la technique comme des puissances indépendantes. Dans *Le Gai Savoir*, « la question la plus épineuse » est encore ouverte : « La science serait-elle en mesure de *fixer* des buts à l'action, après s'être montrée capable d'abolir et d'anéantir pareils buts[1] ? » Il annonce « une expérimentation susceptible de satisfaire n'importe quelle sorte d'héroïsme, une expérimentation de plusieurs siècles, capable d'éclipser tous les grands travaux et tous les sacrifices connus de l'histoire. La science jusqu'à maintenant n'a pas encore construit ses édifices cyclopéens ; ce temps

1. FW-7.

aussi viendra[1] ». Nietzsche, qui anticipe ces « édifices cyclopéens[2] » – au sens métaphorique, mais aussi au sens littéral dans le futur « âge de l'architecture[3] » –, prédit ici que la science elle-même les construira ; et il se demande encore si elle est elle-même en mesure de déterminer les objectifs et le sens de la transformation technologique.

Dans les écrits ultérieurs, cette idée selon laquelle la science est une instance de pouvoir autonome est en revanche explicitement rejetée. La science et la technique sont tout au plus des moyens pour une fin qui n'est pas la leur. Ce n'est pas la science qui crée des valeurs et indique de nouvelles fins, mais le philosophe. Cependant même dans son œuvre tardive, Nietzsche ne revient pas à l'opposition de ses débuts entre la maîtrise technique de la nature et la culture dionysiaque de la fête. Au contraire, il insiste sur la nouvelle tâche consistant à considérer la science et l'art sous l'angle de la vie. Si nous reprenons aujourd'hui librement cette approche et considérons la science et la technique sous l'angle de la vie sur cette planète, nous parviendrons peut-être à des conclusions très différentes des siennes.

Traduit de l'allemand par David Simonin

1. *Ibid.*
2. *Ibid.*
3. NF-1880,4[136].

Chapitre 10

L'imagerie et les techniques et stratégies picturales dans les œuvres de Nietzsche

Yunus Tuncel

Bien que Nietzsche ait été musicien, compositeur amateur[1], et que l'on trouve des traces de sa musicalité dans ses écrits, les éléments de la culture visuelle ne manquent pas dans ses œuvres. Leur présence se manifeste au moins des manières suivantes : place de l'image dans la conception de l'apollinien et la notion de transfiguration, mention et discussion d'œuvres d'art visuel et plastique, notion de plasticité, explication de la transformation de soi par l'art visuel et les artistes, ainsi que l'idée de perspectivisme. Les décors picturaux et l'imagerie onirique de *Zarathoustra* devraient également être ajoutés à cette liste. En ce qui concerne la relation directe avec les arts visuels/plastiques, il semble que Nietzsche ne soit pas parvenu à s'engager avec les artistes et les mouvements artistiques de son époque, bien que ses idées postclassiques aient résonné avec les récents mouvements

1. Au sujet de Nietzsche en tant que musicien, voir Georges Liébert, *Nietzsche et la musique*, Paris, Puf, 2012 et Aysegul Durakoglu, Michael Steinmann et Yunus Tuncel (dir.), *Nietzsche and Music : Philosophical Thoughts and Musical Experiments*, Newcastle upon Tyne, Cambridge Scholars Publishing, 2022. Il faut noter ici que Nietzsche utilise plusieurs termes empruntés aux arts visuels lorsqu'il parle de musique, par exemple la *Tonmalerei* (musique descriptive) dans GT-17 et 19.

postmimétiques dans les arts tels que l'impressionnisme et le symbolisme. La plupart des références de Nietzsche aux arts visuels concernent l'art de la Renaissance et l'art baroque, qu'il a vus lors de ses voyages dans les villes italiennes entre 1876 et 1888. L'essor de la photographie dès l'époque de Nietzsche, puis du cinéma et de l'imagerie électronique et numérique, a considérablement transformé le *Zeitgeist* et notre façon de percevoir les choses. Néanmoins, les propos de Nietzsche sur l'imagerie, les rêves, la plasticité et les pouvoirs plastiques restent plus que jamais d'actualité. Ce qui suit est une présentation de certains aspects de l'utilisation de la culture visuelle par le philosophe.

I. La Transfiguration dans des références picturales

La culture visuelle, ses techniques et ses instruments jouent un rôle crucial dans le premier livre publié par Nietzsche, *La Naissance de la tragédie*, bien qu'il traite principalement du théâtre et de la musique. Dans ce qui suit, j'explorerai ces aspects visuels. Tout d'abord, quelques remarques sur l'apollinien. Dès le début de *La Naissance de la tragédie*, Nietzsche introduit deux termes dans son esthétique : l'apollinien et le dionysiaque, pour exposer une série de questions variées, créant ainsi une méthode dualiste qu'il critiquera lui-même plus tard. Ces termes sont empruntés aux divinités grecques Apollon, le dieu divinateur, et Dionysos, le dieu du vin, de l'orgiasme et de l'extase. Ces deux termes sont omniprésents dans le texte et s'appliquent à beaucoup de phénomènes. L'apollinien est le principe de l'individuation et le dionysiaque explique l'état où celle-ci n'existe pas. Tout ce qui est naît et disparaît, tout ce qui est individué est voué à perdre son individuation. Le premier point relève de l'apollinien et le second du dionysiaque. En ce qui concerne ce qui est individué, ne pensons pas seulement aux entités physiques : Nietzsche utilise le terme en son sens le plus large, désignant tout ce qui peut être considéré comme étant séparé, en quelque sorte délimité par des frontières. Un mot, une image, une forme, une apparence peuvent être dits individués au même titre qu'un crayon, un arbre ou un individu humain. Par conséquent, le dionysiaque s'appliquerait de la même manière à tous les êtres et signifierait la fin de leur état d'individuation. Puisque le sujet de ce premier livre est, entre autres, l'art, Nietzsche tente de comprendre les différentes formes d'expression artistique, des arts plastiques aux arts musicaux, à partir de cette dualité entre l'apollinien et le dionysiaque. La tragédie, comme nous le verrons, se situe quelque part au milieu de ce spectre. Cependant, notre sujet principal est le domaine visuel, et partant l'apollinien. Explorons comment le philosophe présente certains éléments de la culture visuelle au moyen de l'apollinien.

D'emblée, Nietzsche associe l'apollinien à l'image, à l'apparence, à l'illusion, à la plasticité, ainsi qu'au rêve et à l'image de rêve. Tous ces mots n'ont évidemment pas le même sens et Nietzsche utilise en allemand *Bild*, *Schein* (traduit par « apparence » et « illusion »), *plastisch* ou *bildend*, et *Traum/Traumbild*. Du point de vue de la culture visuelle, les difficultés sont nombreuses : premièrement, les images des objets que nous voyons ont-elles le même statut ontologique que les images que nous voyons en nous-mêmes, comme dans les rêves ? Deuxièmement, « illusion » a une connotation plus large que ce qui apparaît. Toutes les choses qui apparaissent sont-elles illusoires ? Troisièmement, existe-t-il une différence entre les images d'objets fabriqués par la nature et de ceux qui sont fabriqués par l'homme du point de vue de la phénoménologie de la perception ? En dépit de ces questions et d'autres interrogations récurrentes, Nietzsche s'efforce dans les dix à quinze premières pages de *La Naissance de la tragédie* de construire sa compréhension de la culture visuelle en tant qu'apollinienne et de la culture musicale en tant que dionysiaque. Ses affirmations sur les rêves, à savoir qu'ils sont primordiaux, qu'ils sont à la base des arts visuels, et que dans les rêves chaque homme devient un artiste[1], sont nouvelles et préfigurent l'essor de l'étude psychanalytique des rêves.

En outre, Nietzsche associe les rêves et les images de rêve à la joie, même si celles-ci peuvent être des images de souffrance : « [...] notre être le plus intime, ce fond souterrain qui nous est commun à tous, trouve à faire, dans le rêve, l'expérience d'un plaisir profond et d'une heureuse nécessité[2] ». Est-ce à dire que même les cauchemars sont joyeux ? On ne peut en être certain, car les traumatismes sont également associés à des images et à des rêves douloureux. Mais cela n'empêche pas Nietzsche de prolonger cette association de l'image et de la joie en les présentant par le biais du dieu de l'éclat et de l'illusion, Apollon. Les rêves sont doublement joyeux, écrit-il, car il faut considérer le rêve comme l'« *apparence de l'apparence*[3] ». En d'autres termes, le rêveur est aussi une apparence et il y a des apparences dans ce qui a une apparence, une image dans l'image, pour ainsi dire, que Nietzsche considère comme étant de l'ordre d'un apaisement supérieur. Double illusion, double

1. GT-1.
2. *Ibid.*
3. GT-4.

joie ! C'est dans le poète naïf que l'apollinien trouve sa plus haute expression : « La "naïveté" homérique ne peut se comprendre que comme une victoire totale de l'illusion apollinienne[1]... » C'est grâce à cette poésie que les Grecs de l'Antiquité pouvaient canaliser leurs rêves et leurs illusions vers le royaume supérieur des héros et des dieux et ainsi justifier leur vie face à la souffrance, plutôt que de périr ; on pourrait ici déceler un changement stratégique dans la poésie et la création de mythes, depuis l'ordre titanesque vers l'ordre olympien. Le thème de la souffrance prédomine dans ces pages du livre de Nietzsche et est associé à l'ordre dionysiaque et à celui, plus ancien, du titanesque. Pour comprendre la dynamique culturelle du monde homérique, de sa poésie et de sa mythologie, Nietzsche utilise les éléments de la culture visuelle :

> Chez les Grecs, la « volonté » voulait se contempler elle-même dans cette transfiguration que lui offraient le génie et le monde de l'art. Pour se magnifier, ses créatures devaient elles-mêmes se sentir dignes de l'être, il fallait qu'elles se reconnussent dans une sphère supérieure [...]. Cette sphère est celle de la beauté où c'est leur propre reflet, les Olympiens, qu'elles voyaient[2].

Le poète grec combat ainsi la souffrance. La transfiguration est un thème récurrent dans l'œuvre de Nietzsche ; dans ces paragraphes, le philosophe ne se contente pas d'évoquer cette notion, il l'illustre par un tableau de la Renaissance, *La Transfiguration* de Raphaël (1518-1520). Dans son analyse de ce tableau, Nietzsche applique ses notions du monde dionysiaque de la souffrance au monde de la joie apollinienne, en y distinguant deux parties, l'une

1. GT-3.
2. *Ibid.*

inférieure et l'autre supérieure. Si le monde de la souffrance est inévitable et nécessaire, le monde de la joie l'est tout autant. En bas, au niveau primordial, il voit les apôtres et les disciples de Jésus dans la souffrance, tandis qu'il voit la lumière et la joie dans l'ascension du Christ. Des couleurs plus sombres en bas et plus claires en haut correspondent à ces états émotionnels. La discussion de Nietzsche sur les arts visuels en tant que source de joie s'étend à son analyse de la tragédie, au cours de laquelle il présente l'art comme le magicien salvateur, nouveau geste stratégique au sein de la poésie, face à la sagesse dionysiaque de la destructibilité de toutes choses et de la mortalité humaine, et l'affect de dégoût qu'elle crée ou pourrait créer sur l'auditoire :

> Or c'est ici, dans cet extrême danger qui menace la volonté, que survient l'*art*, tel un magicien qui sauve et qui guérit. Car lui seul est à même de plier ce dégoût pour l'horreur et l'absurdité de l'existence à se transformer en représentations capables de rendre la vie possible[1] [...]

Par « art » dans ce passage, Nietzsche doit entendre les arts visuels, car il a associé la musique au dionysiaque ; il ne défendra plus de tels dualismes dans sa période ultérieure, ainsi qu'on peut le voir dans sa seconde préface autocritique à ce livre, en 1886.

1. GT-7.

II. La notion de plasticité

Le mot « plastique », qui désigne aujourd'hui des produits domestiques, vient du mot grec *plastein* qui signifie « modeler ». Lorsque Nietzsche utilise le terme en association avec les arts visuels, comme la peinture et la sculpture, dans *La Naissance de la tragédie*, ainsi qu'avec l'apollinien dans ses œuvres suivantes, notamment dans la deuxième *Considération inactuelle*, « De l'utilité et des inconvénients de l'histoire pour la vie », il l'utilise dans un contexte culturel plus large. Il convient de noter que la plasticité est souvent associée aux arts visuels et plastiques, car elle connote d'abord une action physique sur un support physique. Nietzsche, comme il le fait avec de nombreux mots, utilise « plastique » et ses dérivés dans des contextes plus larges. Pour lui, la plasticité est au cœur de la transformation de soi ; il fait d'un outil visuel un élément de sa philosophie de la construction de soi, qui peut être interprétée comme un ensemble de stratégies visant à s'exposer à des forces adverses afin de se transformer vers un état supérieur grâce à une puissance plastique.

Les forces plastiques sont nécessaires à la transformation culturelle :

> Je veux parler de cette force qui permet à quelqu'un de se développer de manière originale et indépendante, de transformer et d'assimiler les choses passées ou étrangères, de guérir ses blessures, de réparer ses pertes, de reconstituer sur son propre fonds les formes brisées[1].

1. HL-1.

Il poursuit en disant que ceux qui n'ont pas ce pouvoir périront à la moindre blessure ; ceux qui l'ont, en revanche, ne seront pas affectés par les pires désastres. Nietzsche présente cette notion de force ou de puissance plastique dans le contexte de sa philosophie de l'histoire, dont les idées centrales sont basées sur deux ensembles de trois notions : premièrement, l'ensemble composé de l'historique, du non-historique et du supra-historique ; deuxièmement, l'ensemble du traditionaliste, du monumental et du critique. Il faut savoir oublier (l'anhistorique) autant que l'on se souvient (l'historique), en se basant sur une vision forte et à long terme (le supra-historique), et il faut recréer les grandes œuvres (le monumental) comme on conserve (le traditionaliste) et détruit (le critique). Il est clair que les pouvoirs plastiques, la puissance de modelage, fonctionnent dans les deux strates de transformation de soi à travers l'« histoire ». Ce qui perturbe les forces de la culture, c'est l'excès d'histoire, de conscience historique et de connaissance. Ces excès empêchent la transformation de soi à différents niveaux : premièrement, les individus sont maintenus à un *statu quo*, avec ses problèmes ; deuxièmement, la concentration exclusive sur la connaissance se fait au détriment du pouvoir de création et d'action, ou « pouvoir artistique ». La maladie de l'histoire peut être guérie par le développement du non-historique et du supra-historique, comme Nietzsche le rappelle à la jeunesse à la fin de son essai ; « l'histoire » doit être pour la vie et les forces de vie, dans la mesure où les pouvoirs artistiques/plastiques interprètent l'histoire pour la vie. Nietzsche n'en était pas encore arrivé à ses intuitions sur la puissance et le pouvoir artistique, mais ces premières idées vont dans ce sens.

La description que fait le philosophe de cette force plastique nécessaire l'apparente au processus artistique et à la manière dont un artiste est en constante évolution dans un tel processus. Il y a des arrêts temporaires et des limites, mais ils ne se maintiennent pas comme tels. Il ne fait aucun doute qu'un encadrement est nécessaire pour montrer l'œuvre d'art. Ce qui rend le processus fluide et riche, ce sont les actes d'assimilation et d'appropriation, ainsi que Nietzsche le fait remarquer : « Plus la nature profonde d'un individu possède des racines vigoureuses, plus grande sera la part de passé qu'il pourra assimiler ou accaparer[1] [...] ». Les Grecs anciens, chers à Nietzsche, ont assimilé et se sont approprié beaucoup de choses des cultures voisines, notamment les mythes, les cultes, l'architecture, les sciences (mathématiques et astronomie) et les systèmes calendaires, tout en leur donnant leur propre forme et leur propre empreinte. Bien que Nietzsche utilise ici le pronom singulier, ce qu'il dit s'applique à la fois aux individus et aux cultures. Sans doute faut-il des horizons et des frontières pour pouvoir créer, mais il n'y a pas de frontières fixes et éternelles :

> [...] et la nature la plus puissante, la plus formidable se reconnaîtrait à ce qu'il n'y aurait pour elle pas de limite où le sens historique deviendrait envahissant et nuisible ; toute chose passée, proche ou lointaine, elle saurait l'attirer, l'intégrer à soi et pour ainsi dire la transformer en son propre sang[2].

La description de Nietzsche se lit comme un processus physiologique, analogue à la façon dont l'estomac et d'autres organes digestifs traitent les aliments, familiers ou non, absorbent et transforment ce qui est bon pour le corps. Nous devons cependant être prudents dans l'établissement de tels parallèles, car le corps de la culture n'est pas le même que

1. *Ibid.*
2. *Ibid.*

le corps organique. Pour être sain, fort et fécond, ne cesse de répéter Nietzsche, il faut être délimité par un horizon. Il doit y avoir des frontières, quoique fluides, à l'intérieur et au travers desquelles une telle recréation peut se produire, dès lors que l'on se souvient au bon moment et que l'on oublie au bon moment. Les meilleurs exemples d'une telle transformation à travers des horizons « délimités » dans le monde antique sont les cultes ; cependant, en l'absence de tels cultes anciens dans le monde séculier d'aujourd'hui, nous pouvons considérer d'autres domaines spécifiques de la culture avec leurs propres règles, pratiques, modèles exemplaires, fonctionnaires organisateurs, processus de sélection et rituels d'initiation (formation, éducation, etc.). Le sport, par exemple, les récents Jeux olympiques de Paris de 2024, sont à cet égard un exemple pertinent.

Il ne suffit pas de disposer d'un fonds de connaissances et d'informations, si immense soit-il, comme c'est le cas aujourd'hui avec les sources d'information en ligne, Google et l'IA : une culture doit encore disposer de puissances plastiques dans son arsenal. C'est par ces pouvoirs qu'une culture met toutes ses forces au service du présent et de l'avenir, faute de quoi un ensemble de connaissances, si immense soit-il, peut aussi anéantir la vie, comme nous l'avons vu dans les guerres des siècles derniers. La critique que Nietzsche fait de l'ultrarationalisme par l'intermédiaire de Socrate dans *La Naissance de la tragédie* se prolonge désormais dans un autre contexte, celui de l'histoire au XIXe siècle :

> Tels sont les services que l'histoire peut rendre à la vie ; tout homme, tout peuple a besoin, selon ses buts, ses forces, ses manques, de posséder une certaine connaissance du passé, tantôt sous forme d'histoire monumentale, tantôt sous forme d'histoire traditionaliste, tantôt sous forme d'histoire critique.

> *Mais ce besoin d'histoire n'est pas celui d'une nuée de purs penseurs qui ne font qu'assister en spectateurs à la vie, ni celui d'individus qui ne connaissent d'autre soif et d'autre satisfaction que le savoir, d'autre but que l'augmentation des connaissances*[1] [...].

Les humains ne sont pas des encyclopédies ambulantes et la connaissance n'est pas suffisante pour construire une vie et une culture solides. Certes, un certain degré d'information et de connaissance est nécessaire, mais ce qui est de la plus haute importance, c'est la façon dont ils s'intègrent dans les schèmes et les stratégies de recréation. Nietzsche crée ici un contraste entre la culture alexandrine du savoir et les pouvoirs plastiques. Mais le contraste le plus saisissant se situe entre « la maladie de l'histoire » – et il existe une relation étroite entre la culture alexandrine et la maladie de l'histoire – et les puissances plastiques, comme il l'affirme dans le dernier paragraphe de la deuxième *Considération inactuelle*. Se référant à la jeunesse et à la vie, il écrit qu'elle souffre « de la *maladie historique*. L'excès d'histoire a entamé la force plastique de la vie, qui ne sait plus utiliser le passé comme une nourriture substantielle[2] ». Il poursuit en proposant des remèdes à cette maladie. Comme c'est généralement le cas pour Nietzsche en tant que médecin de la culture, il propose à la fois un diagnostic, un pronostic et des remèdes. Ici, ses remèdes sont le non-historique et le supra-historique, placés à côté ou en opposition agonistique avec l'historique, de manière à renforcer les forces plastiques dans une nouvelle constellation articulant l'art, la religion et la science. Il ne fait aucun doute que ces remèdes doivent

1. HL-4, je souligne.
2. HL-10.

être conçus de manière stratégique et concrète, en fonction de leurs contextes culturels propres.

III. La formation du caractère et l'imposition d'un style dans une dimension picturale

Pour Nietzsche, l'art ne se limite jamais aux œuvres d'art, au sens classique du terme[1]. En ce sens, Nietzsche outrepasse déjà le cantonnement et la limitation de l'acte créatif à des supports spécifiques. Mais surtout, pour Nietzsche, la créativité s'applique au moi, au caractère et à la culture dans son ensemble. Dans un aphorisme du *Gai Savoir*, il réfléchit à la manière de donner du style à son caractère (FW-290). Le processus implique d'abord une connaissance de soi, de ses faiblesses et de ses forces, y compris l'acceptation de ses faiblesses, et de les placer sur un plan artistique. Dans un deuxième temps, Nietzsche parle de première et de seconde nature. Cela implique de façonner des secondes natures alors que les premières natures s'amenuisent ; Nietzsche avait parlé des premières et des secondes natures dans sa deuxième *Considération inactuelle*, dans le contexte de l'histoire. Il s'agit d'un point similaire dans la mesure où il faut être capable de détruire pour pouvoir créer. Toute création implique une destruction, mais toute création exige une recréation (il n'y a pas de destruction chez Nietzsche pour le plaisir de détruire). De tels créateurs se donnent une loi à eux-mêmes ; en d'autres termes, ils sont

1. C'est ce qu'a amplement démontré Philip Pothen, *Nietzsche and the Fate of Art*, Londres, Routledge, 2002.

souverains et jouissent de leur propre liberté. Ils exercent ainsi un pouvoir sur eux-mêmes, ce qui est lié à la maîtrise de soi[1]. Ce sont ces types d'êtres humains créatifs et maîtres d'eux-mêmes qui trouvent la satisfaction de soi – faute de quoi il serait intolérable de contempler le spectacle des insatisfaits. Nietzsche présente cette formation du caractère des forts comme suit :

> Ce seront les natures fortes, avides de dominer qui, dans une telle contrainte, une telle subordination et une telle perfection, savoureront, sous leur propre loi, leur joie la plus subtile ; la passion de leur violent vouloir s'allège à la contemplation de toute nature stylisée, de toute nature vaincue et rendue serviable ; même quand elles ont à bâtir des palais et à aménager des jardins, il leur répugne de laisser libre cours à la nature[2].

Pour expliquer la transformation de soi par la maîtrise de soi, Nietzsche utilise des images de frontières, de palais

1. Les instincts et les pulsions sont essentiels dans la pensée de Nietzsche, et une grande partie de la maîtrise de soi est liée à la façon dont on gère les pulsions ou dont on canalise les instincts animaux. Dans M-109, le philosophe présente six stratégies permettant de s'occuper de ses pulsions. Il ne fait aucun doute que chaque être humain est différent et que chaque pulsion est différente. C'est pourquoi ces stratégies de transformation de soi ne doivent pas être considérées comme des recettes, mais plutôt comme des techniques possibles sur le chemin de la création de soi. L'aphorisme est trop long pour être cité ici, mais les six stratégies peuvent être résumées comme suit : 1) la non-satisfaction pour affaiblir la pulsion ; 2) la satisfaction réglée ; 3) l'assouvissement sans frein de la pulsion pour susciter le dégoût et s'en affranchir ; 4) l'association de la pulsion à une pensée douloureuse ; 5) la dislocation de la base énergétique de la pulsion vers une autre tâche difficile favorisant une autre pulsion ; et 6) l'affaiblissement et la dépression de l'ensemble de l'organisation corporelle (comme l'ascète). Notons que, contrairement à de nombreuses pratiques ascétiques religieuses, Nietzsche ne propose pas seulement l'abstinence ; ce qui est proche de l'abstinence, ce sont les stratégies 1 et 6.

2. FW-290.

et de jardins. Vivetta Vivarelli examine en détail l'utilisation stratégique du « jardin » comme métaphore du lieu de la transformation de soi, dans le contexte plus large de l'art, de la pratique et de l'école du regard, en s'inspirant du § 497 d'*Aurore*[1]. Selon Vivarelli, cette métaphore, qui apparaît dans différents textes (comme VM-172 également) et inclut les jardins anglais ou italiens, sert de dispositif stratégique à Nietzsche pour expliquer une série de phénomènes associés à la création de soi, tels que l'art de voir, le goût et le style.

Le philosophe a également recours à une imagerie pour expliquer les phénomènes émotionnels qui forment le caractère humain. Pour expliquer la sagesse de la douleur, il fait une analogie avec ce qui se passe sur un navire à l'approche d'une tempête. Pour la plupart des gens, comme sur un navire confronté à une tempête, la douleur est un signal d'alarme diminuant leur énergie ; en d'autres termes, ils reculent. L'image du bateau et de la tempête est intéressante, car il n'y a pas d'endroit où aller lorsqu'une tempête approche. Il existe d'ailleurs quelques humains qui feraient le contraire :

> Il est vrai qu'il existe des hommes qui, sous l'imminence d'une grande douleur, obéissent au commandement opposé, et qui jamais ne font montre d'autant de fierté, d'humeur belliqueuse et de bonheur que lorsque se lève la tempête : oui, c'est à la douleur même qu'ils doivent leurs suprêmes instants.

Pour Nietzsche, il s'agit de types héroïques exceptionnels :

> Ce sont les hommes héroïques, les grands *messagers de douleur* de l'humanité : ce sont les quelques hommes rares

1. Vivetta Vivarelli, « „Vorschule des Sehens" und „stilisierte Natur" in der *Morgenröthe* und der *Fröhlichen Wissenschaft* », *Nietzsche-Studien*, 1991, 20, p. 134-151.

qui ont justement besoin de la même apologie que la douleur d'une façon générale – et, en vérité, on ne saurait la leur refuser ! Ils sont les forces primordiales de la conservation et du développement de l'espèce, ne serait-ce que par le fait qu'ils résistent au confort et que pour cette sorte de bonheur ils ne dissimulent point leur dégoût[1].

IV. Culture visuelle et transformation de soi dans *Zarathoustra*

Ainsi parla Zarathoustra est plein d'images construites autour du cheminement de Zarathoustra vers la transformation de soi. Une grande partie de cette imagerie est liée à la nature, directement ou indirectement influencée par les voyages de Nietzsche dans les Alpes suisses et dans le sud de l'Europe, à Èze près de Nice, autour de Rapallo et dans les environs de Sorrente. À l'exception de la Vache Multicolore, il n'y a aucune ville dans tout le livre. Zarathoustra apparaît devant sa grotte, parlant au soleil, puis il s'en va partager ses enseignements. En descendant vers la Vache Multicolore, il rencontre un moine. Dans la ville, il est déçu par les foules qui ne comprennent pas ses enseignements et s'en va après avoir enterré le funambule. Il trouve ses propres disciples, des disciples qui peuvent s'identifier à ses enseignements mais qui peuvent aussi le quitter pour se trouver eux-mêmes, et c'est à eux que s'adresse une grande partie de son discours poétique. La porte sur laquelle Zarathoustra voit inscrit l'instant est la juxtaposition intéressante d'une structure dans un cadre naturel. Les lacs et les animaux

1. FW-318 pour les deux citations.

témoignent d'une imagerie rustique, tandis que les hauteurs et les profondeurs des montagnes font allusion à la portée et à la perspicacité psychologique du surhomme. La grotte est l'endroit où Zarathoustra trouve le silence et la solitude et où il est en harmonie avec ses animaux et avec l'homme-animal qu'il est lui-même. La dernière partie est un retour à la caverne, alors qu'il est déçu par les hommes supérieurs qui ne sont pas encore des surhommes.

Deux peintures, choisies parmi de nombreuses autres, peuvent illustrer le voyage de Zarathoustra : *Poète au sommet d'une montagne*, de Shen Zhou (xve siècle), et *Le Voyageur contemplant une mer de nuages*, de Caspar David Friedrich (1818). Dans la peinture de Zhou, le poète fait face à la tâche de créer, à partir de son moi solitaire, devant un cosmos immense, exprimé par les montagnes, les nuages et les forêts. Il y a cependant une touche humaine, sous la forme d'une maison, qui relie le poète à la civilisation. Il existe des parallèles avec le voyage de Zarathoustra, qui est confronté à sa solitude et aux animaux, et qui interagit également avec les humains. Tandis que dans le tableau de Friedrich, le poète regarde l'abîme et l'abîme le regarde en retour[1]. Il pourrait s'agir d'un élément de désespoir, mais aussi de réjouissance si le poète a transfiguré son génie en sommets, comme les poètes antiques pouvaient le faire face à la souffrance.

1. Voir JGB-146.

V. Perspectivisme

Il existe des antécédents du perspectivisme avec lesquels Nietzsche devait être familier, comme l'une des méthodes utilisées par les sceptiques de l'Antiquité pour suspendre leur jugement sur les affirmations de la connaissance, telle que décrite par Sextus Empiricus, et la méthode de dessin et de peinture de la Renaissance. Le mot « perspective » vient du latin *via* le vieux français ; les mots dont il provient *perspectivus* et *perspicere* signifient respectivement « optique » et « inspecter, regarder à travers ». Le mot utilisé en allemand par Nietzsche est également *Perspective*, ce qui signifie qu'il emprunte à nouveau un terme à la culture visuelle mais l'utilise dans le contexte de sa propre philosophie, comme nous le verrons plus loin.

Bien que nourri par ces notions antérieures, le perspectivisme de Nietzsche est radicalement différent. Alors que les sceptiques s'intéressaient aux affirmations de la connaissance, leur principal intérêt étant épistémologique, et les artistes de la Renaissance aux techniques de dessin mimétique, le perspectivisme de Nietzsche est lié à sa philosophie de la valeur et de l'interprétation : « intuition : dans tout jugement de valeur il s'agit d'une perspective déterminée[1] ». Bien que Nietzsche se soit toujours intéressé à la culture et à la création de culture, et donc à la valeur, c'est dans ses œuvres tardives des années 1880 que sa philosophie de la valeur devient prépondérante. Nietzsche utilise parfois le mot « morale » pour signifier « valeur », mais il ne s'agit pas de la même chose. Les valeurs précèdent la morale et se

1. NF-1884,26[119], trad. mod.

situent souvent à l'arrière-plan ; la plupart des êtres humains ne connaissent même pas les valeurs qui façonnent leur vie et leur morale. Les distinctions morales sont façonnées par des valeurs perspectivistes. Tout ce qui est exprimé est une perspective – la vision du monde d'une personne, son interprétation de la vie, etc. Dans une note célèbre où Nietzsche résume son perspectivisme, il le relie à l'interprétation :

> Contre le positivisme, qui en reste au phénomène, « il n'y a que des faits », j'objecterais : non, justement il n'y a pas de faits, seulement des interprétations. Nous ne pouvons constater aucun *factum* « en soi » : peut-être est-ce un non-sens de vouloir ce genre de chose. « Tout est subjectif », dites-vous : mais ceci est déjà une *interprétation*, le « sujet » n'est pas un donné, mais quelque chose d'inventé-en-plus, de placé-par-derrière. – Est-ce finalement nécessaire de poser en plus l'interprète derrière l'interprétation ? C'est déjà de l'invention, de l'hypothèse.
>
> Dans la mesure exacte où le mot « connaissance » possède un sens, le monde est connaissable : mais il est *interprétable* autrement, il n'a pas un sens par-derrière soi, mais d'innombrables sens : « perspectivisme ».
>
> Ce sont nos besoins *qui interprètent le monde* : nos instincts, leur pour et leur contre. Chaque instinct est un certain besoin de domination, chacun possède sa perspective qu'il voudrait imposer comme norme à tous les autres instincts[1].

Le fait qu'il n'existe que des interprétations perspectivistes est une vérité douloureuse que beaucoup n'acceptent pas, pour différentes raisons. Les scientifiques, qui défendent des faits positivement établis, et les dogmatiques religieux ou les dirigeants politiques qui doivent soutenir leurs institutions par des idéologies (lesquelles ne peuvent pas être

1. NF-1886,7[60].

des interprétations pour eux) ne peuvent pas accepter une telle affirmation « véridique » selon laquelle tout ce que nous avons, ce sont des interprétations. Dans un chapitre entier de ce qui était censé devenir *La Volonté de puissance*, Nietzsche élucidait davantage ce que signifie son perspectivisme. L'une des questions principales qui ressort de ces notes est la primauté de l'inconscience, le fait que la plupart des choses restent inconscientes et que la conscience n'est qu'un phénomène de surface. Il y a, sans aucun doute, une dimension individuelle et collective de l'inconscience, sans parler de sa dimension historique. Il est important de noter ici qu'il n'y a pas d'incohérence entre cette position sur l'inconscience et le perspectivisme. Si toutes les idéologies, religions et philosophies sont des interprétations perspectivistes, alors qu'est-ce qui est vrai ? Il s'agit là d'une question souvent posée par les universalistes et les objectivistes. La réponse de Nietzsche est la suivante : il n'y a pas de vérité absolue, mais des vérités multiples, des stratégies qui multiplient les vérités. Et cela encore pourrait être une « vérité » douloureuse, à laquelle l'humanité n'est pas encore habituée.

S'inspirant d'un dispositif visuel ou d'un outil technique employé pour le dessin et la peinture, une illusion d'optique pour ainsi dire, que l'on appelle « perspectivisme », Nietzsche expose sa philosophie du perspectivisme, qui est intrinsèquement liée à ses notions de « valeur » et d'« interprétation ». Le philosophe ne serait certes pas d'accord avec les principes de base de l'art mimétique, mais là n'est pas la question. La question principale est de savoir comment Nietzsche a transformé cette technique visuelle en une philosophie de la valeur dans laquelle le perspectivisme joue un rôle important. Le fait que nous soyons en relation interprétative perspectiviste avec la vie et qu'il existe de multiples vérités n'est pas une objection à la vie ni une raison de désespérer ; la vie elle-même est multiple et tous les êtres manifestent leur pouvoir et le font en fonction de leurs évaluations perspectivistes :

> Que la *valeur du monde* réside dans notre interprétation […], que les interprétations aient été jusqu'à présent des appréciations d'après une perspective particulière, grâce auxquelles nous nous maintenons en vie, c'est-à-dire en volonté de puissance, d'accroissement de puissance […], que tout renforcement atteint, toute extension de puissance ouvre de nouvelles perspectives et fasse croire à de nouveaux horizons – cela imprègne tous mes écrits[1].

Épilogue

Nietzsche n'était pas un artiste visuel, ses principaux moyens d'expression étaient l'écriture et la musique, et pourtant ses œuvres sont imprégnées de techniques, de fonctions et de divers autres aspects de la culture visuelle. Au début de sa philosophie, ses idées sur l'image, le rêve et l'illusion l'ont aidé à analyser la représentation dramatique et le spectacle grecs, aux côtés de sa connaissance intime de la musique et de la poésie. Il a utilisé des éléments de la culture visuelle tels que la plasticité afin de comprendre la dynamique de la culture et ses pouvoirs de transformation dans le contexte de l'histoire et de l'élaboration de la culture. Au milieu et à la fin de ses écrits, en particulier à l'époque de l'annonce de la mort de Dieu et par la suite, nous constatons une préoccupation croissante pour les modèles et les types en

1. NF-1885,2[108].

vue de la transvaluation ; Dieu est mort, quel en est l'impact et que se passe-t-il ensuite ? Ces questions prennent de l'importance à mesure qu'apparaissent d'autres considérations sur la puissance, le temps (en tant que temps cyclique dans l'éternel retour du même) et les types surhumains. La formation du caractère et la transformation de soi prennent de nouvelles significations, mais Nietzsche ne cesse pas d'utiliser des métaphores visuelles et des images pour exprimer ses idées. Dans l'un de ses derniers livres, *Crépuscule des idoles*, les valeurs les plus élevées, qui devraient être testées afin de voir si elles résistent ou non, sont présentées comme des idoles, comme des formes sculpturales. Le perspectivisme est introduit, toujours sous la forme d'un modèle visuel, pour montrer qu'il existe de multiples interprétations de l'existence et qu'il n'y a pas de vérité absolue, et que nos interprétations sont fondées historiquement et sur une perspective, en fonction de ce que nous sommes. Pour Nietzsche, le visible et l'invisible, l'image et le symbole, le visuel et le musical sont étrangement liés ; sa philosophie est une tentative pour percer ce mystère à la fois dans les arts et la culture.

Traduit de l'anglais par David Simonin

Bibliographie

Adorno, Theodor W., « Thèses sur le langage du philosophe », traduit par Marianne Dautrey et Marc de Launay, *Rue Descartes*, 1999, 26, p. 9-15.

— *Terminologie philosophique*, édité par Henri Lonitz, traduit par Marc de Launay, Paris, Klincksieck, 2022.

Aliprandi, G., « Giuseppe Ravizza e il suo “cembalo scrivano” », *Bollettino storico per la provincia di Novara. Rivista della Società storica novarese*, Novare, Cattaneo, 1932, XXVI, p. 44-67.

Anonyme, « L'inauguration du Gothard », *Gazette de Lausanne et Journal suisse*, 26 mai 1882, 83 (122).

Anschütz, Hans-Peter, Armin Thomas Müller, Mike Rottmann et Yannick Souladié (dir.), *Nietzsche als Leser*, Berlin, De Gruyter, 2021.

Avrich, Paul, *The Haymarket Tragedy*, Princeton, Princeton University Press, 1986.

Bachelard, Gaston, « Nietzsche et le psychisme ascensionnel », *L'Air et les Songes*, Paris, José Corti, 1943, p. 146-185.

Bain, Alexander, *Les Sens et l'Intelligence*, traduit par M. E. Cazelles, Paris, Félix Alcan, 3e éd., 1895.

Bärtschi, Hans-Peter, « Gothard, Chemins de fer du », *Dictionnaire historique de la Suisse* (DHS), version du 09/01/2007, traduit de l'allemand, https://hls-dhs-dss.ch/fr/articles/042006/2007-01-09/, consulté le 23/01/2025.

Béland, Martine (dir.), *Lectures nietzschéennes. Sources et réceptions*, Montréal, Les Presses de l'Université de Montréal, 2015.

Benders, Raymond et Stephan Oettermann (dir.), *Friedrich Nietzsche. Chronik in Bildern und Texten*, Munich, dtv Verlagsgesellschaft, 2000.

Benjamin, Walter, *Sur le concept d'histoire*, *in Œuvres* III, traduit par Maurice de Gandillac, Rainer Rochlitz et Pierre Rusch, Paris, Gallimard, 2000, p. 427-443.

Bernoulli, Carl Albrecht, *Franz Overbeck und Friedrich Nietzsche. Eine Freundschaft*, Iéna, Diederichs, 1908, 2 volumes.

Berthelier, Benoît, *Le Sens de la terre. Penser l'écologie avec Nietzsche*, Paris, Seuil, 2023.

Bilharz, Alfons, *Der Heliocentrische Standpunkt der Weltbetrachtung*, Stuttgart, J. G. Cotta, 1879 (BN).

Biser, Eugen, « *Gott ist tot* ». *Nietzsches Destruktion des christlichen Bewußtseins*, Munich, Kösel, 1962.

Bochsler, Regula, « Dynamitage du Palais fédéral ce mois-ci. Tremblez ! », traduit par Katy Romy, site *swissinfo.ch*, www.swissinfo.ch/fre/politique/s%c3%a9rie-anarchistes-en-suisse-1-_-dynamitage-du-palais-f%c3%a9d%c3%a9ral-ce-mois-ci-tremblez/44688524, consulté le 23/01/2025.

Bock, Carl Ernst, *Das Buch vom gesunden und kranken Menschen*, Leipzig, E. Keil, 1870 (BN).

Bollenbeck, Georg, *Eine Geschichte der Kulturkritik von Rousseau bis Günther Anders*, Munich, C. H. Beck, 2007.

Borel, P., « Une page d'histoire locale. Presque centenaire, la librairie Visconti a vécu », *L'Éclaireur*, 25 février 1936.

Bourget, Paul, *Essais de psychologie contemporaine. Baudelaire, M. Renan, Flaubert, M. Taine, Stendhal*, Paris, Lemerre, 1883.

Brandès, Georg, « Aristokratischer Radicalismus. Eine Abhandlung über Friedrich Nietzsche », *Deutsche Rundschau*, 1890, 63 (16), p. 52-89.

Brobjer, Thomas H., « The absence of political ideals in Nietzsche's writings. The case of the laws of Manu and the Associated Caste-Society », *Nietzsche-Studien*, 1999, 27, p. 300-318.

Brusotti, Marco, « Die "Selbstverkleinerung des Menschen" in der Moderne. Studie zu Nietzsches "Zur Genealogie der Moral" », *Nietzsche-Studien*, 1992, 21, p. 81-136.

— « Opfer und Macht. Zu Nietzsches Lektüre von Jacob Wackernagels "Über den Ursprung des Brahmanismus" », *Nietzsche-Studien*, 1993, 22, p. 222-242.

— *Die Leidenschaft der Erkenntnis. Philosophie und ästhetische Lebensgestaltung bei Nietzsche von* Morgenröthe *bis* Also sprach Zarathustra, Berlin, New York, De Gruyter, 1997.

— « Européen et supra-européen », *in* Paolo D'Iorio et Gilbert Merlio (dir.), *Nietzsche et l'Europe*, Paris, Éditions de la Maison des Sciences de l'Homme, 2006, p. 193-211.

— « "Der Cultus wird wie ein fester Wort-Text immer neu ausgedeutet". Nietzsches Betrachtungen über den Synkretismus im *Gottesdienst der Griechen* und die *Genealogie der Moral* », *Nietzsche und Europa – Nietzsche in Europa, Nietzscheforschung Jahrbuch der Nietzsche-Gesellschaft*, 2007, 14, p. 159-169.

— « Nietzsches "höhere Kunst, die Kunst der Feste" », *in* Günter Gödde, Nikolaos Loukidelis, Jörg Zirfas (dir.), *Nietzsche und die Lebenskunst. Ein philosophisch-psychologisches Kompendium*, Stuttgart, Metzler, 2016, p. 255-264.

Burkhardt, Hansjakob, *Dynamit Am Gotthard, – Sprengstoff in der Schweiz. Eine Geschichte der Sprengstoffindustrie in der Schweiz am Beispiel von Isleten am Urnersee*, Zürich, Hier und Jetzt, 2012.

Burkhardt, Peter, « Samih Sawiris schnappte zweitem Bieter das Land am Urnersee weg », *SonntagsZeitung*, Zürich, 13/04/2024, https://www.tagesanzeiger.ch/tourismusprojekt-am-urnersee-sawiris-schnappte-anbieter-das-land-weg-183498221075, consulté le 23/01/2025.

Campioni, Giuliano, *Les Lectures françaises de Nietzsche*, Paris, Puf, 2001.

— « "Gaya scienza" und "gai saber" in Nietzsches Philosophie », *in* Chiara Piazzesi, Giuliano Campioni et Patrick Wotling (dir.), *Letture della Gaia Scienza*, Pise, ETS 2010, p. 15-38.

Campioni, Giuliano et Maria Cristina Fornari, « Il terremoto a Nizza. Una fonte inedita di Nietzsche : Guy de Maupassant », *in* Cristina Cassina (dir.), *Pensare l'Ottocento. Studi e ricerche per Regina Pozzi*, Pise, Pisa University Press, 2012, p. 167-188.

Campioni, Giuliano et Aldo Venturelli (dir.), *La « biblioteca ideale » di Nietzsche*, Naples, Guida editori, 1992.
Campioni, Giuliano, Paolo D'Iorio, Maria Cristina Fornari, Francesco Fronterotta et Andrea Orsucci, *Nietzsches persönliche Bibliothek*, Berlin, New York, De Gruyter, 2003.
Canguilhem, Georges, « Machine et organisme », *in La Connaissance de la vie* [1965], Paris, Vrin, 2009.
Cerisuelo, Marc, « Stendhal / Nietzsche », *in* Marc Cerisuelo (dir.), *Critique*, 2023, 913-914 (6), p. 623-636.
Cluet, Marc, « L'anthropologie de la médecine naturelle autour de 1900 : l'homme-plante », *Cahiers d'études germaniques*, 2020, 78, p. 59-73.
Coccia, Emmanuele, *Métamorphoses*, Paris, Payot et Rivages, 2020.
Comte, Auguste, *Cours de philosophie positive*, Paris, Bachelier, 1830.
— *Einleitung die positive Philosophie*, traduit par G. H. Schneider, Leipzig, Fues, 1880 (BN).
Crescenzi, Luca, « Verzeichnis der von Nietzsche aus der Universitätsbibliothek Basel entliehenen Bücher (1869-1879) », *Nietzsche-Studien*, 1994, 23, p. 388-441.
Daston, Lorraine et Peter Galison, *Objectivité*, traduit par Sophie Renaut et Hélène Quiniou, Dijon, Les Presses du Réel, 2012.
Debré, Jean-Louis et Valérie Bochenek, *Ces femmes qui ont réveillé la France*, Paris, Arthème Fayard, 2013.
Dell'Aversano, Carmen, « Ermeneutica letteraria ed esercizi spirituali : Wolfgang Iser e Pierre Hadot », *Enthymema*, 2017, 18, p. 76-104.
Derrida, Jacques, *Heidegger et la question*, Paris, Flammarion, 1990.
Derrida, Jacques et Richard Beardsworth (entretien), « Nietzsche and the Machine », *Journal of Nietzsche Studies*, 1994, 7, p. 7-66.
Descartes, René, *Œuvres complètes*, édité par Charles Adam et Paul Tannery (AT), Paris, Cerf, 1897-1913, 13 volumes.
Descola, Philippe, *Par-delà nature et culture*, Paris, Gallimard, 2015.
D'Iorio, Paolo, *La linea e il circolo. Cosmologia e filosofia dell'eterno ritorno in Nietzsche*, Gênes, Pantograf, 1995.
— « Genèse, parodie et modernité dans *Ainsi parlait Zarathoustra* », *in* Gilbert Merlio (dir.), *Ainsi parlait Zarathoustra*, Paris, Éditions du Temps, 2000, p. 25-43.
— « Nietzsche et l'éternel retour. Genèse et interprétation », *in* Marc Crépon (dir.), *Nietzsche. Les Cahiers de l'Herne*, Paris, L'Herne, 2000, p. 361-389.

— « Geschichte der Bibliothek Nietzsches und ihrer Verzeichnisse », *in* Giuliano Campioni, Paolo D'Iorio, Maria Cristina Fornari, Francesco Fronterotta, Andrea Orsucci (dir.), *Nietzsches persönliche Bibliothek*, Berlin, New York, De Gruyter, 2003, p. 32-78.
— *Le Voyage de Nietzsche à Sorrente*, Paris, CNRS Éditions, 2012.
— « Il pensiero fondamentale dello Zarathustra », *Alvearium*, 2024, 17, p. 9-28.
Disser, Monika, « Friedrich Nietzsche und das "Experiment Schreibmaschine" », *Archiv für Stenografie, Textverarbeitung, Informationstechnologie*, 2006, 48 (2), p. 47-51.
Dostoïevski, Fiodor [Th.], *Les Frères Karamazov*, traduit et adapté par E. Halpérine-Kaminsky et Ch. Morice, Paris, E. Plon, Nourrit et Cie, [1888], 2 volumes.
Durakoglu, Aysegul, Michael Steinmann et Yunus Tuncel (dir.), *Nietzsche and Music : Philosophical Thoughts and Musical Experiments*, New Castle upon Tyne, Cambridge Scholars Publishing, 2022.
Durkheim, Émile, « Schaeffle, A., Bau und Leben des sozialen Körpers : erster Band », *Revue philosophique de la France et de l'étranger*, 1885, 19, p. 84-101.
Eberwein, Dieter, *Nietzsches Schreibkügel. Ein Blick auf Nietzsches Schreibmaschinenzeit durch die Restauration der Schreibkugel*, Schauenburg, Typoskript-verlag Eberwein, 2005.
Elsasser, Kilian T. et Via-Storia – Zentrum für Verkehrsgeschichte (dir.), *Der direkte Weg in den Süden. Die Geschichte der Gotthardbahn*, Zürich, AS, 2007.
Ernst, Wolfgang, « Medienarchäologie nach Nietzsche », *Nietzsche-forschung* (Berlin, Akademie Verlag), 2008, 15, p. 113-133.
Espinas, Alfred, *Des sociétés animales*, Paris, Germer Baillière et Cie, 1878.
— *Die thierischen Gesellschaften. Eine vergleichend-psychologische Untersuchung*, traduit par W. Schloesser, Braunschweig, F. Vieweg, 1879 (BN).
Fauriel, Claude, *Histoire de la poésie provençale*, Paris, Labitte, 1846.
Feuerhahn, Wolf, « "Zwischen Individualismus und Sozialismus : Durkheims Soziologie und ihr deutsches Pantheon" », *in* Gangolf Hübinger (dir.), *Europäische Wissenschaftskulturen und politische*

Ordnungen in der Moderne (1890-1970), Berlin, Boston, De Gruyter Oldenbourg, 2014.

Figuier, Louis, *Les Merveilles de la science ou Description populaire des inventions modernes*, Paris, Furne, Jouvet et Cie, 1867-1891, 6 volumes.

Fischer, Kuno, *Geschichte der neuern Philosophie*, Heidelberg, Bassermann, 1865.

Foissac, Pierre, *Meteorologie mit Rücksicht auf die Lehre vom Kosmos und in ihren Beziehungen zur Medicin und allgemeinen Gesundheitslehre. Ein von dem Institute zu Paris gekröntes Werk von P. Foissac Professor der Medicin an der medicinischen Facultät zu Paris, Ritter etc. Mit Zustimmung des Verfassers deutsch bearbeitet und mit Anmerkungen versehen von Dr. A. H. Emsmann Professor in Stettin,* Leipzig, O. Wigand, 1859 (BN).

Fornari, Maria Cristina, *La morale evolutiva del gregge. Nietzsche legge Spencer e Mill*, Pise, ETS, 2006.

Friedländer, Hugo, *Interessante Kriminal-Prozesse von kulturhistorischer Bedeutung*, vol. 7, Berlin, Hermann Barsdorf, 1912.

Gadamer, Hans-Georg, *Vérité et méthode. Les grandes lignes d'une herméneutique philosophique*, édition établie par Pierre Fruchon, Jean Grondin et Gilbert Merlio, Paris, Seuil, 2018.

Galilée, *L'Essayeur*, traduit par Christiane Chauviré, Paris, Les Belles Lettres, 1989.

Giuntini, Andrea, « La nascita del sistema ferroviario e il ruolo della tecnica », *in Il contributo italiano alla storia del pensiero – Tecnica,* Enciclopedia Treccani Online (2013), https://www.treccani.it/enciclopedia/la-nascita-del-sistema-ferroviario-e-il-ruolo-della-tecnica_(Il-Contributo-italiano-alla-storia-del-Pensiero : – Tecnica)/.

Gleiter, Jörg H., « "Tanzenkönnen". Nietzsches literarischer Widerruf der Maschine », *in* Gerhard Schweppenhäuser (dir.), *Bild und Gedanke. Hermann Schweppenhäuser zum Gedenken*, Wiesbaden, Springer, 2017, p. 229-238.

Goethe, Johann Wolfgang von, *Zahme Xenien* (*Ausgabe letzter Hand*, 1827), *in Poetische Werke*, Berlin, Aufbau, 1960.

Gori, Pietro et Paolo Stellino, « Il buon europeo di Nietzsche oltre nichilismo e morale cristiana », *Giornale critico della filosofia italiana*, 2016, 7 (12), p. 98-124.

Gsell-Fels, Theodor J., *Süd-Frankreich, nebst den Kurorten der Riviera di Ponente, Corsica und Algier, 2te Auflage*, Leipzig, Bibliographisches Institut, 1878 (BN).

Günzel, Stephan, « Nietzsches Schreibmaschinentexte. Interpretationsansätze und Vorstellung der Edition », *in* Marta Kopij et Wojciech Kunicki (dir.), *Nietzsche und Schopenhauer. Rezeptionsphänomene der Wendezeiten*, Leipzig, Universität Verlag, 2006, p. 413-429.

Günzel, Stephan et Rüdiger Schmidt-Grépály, *Friedrich Wilhelm Nietzsche : Schreibmaschinentexte*, Weimar, Verlag der Bauhaus-Universität, 2002.

Haas, Alois, « "Der grosse Pan ist tot." Nietzsches Verkündigung des Todes Gottes als aktuelle Provokation », *in* Peter Villwock (dir.), *Nietzsches « Also sprach Zarathustra »*, Bâle, Schwabe, 2001, p. 207-225.

Hadot, Pierre, *Exercices spirituels et philosophie antique*, Paris, Albin Michel, 2002.

Hagenbach, Eduard, « Untersuchung der Gramme'schen elektrodynamischen Maschine » (*Aus d.* Arch. d. sciences physiques etc. *1876, Märs*).

Hagenbach, Eduard et Julius Piccard, *Festschrift zur Einweihung des Bernoullianums der Anstalt für Physik, Chemie und Astronomie in Basel am 2. Juni 1874, im Auftrag der Universitaetsregenz verfasst von Eduard Hagenbach, Professor der Physik und Julius Piccard, Professor der Chemie,* Bâle, C. Schultze (Universitätsbuchdruckerei), 1874 (BN).

Heidegger, Martin, *Nietzsche*, traduit par Pierre Klossowski, Paris, Gallimard, 1971, 2 volumes.

— « Die Frage nach der Technik », *in Gesamtausgabe*, vol. 7, *Vorträge und Aufsätze*, Francfort sur le Main, Vittorio Klostermann, 2000, p. 6-36.

Heisenberg, Werner, *La Partie et le Tout. Le monde de la physique atomique (Souvenirs, 1920-1965)*, traduit par Paul Kessler, Paris, Albin Michel, 1972.

— *La Nature dans la physique contemporaine*, traduit par Ugné Karvelis et Anne-Elizabeth Leroy, Paris, Gallimard, 2000.

Herrmann, Emmanuel, *Cultur und Natur. Studien im Gebiete der Wirthschaft*, Berlin, Allgemeiner Verein für Deutsche Literatur, 1887 (BN).

Hettner, Hermann, *Geschichte der französischen Literatur im achtzehnten Jahrhundert*, Braunschweig, Friedrich Vieweg und Sohn, 1860 (BN).

Hitzig, Eduard, *Untersuchungen über das Gehirn, Abhandlungen physiologischen und pathologischen Inhalts*, Berlin, A. Hirschwald, 1874.

Hunter, Robert, *Violence and the Labour Movement*, Londres, Macmillan, 1922.

Ijsseling, Samuel, *Rhetorik und Philosophie*, Stuttgart, Frommann-Holzboog, 1988.

Ivianski, Zeev, « Individual terror : Concept and typology, *Journal of Contemporary History*, 1977, vol. 12, p. 43-63.

Jansen, Sarah, *« Schädlinge » : Geschichte eines wissenschaftlichen und politischen Konstrukts. 1840-1920*, Francfort, New York, Campus Verlag, 2003.

Janz, Curt Paul, *Nietzsche. Biographie*, traduit par Marc de Launay, Violette Queuniet, Pierre Rusch, Maral Ulubeyan et Michel Vallois, Paris, Gallimard, 1984-1985, 3 volumes.

— *Friedrich Nietzsche. Biographie*, Vienne, Büchergilde Gutenberg, 1994, 3 volumes.

Jaspers, Karl, *Nietzsche. Introduction à sa philosophie*, Paris, Gallimard, 2000.

Kaufmann, Sebastian, *Kommentar zu Nietzsches Die fröhliche Wissenschaft* (« Historischer und kritischer Kommentar zu Friedrich Nietzsches Werken. Band 3/2.1 »), Berlin, De Gruyter, 2022.

Kittler, Friedrich, *Grammophon, Film, Typewriter*, Berlin, Brinkmann & Bose, 1986.

Klossowski, Pierre, *Nietzsche et le cercle vicieux*, Paris, Mercure de France, 1969.

[Kropotkine, Pierre], *Le Révolté* (Genève), 25 décembre 1880, n° 22, p. 1-4.

Kunze, Carl Ferdinand, *Compendium der praktischen Medicin*, Stuttgart, F. Enke, 1881 (BN).

Kunzmann, Robert W., « Friedrich Nietzsche und die Schreibmaschine », *Archiv für Kurzschrift, Maschinenschreiben, Bürotechnik*, 1982, 3, p. 12-13.

Landgraf, Edgar, *Nietzsche's Posthumanism*, Minneapolis, University of Minnesota Press, 2023.

Larrère, Catherine et Raphaël, *Du bon usage de la nature. Pour une philosophie de l'environnement*, Paris, Aubier 1997.

Launay, Marc de, « Quelque chose de proprement explosif pour la pensée », *Magazine littéraire, Nietzsche contre le nihilisme*, janvier 2000, n° 383, p. 43.

Lecky, William Edward Hartpole, *Geschichte des Ursprungs und Einflusses der Aufklärung in Europa*, I, Leipzig, Heidelberg, C. F. Winter, 1873 (BN).

Lemm, Vanessa, « Cultura e economia em Nietzsche », *Cadernos Nietzsche*, 2019, 40 (1), p. 67-91.

Leone, Sergio, *Duck, You Sucker !*, Italie/USA, Rafran Cinematografica, Euro International Films, United Artists, 1971.

Lessing, Gotthold Ephraim, *Ernst et Falk*, traduit par Pierre Grappin, Paris, Aubier, 1946.

Liébert, Georges, *Nietzsche et la musique*, Paris, Puf, 2012.

Littré, Émile, *La Science au point de vue philosophique*, Paris, Didier et Cie, 1876 (BN).

Lorenz-Sorgner, Stephan, « Nietzsche éducateur. D'Héraclite au transhumanisme », *in* Dorian Astor et Alain Jugnon (dir.), *Pourquoi nous sommes nietzschéens*, Paris, Les Impressions nouvelles, 2016, p. 229-238.

Martin, Nastassja, « Les montagnes, ces franges qui ont su résister à l'appropriation capitaliste », *Basta*, 25 juillet 2025, https://basta.media/les-montagnes-sont-des-lieux-ou-encore-possible-resister-a-appropriation-capitaliste-Nastassja-Martin.

Marty, Anton, *L'Origine du langage*, traduit et préfacé par Marc de Launay, Paris, Hermann, 2017.

Marx, Karl, *Le Capital. Livre premier*, traduit par Jean-Pierre Lefebvre, Paris, Puf, 1993.

— *Manuscrits de 1857-1858 dits « Grundrisse »*, traduits par Jean-Pierre Lefebvre, Paris, Les Éditions sociales, 2018 (rééd.).

Maudsley, Henry, *Die Zurechnungsfähigkeit der Geisteskranken*, Leipzig, F. A. Brockhaus, 1875 (BN).

Maurer, Anaïs, « Le colonialisme nucléaire et le changement climatique sont le produit d'une vision cartésienne », *Médiapart*, 13 novembre 2024, https://www.mediapart.fr/journal/international/131124/anais-maurer-le-colonialisme-nucleaire-et-le-changement-climatique-sont-le-produit-d-une-vision-car.

McGinn, Robert E., « Nietzsche on technology », *Journal of the History of Ideas*, 1980, 41 (4), p. 679-691.

Métayer, Guillaume, « Un manuscrit du jeune Nietzsche sur Voltaire », *Revue d'Histoire littéraire de la France*, 2002, 102 (1), p. 115-122.

— « Nietzsche poète du Gai savoir, ou la folie de l'épigramme. À propos d'une traduction récente », *Études germaniques*, 2012, 266 (2), p. 333-350.

— « Nietzsche, puissance et violence. Portrait du philosophe en terroriste », *in* David Simonin (dir.), *Figures de la puissance dans la philosophie de Nietzsche*, Paris, Rue d'Ulm, 2023, p. 31-48.

Metcalfe, Tom, « Opération Big Bang : le jour où les Britanniques ont tenté de faire exploser une île », *National Geographic*, 02/12/2024, https://www.nationalgeographic.fr/histoire/europe-seconde-guerre-mondiale-operation-big-bang-le-jour-ou-les-britanniques-ont-tente-de-faire-exploser-une-ile.

Mette, Hans Joachim, « Sachlicher Vorbericht zur Gesamtausgabe der Werke Friedrich Nietzsches », *in* Friedrich Nietzsche, *Werke und Briefe. Historisch-kritische Gesamtausgabe*, Munich, Beck, 1933, p. XXXI-CXXII.

Michelet, Jules, *Le Peuple* [1846], Paris, Calmann-Levy, 1877 (5e éd.).

— *Das Volk*, Mannheim, H. Hoff, 1846 (BN).

Mill, John Stuart, *Gesammelte Werke*, Leipzig, Fues (R. Reisland), 12 volumes, 1869-1875.

— *Auguste Comte und der Positivismus, in Gesammelte Werke*, IX, Leipzig, Fues (R. Reisland), 1874, p. 1-141 (BN).

Montinari, Mazzino, *« La Volonté de puissance » n'existe pas*, édité par Paolo D'Iorio, traduit par Patricia Farazzi et Michel Valensi, Paris, L'Éclat, 1996.

Müller-Lauter, Wolfgang, *Nietzsche. Physiologie de la volonté de puissance*, traduit par Jeanne Champeaux, Paris, Allia, 1998.

— « De l'économie et de la culture chez Nietzsche », *Revue germanique internationale*, 1999, 11, p. 122-135.
— *Interpretationen II. Über Freiheit und Chaos*, Berlin, Boston, W. De Gruyter, 1999.
Naoúm, Phokion, *Nitroglycerin und Nitroglycerinsprengstoffe*, Berlin, Springer-Verlag, 2013.
Nietzsche, Friedrich Wilhelm, *Digitale Kritische Gesamtausgabe Werke und Briefe* (eKGWB), sous la direction de Paolo D'Iorio, Paris, Nietzsche Source, 2009 *sq.*, www.nietzschesource.org/eKGWB.
— *Œuvres philosophiques complètes* (OPC), sous la direction de Gilles Deleuze et Maurice de Gandillac, Paris, Gallimard, 1967 *sq.*, 18 volumes.
— *Correspondance*, Paris, Gallimard, 1986 *sq.*, 6 volumes.
— *Œuvres*, vol. I, Paris, Gallimard, 2009.
— *Œuvres*, vol. III, traduites par Marc de Launay, Paris, Gallimard, « Bibliothèque de la Pléiade », 2023.
— *La Philosophie à l'époque tragique des Grecs*, traduit par Jean-Louis Backès, Paris, Gallimard, 1975.
— *Le Service divin des Grecs*, traduit par Emmanuel Cattin, Paris, L'Herne, 1992.
— *Appunti filosofici 1867-1869. Omero e la filologia classica*, édité par Giuliano Campioni et Federico Gerratana, Milan, Adelphi 1993.
— *Par-delà bien et mal*, traduit par Patrick Wotling, Paris, Flammarion, 2000.
— *La Généalogie de la morale*, traduit par Patrick Wotling, Paris, Livre de poche, 2000.
— *Le Cas Wagner. Crépuscule des idoles*, traduit par Éric Blondel et Patrick Wotling, Paris, Flammarion, 2005.
— *Nachgelassene Aufzeichnungen : Herbst 1862 – Sommer 1864*, édité par Johann Figl et Hans Gerald Hödl, Berlin, De Gruyter, 2006.
— *Schreibmaschinentexte. Vollständige Edition Faksimiles und kritischer Kommentar. Aus dem Nachlass herausgegeben von Stephan Günzel und Rüdiger Schmidt-Grépály. 3. korrigierte Auflage*, Weimar, Bauhaus-Universität Weimar – Universitätsverlag, 2009, 3e édition.

— *Humain, trop humain*, traduit par Patrick Wotling, Paris, Flammarion, 2019.
— *Le Voyageur et son ombre*, traduit par Patrick Wotling, Paris, Flammarion, 2019.
— *Poèmes complets*, traduits par Guillaume Métayer, introduction et notes de Guillaume Métayer, Paris, Les Belles Lettres, 2019.
— *Encyclopédie de la philologie classique*, *in Nietzsche. Écrits philologiques*, vol. IV, traduit par Marc de Launay, établi, présenté et annoté par Francisco Arenas-Dolz et Paolo D'Iorio, Paris, Les Belles Lettres, 2022.
Oldemeyer, Ernst, *Leben und Technik. Lebensphilosophische Positionen von Nietzsche zu Plessner*, Munich, Fink, 2007.
Pascal, Blaise, *Pensées*, Paris, Gallimard, « Bibliothèque de la Pléiade », 1954.
— *Pensées*, Paris, Flammarion, 1993.
— *Gedanken, Fragmente und Briefe*, Leipzig, Wiegand, 1865, 2 volumes (BN).
Pettigrew, James Bell, *Die Ortsbewegung der Thiere. Nebst Bemerkungen über Luftschifffahrt*, Leipzig, F. A. Brockhaus, 1875 (BN).
Pfeiffer, Ernst (dir.), *Friedrich Nietzsche, Paul Rée, Lou von Salomé. Correspondance. Édition établie par Ernst Pfeiffer à partir d'un travail en commun effectué jadis par Karl Schlechta et Erhart Thierbach*, traduit de l'allemand par Ole Hansen-Løve et Jean Lacoste, Paris, Puf, 1979.
Philonenko, Alexis, *Nietzsche. Le rire le tragique*, Paris, Librairie générale française, 1995.
Piarotas, Mireille, *Regards populaires sur la violence*, Saint-Étienne, Publications de l'Université de Saint-Étienne, 2000.
Porcher, Frédéric, « Nietzsche, penseur du travail ? », *in* Franck Fischbach, Anne Merker, Pierre-Marie Morel et Emmanuel Renault (dir.), *Histoire philosophique du travail*, Paris, Vrin, 2022, p. 269-288.
Pothen, Philip, *Nietzsche and the Fate of Art*, Londres, Routledge, 2002.
Potron, Jean-Paul, « La librairie Visconti », *Nice historique*, 1997, 247, p. 123-133.

Pourtalès, Guy de, *Nietzsche en Italie*, Paris, Grasset, 1929.
Radzinsky, Edvard, *Alexander II. Emperor of Russia*, New York, Free Press, 2005.
Regina, *Lunario genovese compilato dal Sig. Regina e C. per l'anno 1885*, Gênes, Pagano, 1885.
Reich, Hauke, « Nachweis aus Deutsches Tageblatt (28. Februar 1882) », *Nietzsche-Studien*, 2011, 40, p. 332.
— *Rezensionen und Reaktionen zu Nietzsches Werken. 1872-1889*, Berlin, De Gruyter, 2013.
Renan, Ernest, *Vie de Jésus*, 13e édition revue et augmentée, Paris, Michel Lévy frères, 1867.
Renault, Emmanuel, *Abolir l'exploitation*, Paris, La Découverte, 2023.
Romanowski, Dawid et Volker Heimann, « Ma vie de cyborg. Ils ont la technologie dans la peau », reportage *Arte Regards*, 2019, n° 365 (26), première diffusion le 14 mars 2019.
Romundt, Heinrich, *Antäus. Neuer Aufbau der Lehre Kants über Seele, Freiheit und Gott*, Leipzig, Veit & Comp., 1882 (BN).
Rovelli, Carlo, *Helgoland. Le sens de la mécanique quantique*, traduit par Sophie Lem, Paris, Flammarion, 2021.
Salanskis, Emmanuel, « Sobre o eugenismo e sua justificação maquiaveliana em Nietzsche », *Cadernos Nietzsche*, 2013, 32, p. 167-201.
— « The realm of human breeding : Nietzsche's reception of Francis Galton's *Inquiries into Human Faculty and Its Development* », *in* Hans-Peter Anschütz, Armin Thomas Müller, Mike Rottmann et Yannick Souladié (dir.), *Nietzsche als Leser*, Berlin, Boston, De Gruyter, 2021, p. 287-300.
Schäffle, Albert, *Bau und Leben des socialen Koerpers*, Tübingen, Laupp, 1875.
— Recension d'Alfred Espinas, *Die thierischen Gesellschaften*, *in Zeitschrift für die gesamte Staatswissenschaft*, 1880, 36 (2), p. 383-385.
Schmidt, Jochen, *Kommentar zu Nietzsches* Morgenröthe, Berlin, Boston, De Gruyter, 2015.
Schmidt, Leopold, *Die Ethik der alten Griechen*, Berlin, Wilhelm Hertz, 1882 (BN).
Schoedler, Friedrich, *Das Buch der Natur die Lehren der Physik, Astronomie, Chemie, Mineralogie, Geologie, Botanik, Zoologie*

und Physiologie umfassend, Braunschweig, F. Vieweg und Sohn, 1875, 2 volumes (BN).

Schopenhauer, Arthur, *Le Monde comme volonté et comme représentation*, Paris, Gallimard, 2009, 2 volumes.

— *Parerga et paralipomena*, Paris, Robert Laffont, 2020.

Shelley, Percy, « Prometheus unbound », préface, *in Shelley's Poetry and Prose*, édité par Donald H. Reiman et Sharon B. Powers, New York, Londres, Norton & Compagny, 1977.

Simonin, David, « Commentaire d'Alfred Espinas : *Die thierischen Gesellschaften*, 1879 », *Studia Nietzscheana*, Paris, Nietzsche Source, 2020, www.nietzschesource.org/SN/simonin-2020.

— « Nietzsches Lektüre von Alfred Espinas' Die thierischen Gesellschaften », *in* Hans-Peter Anschütz, Armin Thomas Müller, Mike Rottmann et Yannick Souladié (dir.), *Nietzsche als Leser*, Berlin, Boston, De Gruyter, 2021, p. 301-324.

— *Le Sentiment de puissance dans la philosophie de Friedrich Nietzsche*, Paris, Classiques Garnier, 2022.

— « Os preconceitos do "último homem". Sobre a nova determinação da umanidade em *Aurora* », *Cadernos Nietzsche*, 2023, 44 (2), p. 15-40.

— Aurore *de Nietzsche. La performativité de l'illusion*, Berlin, De Gruyter, 2024.

— « Nietzsche et la psychopathologie des croyances dans *Aurore, pensées sur les préjugés moraux* », *in* Eva Liévain, *Philosophie et santé mentale. De Platon à Binswanger*, Paris, Armand Colin, 2024, p. 113-153.

Sorosina, Arnaud, « L'humanisme du dernier homme : une lecture nietzschéenne du transhumain », *Estudos Nietzsche*, 2002, 13 (2), p. 123-148.

Souladié, Yannick, « Und nichts außerdem », *Kairos* (Toulouse, Presses universitaires du Mirail), juin 2004, n° 23, p. 229-242.

Spengler, Oswald, *L'Homme et la Technique*, traduit par Anatole Petrowsky, Paris, Gallimard, 1958.

Spir, Afrikan, *Denken und Wirklichkeit. Versuch einer Erneuerung der kritischen Philosophie*, Leipzig, J. G. Findel, 1877, 2 volumes (BN).

— *Pensée et réalité, essai d'une réforme de la philosophie critique*, traduit par Auguste Penjon, Paris, Lille, Félix Alcan et Ch. Tallandier, 1896.

Stellino, Paolo, *Nietzsche and Dostoevsky. On the Verge of Nihilism*, Berne, Lang, 2015.

Stendhal, *Rome, Naples et Florence*, Paris, Michel Lévy frères, 1854 (BN).

— *Histoire de la peinture en Italie*, Paris, Michel Lévy frères, 1868 (BN).

— *De l'amour, seule édition complète, augmentée de préfaces et de fragments entièrement inédits*, Paris, Calmann-Levy, 1876.

Stephan, Wolfgang, « Der Zugriff der sowjetischen Militäradministration auf Nietzsches Nachlass 1946 und seine Retter », *Nietzsche-Studien*, 1998, 27, p. 527-534.

Stiegler, Barbara, *Nietzsche et la vie : une nouvelle histoire de la philosophie*, Paris, Gallimard, 2021.

Stingelin, Martin, « Comments on a ball. Nietzsche's play on the typewriter », *in* Hans Ulrich Gumbrecht et Ludwig K. Pfeiffer (dir.), *Materialities of Communication*, Stanford, Stanford University Press, 1994, p. 70-82.

Strauss, Leo, *La Renaissance du rationalisme politique classique*, traduit par Pierre Guglielmina, Paris, Gallimard, 1993.

Treccani, Irene, *Nietzsche e l'astronomia del XIX secolo*, Padoue, Il Poligrafo, 2015.

Tuchman, Barbara, *Der ferne Spiegel*, Munich, DTV, 1986.

Venturelli, Aldo, « Die gaya scienza der "guten Europäer". Einige Anmerkungen zum Aphorismus 377 des V. Buchs der Fröhlichen Wissenschaft », *Nietzsche-Studien*, 2010, 28, p. 180-200.

Venturi, Franco, *Les Intellectuels, le Peuple et la Révolution : histoire du populisme russe au* XIXe *siècle*, traduit par Viviana Pâques, Paris, Gallimard, « Bibliothèque des histoires », 1972, tome 2.

Vivarelli, Vivetta, « "Vorschule des Sehens „und“ stilisierte Natur" in der Morgenröthe und der Fröhliche Wissenshaft », *Nietzsche-Studien*, 1991, 20, p. 134-151.

Weisshaupt, Kurt, « Maske und Gehalt. Stufen des Esoterischen bei Nietzsche », *in* Helmut Holzhey, Walther Ch. Zimmerli (dir.), *Esoterik und Exoterik in der Philosophie*, Bâle, Stuttgart, Schwabe, 1977, p. 191-205.

Widmann, Josef, « Nietzsches gefährliches Buch », *Der Bund* (Berne), 16 et 17 septembre 1886, 256-257 (37).

Windgätter, Christof, « “Und dabei kann immer noch etwas verloren gehen ! –”. Eine Typologie feder- und maschinenschriftlicher Störungen bei Friedrich Nietzsche », *in* Davide Giuriato, Martin Stingelin et Sandro Zanetti (dir.), « *Schreibkugel ist ein Ding gleich mir : von Eisen* ». *Schreibszenen im Zeitalter der Typoskripte*, Munich, Brill | Fink, 2005, p. 49-74.
— « Nietzsches Schreibpraktiken », *Nietzsche-Studien*, 2006, 35, p. 407-421.

Table

Composition et mise en pages
Nord Compo à Villeneuve-d'Ascq

Imprimé en France
par la Nouvelle Imprimerie Laballery
rue Louis Blériot 58500 Clamecy
octobre 2025 - N° 508380

La Nouvelle Imprimerie Laballery est titulaire de la marque Imprim'Vert®